Mind the Gap
틈새

북오션은 책에 관한 아이디어와 원고를 설레는 마음으로 기다리고 있습니다. 책으로 엮기를 원하는 아이디어가 있으신 분은 이메일(bookrose@naver.com)로 간단한 개요와 취지, 연락처 등을 보내주세요. 머뭇거리지 말고 문을 두드리세요. 길이 열릴 것입니다.

위기의 미국금융
Mind the Gap 틈새

초판 1쇄 발행 | 2010년 6월 30일
초판 2쇄 발행 | 2010년 7월 10일

지은이 | 김충곤
펴낸이 | 조종현
펴낸곳 | 북오션

종 이 | 대한실업
출 력 | 푸른서울
인 쇄 | 정민문화
출판신고번호 | 제313-2007-000197호

주 소 | 서울시 마포구 서교동 468-2번지
이메일 | bookrose@naver.com
전 화 | (02)322-6709
팩 스 | (02)3143-3964

ISBN 978-89-93662-19-1 (03320)

*책값은 뒤표지에 있습니다.
*잘못 만들어진 책은 구입하신 서점에서 교환해 드립니다.

Mind the Gap 틈새

위기의 미국금융

FINANCIAL
CRISIS AND
BANK   FAIL

김충곤 지음

북오션

추천사

금융국제화의 알찬 보고서

1978년에 미국에서 박사학위를 갓 마치고 돌아온 나는 당시 한국에서는 새로운 영역이었던 국제금융을 교육할 수 있는 특권을 가졌었다. 특권이라는 뜻은 고려대학교에서뿐만 아니라 다른 대학에서도 미시적인 측면에서 국제금융을 가르치지 않았는데 나에게 처음으로 강의하는 기회가 주어졌기 때문이다. 그 당시에는 외환리스크관리, 국제재무, 국제은행업무 같은 내용을 한국의 대학에서는 가르치고 있지 않았다. 국제금융 강의를 받은 많은 제자들이 국내기업의 국제금융담당 전문가가 되었거나 외국계 은행 또는 외국계 증권회사로 나아가 대표까지 된 사람들이 많다. 이 책의 저자인 김충곤 씨도 경영대학원에서 내게 강의를 받은 학생 중 한 사람이다.

김충곤 씨는 현재 뉴욕의 와코비아은행(Wachovia Bank) 국제부서에 근무하고 있다. 1979년 당시 나의 국제금융 과목을 수강할 당시에 저자는 영국 은행인 로이드은행(Lloyds Bank) 서울의 외환영업을 담당하던 수석딜러였고, 당시 우리나라 금융계에서 몇 안 되는 외환전문가였다. 어떤 면에서는 나의 강의가 필요 없는, 실무적으로 나보다 더 많이 알던 사람이었을는지도 모르겠다. 국제금융 수업의 과제물이 있을 때는 언제나 전 세계 금융시장과 외환시장에 대한 정확한 보고서를 제출한 우수한 학생이었다. 한국 금융국제화에 대한 의지도 남달라서 줄곧 서울 외환시장 발전 모델에 대해서 관심을 가지고 있었으며, 1980년 졸업 당시 논문 「금융국제화와 서울 외환시장 발전에 대한 연구」로 석사학위를 수여받았다. 이후 줄곧 외국은행에 근무하며 항상 국제금융시장의 중심에서 활동해온 전문가이다.

특히 저자가 근무했던 미국의 뱅커스트러스트은행(BTC, Bankers Trust

Company)과 와코비아은행은 1980년대와 2000년대 미국금융에 있어서 획기적인 역할을 담당했던 최고급 은행의 반열에 있었다. 그러나 두 은행 모두 그 정점에서 실패하고 추락하였다. 두 개의 가장 혁신적인 은행이 단기간에 눈부시게 발전했다가 정점에서 추락한 것은 분명히 충격적인 일이었다. 시장의 여건은 항상 다르지만 두 은행 모두 상당히 공통적인 원인으로 추락한 것이다. 금융시장의 탐욕과 핵심지도부의 도덕적인 타락, 금융감독시스템의 적절하지 못한 운용 등 금융시장을 둘러싸고 있는 위험은 항상 엄청난 재앙을 초래할 수 있는 시장요인이다. 저자는 이 책에서 이러한 금융시장의 위험요인과 위험관리에 대한 경험을 이야기하고 있다. 그가 항상 해왔듯이 시장에서의 생생한 자료를 통하여 마치 현장중계하듯 써내려간 이 한 권의 보고서는 흥미가 있는 시장자료일 뿐만 아니라 금융국제화의 훌륭한 사례연구가 될 것이다.

이 책은 자칫 소홀하기 쉬운 시장에서의 경험을 생생하게 전달함으로써 국제금융시장과 금융기관 경영의 위험관리 부문에 있어서 중요한 하나의 자료이다. 금융시장에 관여하고 있는 사람뿐만 아니라 학생과 일반인들에게도 두루 권하고 싶은 흥미 있는 책이다.

– 어 윤 대(국가 브랜드 위원장)

추천사

국제금융시장의 갭(gap)

내가 CG(Choong Gon Kim)를 뱅커스트러스트에 영입한 것은 행운이었다. 그는 언제나 현장에 있었으며, 또 항상 고객과 시장에 함께 있었다. 뱅커스트러스트 한국본부에 있어서 1982년은 우리가 뱅커스트러스트의 새로운 전략의 도입을 위해 각계의 다양한 인재를 모집한 해였다. 당시 영국 로이드은행에서의 그는 트레이더(trader)였지만 BTC에서는 금융기관 마케팅을 담당하게 하였다. 초창기의 그는 항상 고객과 함께하는 고객밀착정신(close to the customer spirit)을 좋아했고, 지속적인 고객교육(customer training)을 통해 고객과 함께 성장하는 가치의 창출을 좋아했다.

내가 뱅커스트러스트를 떠나고 난 후에도 관계를 지속한 우리 뱅커스트러스트 OB모임은 금융사관학교 BT의 동창회이다. 지금도 시장변화와 새로운 상품의 혁신에 대한 정보교환이 지속적으로 이루어진다. 최고의 팀을 경영하던 CG는 1993년 아쉽게도 뱅커스트러스트를 떠났다. 최고의 팀에서 안주하기보다는 새로운 도전을 위해서였다. 그는 작은 틈새은행(niche player)이었던 필라델피아내셔널은행(Philadelphia National Bank)의 한국대표를 맡아서 결국 시장을 선도하는 은행으로 만드는 등 다시 새롭고 성공적인 경력을 만들어갔다.

나는 내가 항상 함께한 시장에 대해서 할 이야기가 꽤 많았는데 CG가 먼저 원고를 들고 왔을 때 정말 기뻤다. 처음의 원고는 국제금융시장에 대한 이야기와 정치·사회적인 것까지 망라한 인식의 차이, 총체적인 갭에 대한 이야기를 포함하고 있어서 조금 산만하였다. 그래서 우리는 포커스를 좀 더 집중하여 비록 소수만이 읽는 책이 되더라도 하나의 기록으로 남을 수 있는 금융에 대한 경험만 이야기를 하자고 의논하였다. 그래서 2009년 3월에 예정된 출간은 가을로 연기가 되었다가 다시 2008~2009년 신용위기의 극복과 마무리 과정을 보완하기 위해 2010년 중순으로 연기되었다.

나는 CG가 나의 제안을 흔쾌히 수용하고 좀 더 디테일한 부문을 보완하게 되어서 대단히 행복하고 고마움을 느낀다. 나는 이제 그가 우리 생활의 곳곳에 존재하고 있으며 갈등과 실패의 원인이 되고 있는 갭, 즉 인식의 차이에 대해 하고 싶은 이야기를 계속 쓸 것이라고 짐작하고 있다. 정말 기쁜 일이다.

미국에서 비롯된 금융기관 경영의 실패와 시장에 만연한 도덕적인 타락, 그리고 위기불감증이 초래한 위기의 결과에서 벗어나서 안간힘을 쓰는 미국금융 이야기가 우리나라 금융기관에 적절한 참고자료가 될 것이다. 특히 해외로 영역을 확장하고자 하는 국내 금융기관들에게 이러한 두 미국 은행의 성공과 실패가 주는 경험적인 이야기는 많은 참고가 될 것으로 생각된다.

- 최 동 훈 (뱅커스트러스트 초대 한국대표)

Prologue

    미국이 아직도 세계 일류국가인가? 2010년 1월 28일 연초 의회연설에서 오바마 대통령은 미국이 2등국가가 되는 것을 용납하지 않겠다고 했다. 중국, 독일, 인도의 무서운 성장에서 위기를 느끼는 미국의 대통령 오바마가 2등을 용납하지 않겠다고 강하게 주장한 것이다. 이는 격세지감을 느끼는 연설이었다.

    2008년 세계 신용위기(Global Credit Crunch)에서 미국의 금융은 그야말로 초토화되었다. 금융뿐만이 아니다. 자동차산업 등 제조업도 마찬가지로 실업률이 10%를 넘었다. 급기야 엉클 샘이 체면불구하고 동냥 바가지를 들고 세계의 관광객이 몰리는 맨해튼의 타임즈 광장에 주저앉았다.

2010년 1월, 맨해튼 브로드웨이 타임즈 광장. 엉클 샘이 미국 국가채무 12조 불을 들고 길거리에 앉았다. 위에 한국의 대기업인 LG가 Life's Good, 생활인의 상품이라고 광고한다. 그러나 어쩐지 "산다는 건 좋은 거야(Life is Good)"처럼 들린다.

    2010년 벽두부터 오바마 대통령을 비롯한 정부관료와 정치인들이 은행 두들기기(bank bashing)에 신이 났다. 오바마는 모든 문제를 금융계의 탐욕으로 몰아붙이고 최근의 보궐선거 패배를 호도하며 민주당 식의 건강보험안을 계속 몰아붙이고 있다.

    미국이 2007~2009년 신용위기에 대한 마녀사냥 식의 비난을 돌린다면 그것은 금융계보다는 오히려 워싱턴의 정계이며 금융감독기관들이다. 재무부, 연방은행, 각종 금융감독기관들이 제자리에서 제 역할을 했다면 이렇게 위기가 심화되진 않았을 것이다. 금융계의 탐욕은 비난받아 마땅하지만 정부와 금융감독기관들이 은행 두들기기에 앞장선다면 그것은 부적절한 일이다.

오바마가 취임한 지 1년이 넘었지만 아직도 뭘 모르고 있다고 생각한 미국의 보수층들이 잔뜩 화가 났다. 현실을 인식하는 데 있어서 엄청난 차이(huge gap)가 있다. 모든 문제가 어려워진 경제이며 급한 문제는 일거리(job)이다. 보조금이나 식품쿠폰을 줘서 해결할 수 있는 문제가 아니다. 근본적으로 일거리가 생기고 소비할 돈을 벌어야 비로소 모든 게 선순환 방향으로 움직이기 시작하는 것이다. 경제문제를 정치적인 관점에서 보는 것이 항상 문제인 것이다. 오바마가 내세운 '변화(change)'라는 정치 슬로건에 대해 미국인들은 지난 1년간 무슨 변화가 있었는지 묻고 있다. 지금은 정치가 아니고 경제이다. 말이 아니고 행동이며, 계획이 아니고 당장의 재정자금 집행이다.

세계경제는 1998년부터 2008년까지 약 10년의 간격을 두고 금융위기에서 비롯된 경제위기를 겪었다. 한국경제는 이러한 세계적인 금융위기에 있어서 단골 피해국가이다. 1998년의 외환위기에서 많은 피해를 겪으면서도 참 많이 배웠다고 생각했지만 2008년의 세계 신용위기 때 또다시 피해를 감수해야 했다. 이번에는 우리 경제의 본질적인 문제보다는 세계적인 신용위기로 인한 피해였다.

금융위기는 거의 비슷한 절차를 반복한다. 한 번의 경험으로 다시는 되풀이하지 않을 것 같은 이러한 실수는 비슷한 형태로 되풀이되고 있다. 그 금융위기의 중심에 항상 혁신금융상품이 있었다. 재테크의 보난자는 새로운 금융상품에 대한 일종의 환상을 가져다주었지만 역시 위험이 컸다. 위험에 대해서 충분히 인식하고 방어하는 것이 금융위험관리(financial risk management)이며 이것의 기본은 틈새관리, 마인드 더 갭(mind the gap)이다. 금융시장의 현장에서 경험한 위험한 일들과 그 틈새는 많은 사람들에게 도움이 되는 참고자료로 충분하다.

금융상품의 혁신에 첨단을 달리고 금융기관 위험관리기법의 혁신을 선도하는 미국의 금융기관들이 이러한 금융위기에서 실패한 사례는 참으로 많은 것을 시사하고 있다. 이러한 실패에 대한 경험담이 금융기관과 금융상품의 위험과 그 방어에 대한 관심을 가진 분들에게 다소 도움이 되리라는 생각이 있어서 두려움과 망설임 끝에 책을 내기로 하였다.

본격적으로 이 책을 쓰기 시작한 것은 2008년 세계 신용위기가 미국의 금융기관에 쓰나미되어 밀려오기 시작하던 때이다. 2008년이 미국금융을 초토화시킨 한 해였다면, 2009년은 미국금융시스템의 복구와 재건, 그리고 시스템의 구조적인 문제점들에 대한 대책을 갖추어나간 한 해였다. 거의 2년을 관찰하며 작업을 하는 동안 많은 분들의 도움이 있었다. 특히 뱅커스트러스트 OB모임의 대부인 최동훈 박사님을 비롯한 선후배, 그리고 많은 동료들의 경험과 증언 등이 더욱 생생한 보고서를 만드는 데 많은 도움이 되었다. 강의와 바쁜 국사일정에도 불구하고 전체적인 골격을 짜주신 어윤대 고려대학교 전 총장님(현 대통령 직속 국가브랜드위원회 위원장님)께 한없는 고마움을 느낀다. 또한 40년간 저자의 죽마고우이며 국제금융의 길을 함께 걸어온 고향친구, S오일 최명호 상무가 힘든 것도 마다않고 컴퓨터와 씨름하며 감수를 해주었기 때문에 많은 부분에서 저자의 오해와 실수를 고칠 수 있었다.

무라카미 하루키의 《달리기를 말할 때 내가 하고 싶은 이야기》를 읽다 보면 마치 함께 레이스를 하는 듯한 착각에 빠진다. 이 책을 읽는 분들이 마치 저자와 함께 이야기를 하고 있다는 착각으로 책을 읽는다면 나 역시 행복하겠다.

항상 충분한 시간을 가지지 못했던 금융 햇병아리들인 딸들에게 아빠가 들려주는 금융 이야기가 되었으면 좋겠고, 조강지처인 아내가 돋보기 쓰고 벽난로 앞에서 읽어주었으면 좋겠다. 햇병아리들인 딸들이 이해하기 쉽게 국제금융에 대한 용어와 상품 등에 대한 설명도 가급적 충실히 곁들였다. 그러나 많이 부족한 책이다. 아무쪼록 많은 분들의 이해와 거침없는 비평을 함께 기대한다.

2010년 5월
뉴저지, 크로스터 서재에서
김 충 곤

Contents

추천사(어윤대 국가브랜드 위원장)   4
추천사(최동훈 뱅커스트러스트 초대 한국대표)   6
Prologue   8
이 책을 읽기 전에   14

PART 1   마인드 더 갭 Mind the gap 이야기

갭 gap, 틈새   21
명품 名品   27
금융위기   31
탐욕 greed   39
뱅커스트러스트와 와코비아   44

PART 2   뱅커스트러스트 Bankers Trust 이야기

뱅커스트러스트의 역사   59
뱅커스트러스트의 전환   66
금융혁신   77
혁신의 위험   105
탐욕   126
붕괴 crash   138

와코비아 Wachovia 이야기

합병의 성장과 전략적 전환	160
합병의 위기	176
격동의 시장, 2006~2008년 신용위기	185
위험관리 틈새	208
대혼란의 주말	219
승자와 패자	240

위기의 미국금융

금융 두들기기 Wall Street bashing	266
금융개혁법안 Financial Reform Bill	279
미국금융의 위기	292
금융자본주의 보완	302
CEO 리더십	319

Epilogue   336

이 책을 읽기 전에

이 책은 미국금융의 혁신과 위기관리 실패에 대한 하나의 사례보고서이다.

1 전문적인 금융용어는 기초적인 설명을 곁들였으며, 영문용어는 번역을 충실히 곁들였지만 번역이 어색하거나 많이 쓰는 용어들은 영어를 그대로 사용하였다.

2 영문표기는 일반명사는 소문자, 고유명사는 대문자로 표기하였다. 금융시장에서 일반적으로 영어로 부르는 용어들은 한 번 설명을 한 후에는 영어를 사용하였다. 어차피 시장에서 영어로 통용되기 때문에 굳이 어색하게 번역한 용어가 도움이 되진 않기 때문이다.

3 참고가 될 만한 서적에 대한 이야기도 곁들였다. 이 책에 나오는 실명인에 대한 이야기는 모두 이미 기사화된 내용이다.

4 사진은 대부분 저자가 최근에 촬영한 것을 사용하였고, 숫자는 관련기관의 공시자료, 보고서 등에서 공개한 내용들이며, 도표는 기초적인 이해를 돕기 위해 실질적인 데이터 없이 작성한 것도 있어 다소 정교함이 떨어질 수도 있다.

PART 1

마인드 더 갭 Mind the Gap
이야기

금융기관의 재무위험관리는 재무제표에 나타나는 숫자적인 틈새뿐만이 아니라 기업의 이상, 추구가치, 의사소통, 임직원 품성, 조직의 문화 등 비숫자적인, 가치의 틈새도 포함하는 총체적인 틈새관리가 되어야 한다.

런던과 뉴욕, 닮은 것도 많고 대조적인 것도 많은 세계의 금융수도이다. 금융인에게 있어서 두 곳은 항상 가슴 벅차게 만드는 세계의 금융시장 그 현장이다. 뉴욕은 미국이 아니라고 한다. 다르게 표현하면 참다운 미국은 뉴욕과 다르다고 한다. 뉴욕은 세계인의 일터이고 싸움터이며 무대이다. 그것은 뉴욕이 미국인들만이 주도하는 무대가 아니라는 것이다. 각국에서 온 여러 인종들이 매일 같이 새로운 물건을 쏟아내는 세계의 장터이다. 금융인에게 있어 뉴욕은 세계의 금융수도이며 마치 금융정글과도 같다. 거인과 공룡들이 월스트리트(Wall Street)와 파크 에비뉴(Park Avenue)의 마천루처럼 수없이 버티고 선 거리를 걷다 보면 두려움과 흥분을 함께 느끼게 된다. 미처 말 붙일 새도 없이 달리듯이 걷는 사람들은 대부분 이러한 거인과 공룡 사이에서 시장을 만들어나가는 사람들이다.

월스트리트는 넓은 의미로 미국의 금융산업을 의미하기도 하지만 좀 더 좁은 범위로는 미국의 증권시장을 중심으로 한 투자금융과 투자은행(investment banking)을 의미한다.

뉴욕 맨해튼에서 만나는 사람들의 80%는 관광객인 것 같다. 1980년대 초만 하더라도 저녁시간 이후의 뉴욕은 으스스하였다. 관광객이 가장 많이 몰리던 브로드웨이 42번가도 뮤지컬이 끝나면 거리를 다니기가 무서웠다. 하지만 지금은 어딜 가나 관광객의 홍수이다. 무자비할 정도로 엄격하게 경찰력을 강화하고 난 후 뉴욕은 관광객으로 인해 프랭크 시나트라의 흥겨운 재즈 '뉴욕, 뉴욕'에서 노래하는 그야말로 잠들지 않는 도시(the city that doesn't sleep)가 되었다.

　월스트리트가 있는 다운타운과 엠파이어스테이트 빌딩, 크라이슬러 빌딩과 메트라이프 빌딩 등이 모여 있는 상업중심지 미드타운, 그리고 고급 아파트들이 모여 있고 센트럴파크가 있는 업타운으로 구성되어 있는 맨해튼은 세계인의 수도이다.

　월스트리트는 맨해튼의 터줏대감이다. 각종 증권사와 은행 등 금융기관을 비롯하여 증권거래소, 연방은행 등이 집결해 있는 금융의 중심지이다. 1920년 9월 16일, 고층건물의 정글인 월스트리트는 폭탄이 폭발하여 38명이 죽고 380명이 다치는 사고가 있었다. FBI가 20년을 수사하였지만 범인은 오리무중이었다. 2001년 9월 11일에는 알카에다의 공격으로 세계무역센터 쌍둥이 빌딩이 무너져 수천 명의 죄 없는 사람들이 사망하는 수난을 겪기도 하였다.

　한편, 파크 에비뉴를 중심으로 하는 미드타운은 또 하나의 상업과 금융중심지이다. 전 세계 유명은행과 기업들의 각축장인 미드타운은 넓게는 맨해튼을 가로로 늘어선 14가에서 59가까지 동강(East River)과 서쪽의 허드슨강에 이르는 지역이다. 그러나 사실상의 중심지는

세계 유수 금융기관의 트레이딩룸과 다국적 기업의 본사 등이 운집한 파크 에비뉴는 비즈니스에 있어서 가장 고급 지역이다.

가로로 31가에서 59가 사이, 세로로 3rd 에비뉴와 9th 에비뉴를 뜻하며, 더욱 좁혀서 소위 '플라자' 지구라고 하는 미드타운의 핵심은 42가에서

59가 사이 3rd 에비뉴와 7th 에비뉴 사이 지역이다. 가운데 메트라이프 빌딩과 그랜드센트럴 역을 두고 각 금융사와 대기업의 본사건물들이 몰려 있다.

한편, 런던의 금융중심지인 롬바르드와 더 씨티는 마치 성곽처럼 위압적이다. 최초의 도시 형태를 도저히 허물어뜨릴 수 없는 단단한 전통의 바탕 위에서, 아직도 구불구불한 런던 시가지의 모습에서 구차함이라고는 찾아볼 수 없다. 누구도 범접할 수 없는 대영제국의 전통이며 모방할 수 없는 역사이기 때문이다. 거대한 회색 담에 둘러싸인 영란은행(BOE, Bank of England)은 도저히 깨지지 않을 것 같은 원칙의 벽을 느끼게 한다.

런던이 정말 존경스럽고 부러운 것은 전통이다. 서울에 비해 결코 편리할 수 없는 도시임에도 불구하고, 도시 전체가 관광자원인 런던의 전통 앞에서는 괜히 주눅이 들기도 한다. 관광객들에게 있어서 처음으로 접하는 영국의 런던은 그 찬란한 역사적인 명성에 비해 그저 낡고 조그만 건물들이 가득한 좁은 골목 같은 도로와, 이른 저녁시간부터 뒷골목 구석구석에서 맥주잔을 들고 몰려 있는 월급쟁이들, 그리고 각종 변태스러운 공연 등이 정신없이 어우러진 이상한 모습이다. 새로이 들어선 고층빌딩은 대부분 금융회사가 자리 잡고 있다. 그러나 여전히 오래된 건물은 옛 모습을 잃지 않고 같이 어우러져 있다. 처음엔 무질서하게 보이던 이러한 모습들은 나중에 하나의 낭만으로 자리 잡아 후미지고 좁은 런던의 뒷골목을 오히려 더 그리워하게 만드는 추억으로 자리 잡게 된다.

런던에서의 지하철 여행은 또 하나의 놀라움이다. 우선 지하철이 얼마나 깊은지에 놀란다. 2차대전 때 방공호로 쓰기 위해 깊게 뚫었다고 한다. 또 놀라운 점은 여름철에 냉방이 안 된다는 것이다. 상상도 하기

런던의 롬바르드 가, 퇴근하는 영국의 금융인들

힘들지만 사실이다. 더운 여름 지하철에서 양복 속으로 흐르는 땀을 참으며 불평 없이 견디는 영국인들을 보면 절로 존경심이 우러나온다.

'런던 튜브(London Tube)'라 불리는 런던의 지하철 여행은 세계의 관광객들에게 그 오래된 역사만큼이나 복잡하지만 알고 보면 너무도 편리하고 다양한 즐거움을 선사한다. 그러나 역시 런던 여행의 백미는 런던 시내를 도는 버스투어와 함께 걸어다니는 여행이다. 도시 전체가 관광지라서 오히려 걸어다니는 것이 관광하기에 편하다.

런던에는 지하철역마다 계속 기계적으로 되풀이하는 '마인드 더 갭(mind the gap, 틈새를 조심하세요)'이라는 안내방송이 있다. 수시로, 쉴 새 없이, 계속 되풀이하고 있다. 이러한 경고방송은 지하철에서 전동차와 승강대의 간격에 유의하고 헛디뎌서 빠지지 말라는 안내방송이다. 처음에는 무슨 뜻인지 궁금해 하다가 나중에 그 뜻을 알아듣고 나서 살펴보면 이 경고는 훨씬 더 많은 곳에서 광범위하게 쓰이고 있음을 알게 된다.

마인드 더 갭! 미국식의 직설적인 '와치 유어 스텝(watch your step, 발걸음을 조심하세요)'에 비해 얼마나 포괄적이고 철학적인 표현인가. 주로

물리적인 충돌을 염두에 둔 위험경고 안내문으로 많이 보게 되지만, 그것을 자꾸 접하다 보니 어쩐지 이러한 갭(gap), 틈새, 간격, 차이에 대한 배려의 부족으로 인해 발생될 수 있는 여러 가지 결과를 미리 방지하기 위한 광범위하고도 철학적인 경고로 들리고 틈새위험관리에 생활화된 영국인의 배려로 다가오게 된다.

갭 gap, 틈새

갭의 사전적인 정의는 금(담이나 벽 따위의), 갈라진 틈, 시간적인 틈, 틈새, 짬, 간격이나 차이(의견 따위의), 격차, 빈 곳, 결함 등이다. 무엇보다도 갭은 이렇게 작은 차이가 나는 공간을 의미한다. 이러한 작은 틈을 유의하지 않고 방치했을 때 초래될 수 있는 대가는 엄청나게 커질 수 있다. 댐의 조그마한 틈이 결국 댐을 붕괴시키고 홍수를 초래하듯, 건물에서도 구석구석 연결 부분의 조그만 틈을 잘 마무리하지 못하면 엄청난 열 손실과 소음공해에 시달리게 되고, 결국 그 틈이 초래한 불균형으로 인해 건물의 붕괴를 초래할 수도 있다. 그러나 항상 이러한 틈에 대해서 미리 신경 쓰고 바로잡는 것은

그렇게 어려운 일이 아니다. 습관화되면 너무도 쉽고 간편한 일이다.

갭은 매우 다양한 형태로 존재한다. 대표적인 것은 사물에 대한 사람마다 다른 인식의 차이이다. 견해의 차이, 방법론의 차이 등 사람마다 또는 뜻을 달리하는 단체마다 다른 이러한 인식의 차이는 엄청나게 큰 사회적 갈등을 초래하고 또한 이러한 갈등을 조정하지 못함에서 발생되는 사회적인 비용의 증가를 초래한다.

비즈니스에 있어서의 갭은 우선 위험(risk)이다. 따라서 위험관리의 기본은 이러한 틈새를 이해하는 데부터 시작한다고 보아야 한다. 은행이나 기업의 위험관리의 기본은 재무제표 틈새관리(gap management)이다. 크게는 전체의 재무제표에서, 작게는 조그만 부서의 작은 자산이나 투자자산 포트폴리오에 이르기까지 내재된 재무제표의 작은 부문마다 존재하는 갭을 경시하고 무시함으로써 시장상황에 따라 변하는 위험에 적절히 대처하지 못하고 결과적으로 거대한 조직이 붕괴될 수도 있음을, 우리는 과거 유수한 기업과 은행조직의 흥망사를 통해서 실감나게 확인할 수 있다.

재무제표의 자그마한 틈새(mismatch)[1]가 시장여건의 예상치 못한 변동과 그러한 변동이 기업의 자산 혹은 부채에 악영향을 미칠 때, 그러한 충격을 흡수할 수 있는 여력이 없을 때, 손쉽게 어려움에 빠지고 붕괴되는 것은 커다란 댐의 예와 크게 다르지 않다. 이러한 갭은 비단 재무제표에 나타나는 숫자적인 갭만이 아니다. 기업의 경영진과 종업원과의 소통, 부서 간의 소통과 팀워크, 원칙과 규정의 소통 등 조직 내에 존재하는 각종 인식의 갭이 있다. 그래서 금융기관의 재무위험관리는 재무제표에 나타나는 숫자적인 틈새뿐만이 아니라 기업의 이상, 추구가치, 의사소통, 임직원 품성, 조직의 문화 등 비숫자적인, 가치의 틈새도 포함하는 총체적인 틈새관리가 되어야 한다.

여유한도(availability)

갭은 또한 한도의 여유라는 개념으로 중요한 하나의 위험관리 척도로서 함께 고려되어야 한다. 갭에 대한 관심과 더불어서 여유한도라는 유동성과 융통성에 대한 지속적인 관심은 기업위험관리의 기본이다.

직장에서 '최선을 다해서', '모든 수단을 동원하여', '무슨 수를 써서라도' 주어진 목표를 성취하겠다는 다짐을 들으면 믿음이 가면서도 걱정이 되기도 한다. 목표는 무슨 수를 쓴다거나 무슨 짓을 해서든 성취할 수 있는 것이 아니다. 상대에 대한 배려도 있어야 하고 원칙에 대한 준수도 있어야 한다. 융통성을 조금 발휘한다 하더라도 사회나 조직이 수용할 수 있는 범위 내에 있어야 한다.

무슨 수를 다해서라도 성공하지 못한다면 과연 그 대책은 무엇인가. 모든 수단을 동원해서 더 이상 남아 있는 가용자원이 남지 않았는데도 불구하고 성공하지 못하면 어떻게 되는가? 그래서 무슨 일에 모든 것을 다 동원하여 매진하는 것을 보면 내재된 위험을 동시에 생각하게 된다. 이렇게 무슨 수단을 동원해서라도 성공하겠다고 저돌적으로 여유와 한도를 무시하고 황소처럼 달려드는 영웅들이 큰 사고를 친다.

만약에 은행이나 기업이 보유하고 있는 거래상대방의 신용한도(credit line)[2]를 다 써버렸을 때 신용공여은행으로부터의 상환요구를 받는다면 어떻게 할 것인가. 금리가 싼 단기자금을 최대한 동원하여 수익성이 좋은 장기투자를 하다 단기자금시장이 고갈되어 자금줄이 막히면, 혹은 담보채권의 가치가 떨어져서 동일한 담보로 조달할 수 있는 금액이 줄어들면 어떻게 할 것인가. 이런 여유한도를 고려하지 않는 사업계획으로 중요한 일을 도모하는 사람은 너무 위태롭게 보인다. 그리고 실패에 대한 후퇴계획이 없는 사업계획은 자살행위이다.

1970년대는 한국의 경제 성장과정에 있어서 전설적인 모험담이 무척이나 많았다. 특히 대규모 기계의 해외수출과 관련된 선구자 기업인들의 모험담에 그러한 일들이 많았다. 참으로 격정을 느끼게 하면서도 그 무모함에 전율한다. 만약 그러한 모험이 실패했을 때 한국의 부담은 무엇이었을까?

자원도 자본도 빈약했던 그때의 모험이었지만 이제는 이러한 위험관리에 대한 패러다임이 바뀌어야 하는 때가 되었다. 항상 적정한 여유한도를 가지고 있어야 하며, 만약의 특수상황에 대비하는 준비가 되어 있어야 한다. 숨 쉴 틈 없이 몰아붙여서 자원의 효율적이면서도 최적인 운영상태의 틀을 무너뜨리는 직원을 경계해야 한다. 여유한도는 너무 작아도 문제지만, 너무 커도 자원의 낭비 혹은 게으름의 해이에 빠지게 된다. 이러한 한도의 여유를 항상 가지고 있으면서 우리의 모든 재능과 노력을 동원하는 한도의 여유와 최선을 다하는 정신과의 절묘한 균형을 유지하는 사고방식이 지속가능한 경영의 기본이다.

소설 《상도》에서는 계영배(戒盈杯)란 잔을 통하여 사업가의 리스크관리에 대한 교훈을 재미있고도 의미심장하게 전하고 있다. 거상 임상옥의 이야기에 등장하는 장사꾼의 리스크관리에 대한 계영배의 교훈은 이러한 한도관리, 리스크관리에 대한 절묘한 가르침이었다. 부어도 부어도 잔의 7할 이상이 차지 않는다는 전설의 잔인 계영배의 이야기는 7할의 운용과 3할의 여유를 의미하는 것이다. 이것이 위험관리의 기본이다. 장사는 하루 이틀에 그치는 것이 아니다. 대를 이어 지속되어야 할 가문의 장사를 위해서는 장기적인 여유를 항상 확보하여 기회에 대비하고 위험을 방지할 수 있는 여유가 있어야 한다. 3할의 한도가 점점 없어진다는 것은 이미 위기의 신호이다.

함정(gap)

갭은 또한 함정이며 지뢰일 수도 있다. 세심하게 신경 쓰지 않다가는 그 함정에 빠지거나 지뢰를 밟아서 꼼짝도 못하는 낭패에 빠지게 된다. 일단 지뢰를 밟았을 때는 죽고 싶지 않으면 주는 대로 먹고 시키는 대로 해야 한다. 그야말로 낭패인 것이다. 꼼짝없이 추악한 일에 휩쓸리게도 된다. 함정은 자연스럽게 만들어진 것도 있고, 의도적으로 만들어진 것도 있다. 자연스럽게 만들어진 함정에 빠질 때는 비교적 도와주는 사람들로 위기를 벗어나는 경우가 많다. 술에 취해 졸다가 지하철 승차대를 헛디뎌 선로로 빠지면 대부분의 경우 사람들이 황급히 구해준다. 그러나 숨어서 누군가가 빠지기를 학수고대하고 있는 함정에 빠지게 되면 대부분 모든 것을 내주어야 한다. 그러나 밟은 지뢰는 어떻게 할 수가 없다. 결국 터지게 되어 있다.

이러한 틈새위험관리는 과학이 아니다. 오랜 기간 금융은 이러한 틈새위험관리의 실패로 인해 손해를 보아왔으며, 따라서 그러한 위험관리에 대한 규정이나 규범도 잘 발달되어 왔다. 그래도 단순한 기본을 무시한 실패는 항상 있었다. 그리고 그 중심에 핵심 스타급 금융인의 탐욕이 있다.

모든 대형사고의 중심에 이런 스타급 직원에 대한 편애, 예외한도의 인정, 실적을 담보로 한 편법인정 등의 위기관리 틈새가 있었다. 스타급 직원은 항상 실적을 볼모로 잡고 각종 예외인정 요구를 마치 특권처럼 요구한다. 일반직원에 대해서는 가혹하리만치 추상 같은 원칙의 잣대가 상위직이나 스타급 직원에 대해서는 규정의 해석이 너무 편하게도 작위적이다. 이것이 함정이다. 이러한 함정에 빠지면 다수가 소수에 끌려 다니는 황당한 상황이 전개된다. 그러나 이러한 예외는 결코 단기에 끝나지 않는다. 인질이 되어 질질 끌려다니다 결국 터지게 되어 있다.

명품 名品

명품은 귀하고 비싸다. 그래서 명품은 모조품이 많기도 하다. 모두가 명품을 가지고 싶어 한다. 기존의 제품도 명품으로 가치를 향상시키기 위해 갖은 노력을 다한다. 그러면 명품은 어떻게 만들어질까. 작은 부분에 대한 섬세한 관심의 차이가 명품을 만들어낸다.

영국에는 세계적인 도자기제품 그릇들이 많다. 웨지우드(Wedgwood) 등의 영국 도자기는 전 세계의 고급식당과 많은 가정의 부엌과 식탁뿐만 아니라 거실의 벽을 장식하고 있다. 대부분 섬세하고 아름다운 그림이 그려진 화사한

영국의 웨지우드 그릇들. 정교한 그림이 아름다운 품위를 만들어낸다. 밋밋한 모양의 백색 바탕에 정교한 그림을 더했으며, 면밀함과 추가 터치가 만들어낸 명품이다.

무늬의 장식으로 식탁을 아늑하게 만들고 있다.

　이러한 비싼 도자기 접시는 단순하게 샐러드를 담아내거나 각종 샐러드용 드레싱으로 더럽혀지고 잦은 설거지로 인해 이가 빠지거나 재수 없으면 깨지기도 하면서 불행하게 일생을 마치지는 않는다. 조심스레 다루어지고, 당당하게 기품 있는 집 거실 벽의 장식품이 되어, 품위 있게 대를 이어 유산으로 남겨지거나 골동품이 되어 박물관에서 천수, 만수를 누리게 된다.

섬세함에 대한 정성(Attention to detail)

　이렇게 품위 있는 접시와 보통 접시의 차이는 그 접시에 그려진 그림의 섬세함의 차이이다. 똑같이 생긴 평범한 모양의 둥근 접시지만 예술적인 그림을 그려넣고, 아름다운 색으로 화사하게 단장하여 잘 구워내어 명품을 만드는 것이다. 섬세함의 차이에 따라 중국집에 팔려가기도 하고 쌈밥집에서 상추와 돼지고기 수육을 담아낼 수도 있고, 고급 호텔의 프랑스 식당에서 멋진 디저트를 담아낼 수도 있으며, 거실의 벽면을 우아하고 품위 있게 장식할 수도 있다.

　이렇게 섬세한 장식의 마무리에 대해 인간이 기울이는 관심과 정성의 차이가 많은 가치의 차이를 만들고 있다. 수육을 담아내는 접시가 나름대로 주어진 그릇으로서의 역할을 충실히 하지만 조금 더 정교하게 정성을 기울이면 더욱 가치 있는 그릇으로서의 역할을 할 수 있다. 그것이 부가가치다. 단 한 번의 추가적인 손질(다른 제품과는 다른)로도 명품을 만들 수 있다. 이러한 섬세한 관심과 기능을 가진 제품이 명품이라는 것이다. 이렇듯 모든 분야에서 '한 번 더' 하는 엑스트라 정신이 명품을 만들어낸다.

차별화(differentiation)

차별화는 평범한 것에서 비범함을 만들어낸다. 누구나 다 가지고 있는 공통적인 조건에서 비범함을 만들어내는 가치를 추가하는 과정이다. 평범한 값에 팔릴 수 있었던 제품이 명품으로 수집의 대상이 되는 부가가치를 창조할 수 있게 되는 것이다. 이러한 것은 모두 섬세함에 대한 정성과 추가손질(extra touch)의 장인정신이 만들어내는 비범한 결과이다.

뱅커스트러스트은행이 1980년에 국제금융시장에서 혜성처럼 두각을 나타내기 시작하며 강조한 이상과 가치의 중요한 기준은 이러한 명품 금융상품을 창조하기 위한 섬세한 정성이었고, 남들보다 한 번 더 정성을 들이는 금융상품의 장인정신이었다. 즉, 섬세함에 대한 차이와 추가손질의 정성이 명품상품을 만들 수 있다(Attention to detail and extra touch make the difference)는 것이다.

개인적인 차별도 마찬가지다. 자신이라는 작품을 명품으로 만드는 것은 개인마다 다른 다양한 부분에 대한 섬세한 정성이며, 자기 자신만의 독특한 브랜드를 만들어나가는 차별화의 과정이다. 그러나 명품이 반드시 첨단이고 화려한 것만은 아니다. 새로운 것이 마치 몇 년은 사용한 것처럼 편안하게 느껴지기도 하고, 몇 년이 되었어도 항상 새로운 듯한 평범함이 있다. 때에 따라서는 평범함이 가장 비범한 것으로 연결되기도 한다. 그러한 평범함은 결코 대중적인 평범함은 아니다. 금융이 대단한 우주과학이 아니듯이 금융의 틈새위험관리의 기본에 끈질기게 집착하는 평범함이 보통 사람들이 하지 못하는 비범한 결과를 만들어내는 것이다. 이렇게 명품금융은 가장 기본적인 원칙에 충실한 평범한 금융인들이 만들어낸다.

금융위기

금융위기는 되풀이된다

최근 세계경제는 약 10년의 터울로 되풀이되는 혼란을 거듭하고 있다. 1970년대 남미의 과도한 차입으로 인한 외채상환 불능 위기, 1980년대 파생금융시장 혼란으로 인한 위기, 1998년 아시아 외환시장 위기의 기억이 채 사라지기도 전에 정확히 10년 후인 2008년, 미국에서 발생된 부동산 거품의 붕괴로 인하여 전 세계에 신용위기가 닥쳐왔다. 이렇게 역사는 약 10년의 간격을 두고 금융시장의 위기를 되풀이하고 있다.

이 책은 최근 10년 간격으로 되풀이되어 경험한 1998년의 외환위기와 2008년의 신용위기를 겪는 과정에서 침몰한 두 미국 은행의 위험관리에 대한 현장보고서이다. 왜 금융위기가 되풀이되는지에 대해서는 경제의 경기순환론과 1930년대 미국의 대공황(The Great Depression)[3]의 발생과 전개, 극복과정을 이해하는 것이 필요하다. 저자는 금융위기를 경기의 순환과 관련해서 이해하고 싶다.

경기순환론

먼저 약 10년의 간격으로 되풀이되는 금융위기는 약 10년 단위로 움직이는 경기순환의 파동과도 관련이 있다. 이것은 경제학에서 경기순환론으로 정의하고 있는 경제 전반에 대한 생산과 경제활동의 일정 주기를 두고 되풀이되는 호경기와 불경기(depression)[4]의 순환파동 때문이다.

1860년 프랑스의 경제학자 끌레멍 주글라(Clement Juglar)가 8~11년의 간격으로 순환되는 경기의 사이클을 발견하였다. 후에 오스트리아의 경제학자 조셉 슘페터(Joseph Schumpeter)가 주글라의 경기 사이클은 확장기, 위기, 후퇴기, 그리고 회복기의 4단계로 순환된다고 주장하였다.

경기 사이클의 종류는 재고자산을 기준으로 3~5년의 단기순환 사이클인 키친(Kitchin) 파동, 기업의 고정비 투자와 관련된 대표적인 기업활동 순환으로 7~11년 간격의 주글라 파동, 사회기반시설 투자와 관련된 15~25년 순환의 쿠즈넷(Kuznets) 파동, 그리고 장기기술혁신과 관련된 45~60년 순환의 콘드라티예프(Kondratiev) 파동의 네 가지가 있다. 여기에서 일반적인 경제, 금융 등과 관련된 대표적인 비즈니스 사이클인 주글라 파동의 순환기간이 7~11년인 점을 감안하면 금융위기가 왜 약 10년 간격으로 되풀이되는가 하는 것이 수긍이 된다.

이렇게 주기적으로 되풀이되고 있는 경기파동과 더불어 불황기를 대처하는 정부의 통화정책과 경기부양책에 대한 영향은 대공황의 역사를 참고하는 것이 1998년과 2008년의 위기를 이해하는 데 도움이 될 것 같다.

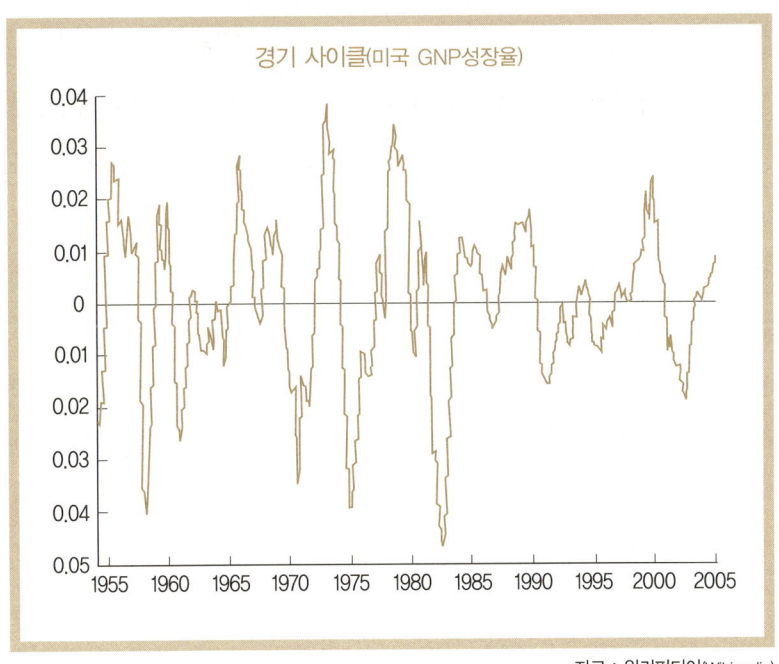

자료 : 위키피디아(Wikipedia)

1930년대 대공황과 통화정책

금융시장 붕괴와 그 처방에 대한 대표적인 케이스 연구는 1930년 대공황과 관련된 것이 많다. 케인즈 경제학은 불황의 원인을 경기의 사이클로 파악한다. 저소비가 소득과 고용의 감소를 초래하여 저생산, 저소비의 악순환과 저물가로 인한 화폐가치의 상승인 디플레이션(deflation, 물가하락)[5]을 초래한다는 것이다. 화폐금융론자들은 디플레이션의 가장 큰 원인으로 중앙은행의 통화정책 실패를 꼽는다. 시중에 적절히 공급해야 할 통화를 중앙은행의 금리나 통화정책의 실패에 따라 충분히 공급하지 못함으로써 디플레이션과 저소비, 저물가의 악순환을 가져온다는 것이다.

다수의 경제학자들이 2007~2009년의 세계 신용위기로 인한 전 세계적인 부동산의 폭락과 경제의 위축현상을 경기 대후퇴(Great Recession)라고 부르고 있다. 1930년대의 대공황은 2차대전이 발발할 때까지 거의 10년간 계속되었고, 경제와 사회가 패닉에 빠졌었다. 그리고 이 상황을 대공황이라고 불렀다. 2007~2009년의 신용위기 과정에서 세계 주요국가의 공조로 이루어진 통화공급에 의한 신용복구정책과 앞으로 전개될 통화환수를 위한 출구전략(exit plan) 및 미국금융시스템의 개편을 이해하기 위해서는 1930년 대공황의 상황전개, 당시의 경기회복정책과 통화정책을 파악하는 것이 필요하다.

대공황의 전개와 극복

1929년 10월, 5년째 계속된 통화완화정책(신용확대와 저금리정책)으로 미국 주식시장에 거품이 잔뜩 끼게 되었다. 주식가격은 같은 기간 동안 6배나 상승하였고, 부동산가격의 상승도 동반하였다. 9월 7일 정점을 찍은 주식시장이 폭락과 반등을 반복하며 불안한 시장을 이끌고 가다 10월 24일 대폭락을 가져오고, 일시적으로 상승했던 시장이 그 다음 주 월요일과 화요일인 28~29일에 대폭락을 가져오자 투자자들은 바로 공포에 빠지게 된다.

1920년대는 주식투자의 열병이었다. 주식브로커들은 주식매수금액의 3분의 2까지 싼 이자로 융자해주었고 주식 값은 계속 올라주었다. 그러나 투자자에게는 불안한 행복이었다. 드디어 천정부지로 오르던 주식이 붕괴되기 시작하자 브로커와 은행들이 바로 대출축소에 나섰다. 상환자금 준비가 안 된 투자자들이 파산에 직면하게 되고, 예금자들의 예금인출 러시가 진행됨에 따라서 은행의 파산이 증가하게 되었다. 은행파산이 자산가치의 20~50%까지 하락으로 연결되었고, 화폐가치의 상승에 따라서 차입자의 부채부담이 증가하게 되었다. 1929년 공황으로부터 1930년까지 744개의 은행이 파산하고 1930년대에 9,000개의 은행이 파산하게 된 것이다.

당시에는 예금에 대한 정부보증이나 예금자보호가 작동이 안 되고 있어서 은행파산은 지속적으로 증가했다. 다급해진 은행들이 만기일 전 혹은 상환준비도 미처 안 된 대출회수에 나서기 시작하자 미래의 수익에 대한 기대축소로 자본투자가 감소하고 건설경기가 후퇴하기 시작했다. 통화의 수축과 물가하락이 더욱 가속화되는 경기의 악순환(vicious cycle)의 소용돌이(downward spiral)가 가속되었다.

부채의 청산이 물가하락을 따라가지 못했다. 화폐가치의 상승으로 인해 개인의 부채부담 감소욕구가 통화의 가치상승을 더욱 초래하여 부채를 갚으면 갚을수록 부채율이 증가되는 상황이 1930년의 단순한 경기후퇴(recession)[6]를 1933년 대공황으로 연결하였다.

대공황 연구의 대가인 밀턴 프리드먼(Milton Friedman)은 대공황을 초래한 원인을 후버(Herbert Hoover) 정부의 통화량 축소로 돌린다. 1929년과 1933년 당시 M2통화량[7]을 3분의 1로 축소하는 긴축정책을 실시하여 통상적인 경기후퇴로 끝날 수 있었던 상황을 대공황 수준으로 키워 나갔다는 것이다. 또한 뉴욕소재 은행들의 실패를 용인함으로써 시장에 위기감과 불안을 증폭시키고 따라서 예금인출사태를 불러온 것이라고 주장하고 있다.

프리드먼과 같은 통화론자들은 긴급자금을 방출하고 국채 등을 매입하여 시장에 돈을 풀어 유동성을 공급했다면 경기후퇴나 부진 정도로 끝날 수 있었던 것을, 연방은행에서 전혀 손을 쓰지 못해서 위기를 더욱 키웠다고 주장한다. 당시 연방은행은 통화의 공급이 금본위제와 연결되어 있었기 때문에 규정에 묶여서 발권에 의한 과감한 통화량 조절정책을 쓰지 못하였다.

또 하나의 정책적인 실수가 관세부과로 초래된 보호무역조치였다. 1930년 당시 후버 정부는 미국물품의 구매를 장려하기 위해 수입물품에 대한 관세부과를 목적으로 스무트할리관세법(Smoot Hawley Tariff Act)을 제정하였다. 원래 미국물품의 구매장려(buy-American)가 목적이었으나 전 세계적인 보복관세경쟁을 불러오게 되었고, 세계무역이 급격히 감소되는 위기를 초래하며 불경기를 더욱 심화시켰다. 그로 인해 1932년에 실업률이 23.6%, 1933년에는 25%에 이르게 되었다.

후버 정부는 운이 없었다. 기업과 가계의 부도가 사상 최대에 이르고 은행이 5,000개나 파산하는 와중에 수십만 명이 집을 잃고 노숙자가 되어 후버빌(Hooverville)이란 집단수용소 생활을 해야 했었다. 정부는 연방주택대출은행법(Federal Home Loan Bank Act)을 제정하여 주택공급을 촉진하고 주택압류를 억제하는 정책을 취하는 한편, 경기부양책으로 긴급안정과 건설법(Emergency Relief & Construction Act)을 제정하여 대규모 공공사업과 댐 건설에 나섰고, 1932년에는 재건금융공사(Reconstruction Finance Corporation)를 설립하여 금융기관에 정부보증대출을 주선하여 철도건설과 농업 부문의 지원에 나섰다. 그러나 경제는 계속 하강하게 되고 물가, 수익, 고용이 동반 하락하는 디플레이션에 처하게 된다. 결국 국민들의 정치적인 선택에 의해 1932년 루스벨트 정부가 탄생하게 되었다.

루스벨트 정부에 들어서도 가뭄은 계속되었다. 메마른 토지의 지력이 황폐화되어 농사를 포기하고 서부로 가는 대탈출이 일어나게 되고 잔인한 자연의 재해에 절망한 존 스타인벡(John Steinbech)의 소설 《분노의 포도(The Grapes of wrath)》에서 그려진 미국인의 좌절과 시련이 계속되었다.

루스벨트 정부는 보이지 않는 손에 의한 조정과 경제의 자유방임을 포기하고 케인즈의 계획경제이론을 도입하게 된다. 연방정부와 국가경제의 역할을 증대시킨 계획경제로 인하여 1933년과 1939년 사이 연방정부의 예산이 세 배로 증가되었고 두 차례에 걸쳐서 뉴딜의 경제정책이 실시되었다.

1933년 증권거래법(Securities Act of 1933), 1934년 증권거래소법(Securities Exchange Act of 1934)에 이어 연방예금보험공사(Federal Deposit Insurance Corporation)가 설립이 되었고, 글래스스티걸법(Glass-Steagall Act)[8]이 입법화되어 예금과 대출을 담당하는 상업은행과 주식, 채권, 기

타 증권을 인수, 발행하고 매매하는 투자은행의 영역을 구분하였다.

국가재건위원회(NRA, National Recovery Administration) 설립을 통하여 디플레이션 방지를 위한 여러 가지 사회주의적인 정책을 동원했다. 최소가격제, 최저임금제를 실시하고 노조의 임금투쟁을 유도하여 노동자의 구매력 향상을 도모하였다. 농업조정법(Agrucultural Adjust Act)을 통하여 농산물 생산을 조절하고 농산물 가격을 유지하는 한편 기업과도 협의를 통하여 가격유지에 힘썼다. 그러나 사회주의 성향의 NRA법은 1935년 대법원에서 헌법불합치 판정을 받고 폐기되었다.

루스벨트 정부는 공공사업과 농업보조를 통해 경기회복을 위한 대책을 강구했지만 재정균형을 포기하진 않았다. 케인즈학파는 루스벨트가 재정적자를 염려하여 재정지출을 충분히 하지 않아서 2차대전이 발발할 때인 1940년대까지 불황이 지속되었다고 주장했다. 정부의 통화공급을 통한 더욱 과감한 유동성의 조절이 경기조절을 통하여 불황의 정도를 완화할 수 있었다고 주장하는 것이었다.

경제학자들은 루스벨트의 뉴딜정책이 경기회복에 충분히 적극적이진 않았지만 일반적으로 이것이 회복을 촉진했다고 평가한다. 연방지출이 6년 사이에 3배로 증가하였으며 연방예산의 적자를 이어가게 되었다. 루스벨트 정부의 팽창예산을 비난하는 학자들은 미국의 사회주의화라고 비판하였다. 실제로 대공황의 경험은 2차대전 후 유럽에서 사회민주주의와 계획경제를 정착하게 하는 기틀이 되었다.

대공황은 제2차 세계대전이 시작되면서 전 세계가 전쟁물자 생산과 전비충당을 위한 재정자금이 투입되고 군수품과 무기생산에 나서면서 비로소 실업률이 줄고 위기가 극복되기 시작하였다.

탐욕 greed

대공황 혹은 경기 대후퇴에 대한 또 하나의 흥미 있는 이론은 막스(Carl Marx) 경제학에 의한 자본주의의 본원적 결함이다. 자본주의는 근본적으로 부(wealth)의 축적에 균형을 이루지 못하고, 자본가들은 부의 과다축적이 불가피하다는 것이다. 그것에서 비롯되는 불균형을 막을 방법이 없어서 위기가 누적되며 결국 통화의 선순환을 저해하게 되고 경제의 대동맥인 통화의 유통에 동맥경화를 초래하게 되면서 통화의 평가절하로 인한 위기를 가져온다는 것이다.

사실 주글라 경기파동과 함께 10년 단위로 닥치는 위기의 내용은 매번 조금씩 다르지만 공통된 특징의 핵심적인 원인은 바로 시장의 왜곡과 시장참여자의 탐욕이었다는 것이다. 통제할 수 없이 비약적인 속도로 발전을 거듭하고 있는 컴퓨터와 전자통신기기, 그리고 수학과 통계학 등 과학적인 바탕에서 비약을 거듭하고 있는 금융상품의 혁신은 그에 상응하는 관리기법이나 감독기법보다 훨씬 앞서 나아가는 경향이 있어서 시장을 통제하기가 예전에 비해 어려워진 것은 사실이지만 역시 금융위기의 핵심은 바로 인간의 탐욕으로 인하여 비롯되었다는 것이다.

인간의 합리적인 경제행위를 전제조건으로 하는 경제학에 부의 축적은 자본주의에 있어서 자연스러운 하나의 경제행위다. 그러나 탐욕은 처음부터 자본주의 경제학에서 하나의 정상적인 시장요인이나 합리적인 경제행위는 아니다. 그것은 부도덕한 것이며 합리적인 판단이 아니다. 탐욕을 정상적인 경제행위로 볼 수는 없지만 범죄행위로 보는 데는 한계가 있다. 그래서 탐욕을 규제할 수 있는 적절한 방법은 까다롭다.

이러한 탐욕이 절대 자본가들이나 부자들의 전유물만은 아니다. 크고 작은 요소마다, 기이한 형태로 파생된 탐욕, 그 탐욕에서 파생된 도덕적 해이, 그리고 이러한 것들이 파생시킨 시장기망, 사기, 정보 비대칭을 이용한 불완전 판매라는 사기로 선량한 사람을 기망하는 탐욕의 각종 파생상품들이 금융시장을 혼란시키고 위기로 몰아가고 있다.

사실 미국뿐 아니라 전 세계의 금융리더들은 도덕적이고도 합리적인 지성과 훌륭한 지도력을 발휘하는 사람들이 훨씬 많다. 그러나 대부분 천성이 양심적이고 청렴한 인품을 가진 사람들이 탐욕에 가득 차서 조직을 휘젓기 시작하는 사람과 맞서 싸우는 검투사적 투지는 없다. 대부분 그러한 탐욕에 휩쓸리는 것 자체를 싫어하고 오히려 비켜서버리고 만다. 나에게 직접적인 피해만 입히지 않으면 간섭하기 싫다(Not in my backyard)는 님비현상(Nimby)과도 같다.

때로 용기 있는 사람들의 고발이나 제안은 탐욕으로 일그러진 최고

경영자에 의하여 무시되거나 소수의 의견으로 파묻히고 만다. 결과적으로는 이렇게 비켜서는 것은 탐욕으로 시장을 더럽히는 것에 들러리를 서게 되는 것이다. 그리고는 전체 금융인들이 도매금으로 싸잡혀서 같이 욕을 먹는다. 항상 소수의 탐욕으로 일그러진 재주꾼들이 다수의 양심적인 금융인들을 우롱한다.

　대한항공 기내에서 한동안 방영한 영화프로그램 중에 〈월스트리트(Wall Street)〉라는 영화가 있었다. 〈바람과 함께 사라지다〉, 〈분노의 포도〉 등과 함께 고전의 반열에 올라 있는 이 영화는 사실 1980년의 월스트리트 금융위기를 소재로 만들어졌다. 마이클 더글라스와 찰리 쉰이 출연한 이 영화는 월스트리트라는 금융정글에서 시장의 프로로서의 경력을 쌓아나가려는 의욕에 가득 찬 신출내기 금융인을 동원하여, 이미 산전수전 다 겪고 탐욕으로 가득 찬 프로가 기업의 내부정보를 이용하여 각종 불법을 행하며 시장을 속이다 결국 파멸을 맞이하는 것을 그린 영화이다.

　인간의 탐욕이 인간성을 무너뜨리고 조직을 붕괴시키는 것을 경계하는 이 영화는 이제 많은 곳에서 탐욕의 고전으로 인용되고 있다. 실제로 1980년대 엔론(Enron) 등의 대기업에서 벌어진 기업의 회계부정과 내부정보를 이용한 당시의 월스트리트 시장을 실감나게 표현했다.

　당시 미국 기업에서 만연한 내부정보를 이용한 회계부정과 주가조작 등을 그린 영화에서도 탐욕이 주제였다. 탐욕이 선하고 아름다운 것이며 회사를 구하고 나아가서 비능률적인 공룡인 미국을 구할 수 있다고 강변하였다. 그러나 결국 탐욕은 거품이다. 실물의 성장과 사실을 수반하지 않는 욕심의 성장인 탐욕은 결국 허공에 형성된 구름과 같은 것이므로 붕괴될 수밖에 없다.

그런데 2010년 들어 올리버 스톤 감독이 다시 〈월스트리트 2〉를 찍었다. 〈월스트리트 2〉는 'Money never sleeps'란 부제가 달렸다. 1편에서 열연한 마이클 더글라스(주인공 고든 객코 역)가 감옥에서 출소하는 것으로부터 시작하는 이 영화는 다시 "Greed is good, and greed is legal"이라고 시작한다. 이제 탐욕이 적법하다는 것이다. 그러나 또다시 탐욕은 파멸을 맞게 된다. 그래서 "It is easy to get in, hard to get out"이라는 넋두리를 남기며 다시 감옥으로 돌아간다. 탐욕에 물드는 것은 쉽지만 헤어나긴 쉽지 않다는, 참으로 여운을 남기는 말이다.

월스트리트에 가면 증권시장의 활황을 기원하는 황소상이 있다. 이 황소상을 보면 탐욕이라는 단어가 쉽게 떠오른다. 증권시장은 원래 황소(bull)와 곰(bear)으로 상징되는 게임이다. 공격적인 황소와 방어적인 곰이 함께 만들어나가는 시장인데도 불구하고 여기에 소극적인 방어위주의 곰은 없다. 오직 저돌적으로 뿔을 세우고 달려드는 황소만이 있을 뿐이다. 돈의 속성은 저돌적인 '탐욕'이라는 이미지와 잘 어울린다.

그렇다면 막스 경제학에서 주장하는 대로 자본주의는 그 본원적인 결함으로 붕괴될 수밖에 없는 것인가? 아니다. 자본주의는 항상 스스로 그러한 위기에 대응해왔다. 탐욕에 대한 것도 마찬가지다. 시장은 이제 적절한 규제에 대한 해법을 찾아가고 있다.

　탐욕이 항상 지배하진 못한다. 그것이 합리적인 판단이 아니기 때문이다. 언제나 합리적인 사회의 기준은 변함이 없다. 그래서 탐욕은 도덕적으로 정당하지 못하고 범죄에 못지않은 공공의 적으로 비난받는다. 이제 공공의 적에 대한 좀 더 합리적이고 합법적인 규제가 마련되어질 것이다. 그래서 부도덕한 탐욕이 아닌 수용가능한 생산성에 대한 의욕이 보완하는 새로운 자본주의의 규범을 찾아나가야 한다.

뱅커스트러스트와
와코비아

대표적인 인식의 차이, 서로 다른 이해관계의 차이, 혹은 그 틈새가 소수의 탐욕이며 이기심이다. 모럴 헤저드와 소수인에 의하여 형성된 이너서클그룹 내에서 투명하지 않게 결정된 중요한 정책의 실패가 초래하는 위험이다. 이러한 일들이 어떻게 거대한 금융기관을 몰락하게 하였는지에 대한 매우 흥미 있는 두 가지 케이스가 있다.

뱅커스트러스트는 1980년대, 와코비아는 2000년대에 가장 독특한 경영기법과 뛰어난 실적으로 미국의 금융사에 중요한 족적을 남긴 우수한 은행이다. 그러나 둘 다 그 영광의 정점에서 추락하여 몰락하고 말았다. 두 은행의 케이스를 살펴보면 공통적으로 재무제표관리(balance sheet management)[9]와 수익성 지표 등의 관리에 있어서 대단히 우수한 조직이었다는 것을 알 수 있다. 그러나 두 은행이 공통적으로 경쟁의 선두그룹으로 나서기 시작하자 이러한 재무제표의 틈새관리에 소홀하게 되었고, 소수 엘리트 직원들의 탐욕으로 잘못 판단된 정책들에 대한 정보독점과 통제에서 비롯된 투명성의 상실이 초래되었다. 조그만 갭을 간과하여 점점 더 큰 위험으로 만들고 급기야 통제할 수 없는 상황까지 발전이 되어 조직의 몰락이라는 재앙을 초래하게 되었다.

두 은행의 실패에 당시의 거시경제 환경은 빼놓을 수 없는 요소이다. 뱅커스트러스트는 아시아 외환위기로 인하여 국제 금융시장이 위기에 빠졌던 1998년 유동성의 위기를 맞아 도이치은행에 인수되었으며, 와코비아은행은 2008년 세계 신용위기가 정점에 이른 9월 대규모 예금인출사태로 인한 유동성의 위기를 극복하지 못하고 웰스파고은행에 인수되고 만다.

당시로서는 획기적인 대출자산의 창출과 처분(origination and distribution)이라는 전략을 통하여 뱅커스트러스트는 은행의 덩치(자산)를 축소하여 자산경쟁에 휩쓸리지 않으면서도 자본의 회전율과 동시에 수수료 수익을 극대화하여 수익성 지표에 있어서 가장 우수한 실적을 보인 은행이었다. RAROC이라는 새로운 금융기관의 위험관리기법(risk management tool)을 창안하였고, 대출과 투자매매의 위험관리에 혁신을 가져왔으며, 이어서 위험관리의 대표적인 상품인 파생상품의 혁신을 가져온 은행이다. 뱅커스트러스트은행의 중요한 가치 중의 하나는 섬세한 정성(attention to detail)과 추가손질(extra touch) 정신이었다. 그것으로 고객에게 어떠한 부가적인 가치를 창조하는 명품 금융상품을 지속적으로 개발하는 부티크 금융회사였다.

BTC는 금융기관 자산운영의 위험관리 평가모델의 새로운 혁신을 가져왔다. 1970년대는 대부분 미국의 프라임은행들이 오일달러로 인해 넘쳐나는 세계 유러(Euro) 금융시장[10]의 유동성과 싼 이자로 쉽게 자금을 조달하여 남미 등 위험이 높은 신흥개발국에 대출을 함으로써 그 순이자수익(net interest margin)을 톡톡히 즐기고 있었다. 당시는 단순히 총이익을 총자산으로 나눈 총자산이익률(ROA, return on asset)[11]이 은행 경영실적평가의 중요한 기준이었다. 그러다보니 높은 순이자수익과 많은 보너스를 위해 더욱더 위험도가 높은 곳에 대출을 주는 고위험 대출 방식을 운영하였다. 그러던 중 남미의 경제가 하강기에 빠지자 대규모 손실을 경험하게 되었다. 이런 식의 고위험 고수익의 자산경쟁을 하다 남미 외채위기로 인하여 엄청난 대가를 치르고는 은행의 위험평가의 기준에 있어서 총자산이익률에서 위험조정자본수익률(RAROC, Risk adjusted return on capital)[12]로 진화하는 일대 전환을 하게 된다. 뱅커스 트러스트는 이러한 RAROC이라는 금융기관 위험관리에 있어서 새로운 평가모델을 개발한 선구적인 은행이었다.

한편 2000년대의 와코비아은행은 미국의 500대 대기업(Fortune 500)[13] 보다는 전통적으로 100년 이상의 오랜 거래역사를 가지고 있는 중견 대기업, 중소기업 등의 중견기업시장(middle market)에 전략을 집중하고 이러한 오랜 거래기반을 바탕으로 하여 특정산업, 예를 들어 운수, 의약, 물류 등 산업별 특화전략과 부유고객층을 대상으로 한 재산관리(wealth management), 자산관리업무(asset management)에 우수한 실적으로 자산수익률에서 뛰어난 실적을 보여 온 상업은행이었다. 포춘 500, 즉 미국의 500대 대기업과의 거래가 없이도 예금과 대출실적에 있어서는 미국의 웰스파고은행과 더불어 3위 안에 들어가는 엄청난 규모이다.

동부 14개 주에서 3,700개의 방대한 점포망을 보유한 동부 지역의 강호였다.

무디스(Moodys)나 스탠더드앤드푸어스(S&P)의 신용평가를 바탕으로 한 여신공여보다는 와코비아 자체의 고객평가기준에 의한 여신공여에 더욱 철저한 은행이었다. 대부분의 우수한 와코비아 고객들은 신용평가기관(CRA, credit rating agency)[14]의 순위에는 관심조차 없었다. 또한 그럴 필요도 느끼지 않고 있는 알짜배기 고객이었다. 이러한 알짜배기 고객이 와코비아은행의 힘이었다.

두 은행의 공통점은 고객에게 차별화된 서비스를 제공하는 전략에 있어서 독특한 우위를 보였다는 것이다. 뱅커스트러스트가 첨단 파생금융상품을 제공하는 데 있어서 맞춤상품(product customization)에 포커스를 맞춘 반면 와코비아는 전통적인 상업은행으로서의 고객만족(customer satisfaction)에 포커스를 맞춘, 전략적으로 흠잡을 데가 없는 고객중시의 성공적인 조직이었다. 고객만족을 최고의 가치로 여기는 은행의 전통으로 8년 연속 소비자평가 부문, 고객만족 분야 1위를 놓친 적이 없다.

그러나 건물이 세월의 풍상에 시달려 낙후되듯 조직도 내부에서 독버섯이나 흰개미 떼처럼 보이지 않는 곳에서부터 여러 가지 붕괴요인이 생기게 된다. 이러한 독버섯이나 흰개미에 있어서 정녕 무서운 것은 조직 상층부 핵심직원들의 일그러진 탐욕에서 나온다. 조직의 소수인으로 구성된 내부조직(inner circle), 혹은 최고 실적을 구가하는 우수거래인, 고객관계 책임자(RM, relationship manager), 그리고 임원들의 탐욕이 조직을 더 크게, 더 빨리 붕괴시킨다.

전략적으로 뛰어난 조직이거나, 전통이나 기업문화가 우수한 은행의 성장에는 분명히 뛰어난 리더십이 있다. 그러나 어느 조직이나 필연적으로 맞게 되는 침체기가 있다. 거시경제 환경의 침체로 인한 실적하강과 그로 인한 리더십의 위기, 시장의 혼란으로 전체 산업에 공통적으로 파급되는 위기, 또는 조직 내부의 윤리 및 복무규정과 도덕적인 품성의 해이로 인한 조직문화 가치관의 위기 등 각종 위기를 원활히 관리하지 못하고 하강국면이나 침체국면을 극복하지 못하는 조직은 쓰러지게 된다.

봄날 온 산야를 뒤덮는 개나리나 진달래와 같이 화려하게 피어나 즐거움을 선사하다 그 정점에서 탐욕을 제어하지 못하여 이렇게 몰락한 은행들의 케이스는 너무도 생생한 한 편의 드라마이다. 그래서 〈월스트리트〉라는 영화가 이제 버젓이 고전으로 자리 잡고 있는가 보다.

세계적인 수준의 선도 은행이 쓰러지는 것은 그리 어렵지 않다. 대개 모든 은행이 문을 닫고 쉬는 주말 이틀 사이에 쓰러지는 경우가 많다. 주말 동안, 보통 사람들이 휴식을 취하고 있을 때 급박한 상황이 전개되었다가 월요일 아침 시장이 문을 열기 이전에 상황이 종료된다. 수백 조의 자산이 은행의 안전성을 보장하지는 않는다. 은행이 쓰러질 때는 여러 가지 사유가 있겠지만 유동성의 문제가 발생되었을 때 가장 위험하다. 유동성의 문제는 은행의 재무제표를 잘 들여다보면 그 위험(risk 혹은 gap)을 알 수 있다. 별로 복잡한 과학은 아니다.

그러나 유동성의 문제가 발생되기까지는 여러 가지 사연이 있다. 대개 핵심 경영진과 고급 책임자들의 탐욕, 도덕적인 해이, 그리하여 리더십에 상처가 생기고, 이어서 고객과 시장의 신뢰를 잃으면 은행이 버틸 수 있는 기반이 무너진다. 결국 신용의 상실로 인한 유동성의 위기에 봉착한다.

자금의 흐름이 원만하지 못하면 수백 조의 자산과 수십 조의 자본을 가지고 있어도 체증에 걸릴 수 있다. 작은 접촉사고를 당한 차량 하나가 순식간에 고속도로를 마비시키는 것과 마찬가지다. 사고차량만 치우면 고속도로는 멀쩡하게 움직인다. 심근경색, 혹은 뇌혈전증이나 뇌출혈이 위험한 것은 짧은 시간에 손 쓸 틈 없이 단지 혈관의 흐름이 원활하지 못하여 다른 모든 기관이 너무도 멀쩡한 사람이 맥없이 쓰러지기 때문이다.

위험관리는 모든 기업의 성공적인 성장의 요체이다. 위험관리기법에 대해서는 위험을 사전에 탐지하는 수학적인 분석모델이 충분히 있음에도 항상 실패하는 기업은 나온다. 결국 위험관리에 있어 수학적인 공식이나 각종 자료분석보다 더 중요한 것은 위험관리에 대한 기업문화와 강한 위험관리기준을 체질화시키는 것이다. 여기에 최고경영진, 그리고 CEO의 흔들리지 않는 원칙이 절대적으로 중요하게 작용한다.

리스크란 개념은 결과에 대한 예측이 가능한 상황으로서 결과에 대한 예측이 불가능한 불확실성(uncertainty)과는 다른 개념이다. 인류의 역사는 불확실성을 예측이 가능한 리스크로 전환하고 궁극적으로는 그러한 리스크를 좀 더 예측 가능한 확실성(certainty)으로 전환하면서 문명화가 진행되어왔다. 이러한 과정이 위험관리이다.

그럼에도 많은 은행들의 실패는 있어왔다. 그러한 실패의 핵심에는 탐욕이 있다. 대개 탐욕은 시장이 호황일 때 발생한다.

성과급이 연계된 시장거래에서 소수 핵심요원들의 탐욕으로 인한 판단 실수와 도덕적인 해이가 조직에 치명적인 상처를 입히고 시장에서의 신용을 잃게 만든다. 성과급에 눈이 어두워 도덕성을 상실한 일부 스타급 직원들이 지속적으로 원칙과 규정을 무시하거나 회피하여 단기적인 이익추구에 혈안이 되고, 반면 윤리적이고 도덕적 품성이 우수한 직원들은 이러한 소수 핵심인재들의 불법행위를 제지하지 못하고 방관적인 자세를 취함으로써 결국 같이 몰락하고 만다.
　10년을 멋지게 살기 위해서는 철학이 없는 재간꾼이 필요하다. 그러나 100년, 200년을 이어갈 안정된 조직의 성공을 위해서는 원칙에 양보나 예외가 없는 기본에 충실한 사람이 인정받는 조직문화가 필요하다.

용어설명

1 틈새(mismatch)
금융에서의 미스매치는 틈새라고 할 수도 있고 불균형이라고 할 수도 있겠다. 두 개의 연관거래에서 다양한 형태로 발생할 수 있다. 예를 들어 은행이 예금을 받으면 통상 대출로 운영하여 수익을 낸다. 3개월 만기 예금으로 1년 만기 대출을 하면 기간의 틈새가 된다. 고정금리로 예금을 받아서 변동금리로 대출하면 시장금리 변동에 따른 이자율 틈새, 원화예금으로 외화대출 운영을 하면 통화간 환율변동에 따른 외환의 틈새, 금융기관의 국내외 투자나 자체 투자를 적립자본금이 아닌 고객의 예금이나 차입금으로 하면 조달과 운영의 틈새이다. 이처럼 연관거래의 운영이 균형을 이루지 않으면 불균형, 즉 틈새가 발생한다.

2 신용한도(credit line)
신용한도는 금융기관이 거래상대방과 고객에게 대출이나 보증 등의 신용을 공여하는 금액을 약속하는 것이다. 정식으로 계약서에 의한 약정을 하고 설정하는 약정한도(committed line)와 단순히 통보만으로 그치고 언제든지 상대방에게 통보하여 취소할 수 있는 통보한도(advised line)로 구분한다. 한도금액과 수수료, 기한 등의 조건이 정해져 있는 약정한도에 대해서는 통상 약정수수료를 부과하고 시장상황의 변동에도 불구하고 약정한 대로 계약이행을 해야 하지만 통보한도는 시장상황이나 차입자 혹은 신용제공자의 상황변동에 따라서 언제든지 취소가 가능하다. 금융기관들의 신용한도는 대부분 통보한도이다.

3 대공황(The Great Depression)
20세기의 가장 길고 극심하게 넓게 퍼진 대공황은 1929년 10월 29일(Black Tuesday 라고 알려져 있다) 미국에서 증권시장이 붕괴되면서 급속히 전 세계로 파급되었다. 일부 국가에서 1930년대 중반에 회복되기도 했지만, 거의 모든 국가에서 2차대전이 발발할 때까지 계속되었다.

4 불경기(depression)
저생산, 저소비, 고실업의 극심한 불황이 수년간 지속된다. 마이너스 성장이 2분기 이상 계속되면 불황에 진입하였다고 진단한다.

5 디플레이션(deflation)
통화수축으로 인한 화폐가치의 상승과 실물(상품, 부동산, 임금 등)자산의 물가하락. 인플레이션율(Inflation rate)이 0% 이하로 떨어지면서 발생한다. 디플레이션은 부동산 등 실물가격의 하락과 화폐가치의 상승을 초래한다. 디플레이션은 경제에서 대단히 위험한 결과를 초래한다. 경기후퇴(recession)로 연결되고 장기화되면 불황으로 연결된다.

6 경기후퇴(recession)

경기는 확장을 멈추고 고용이 저하되고 실업이 증가되며 주택가격이 떨어지게 된다. 저소비, 저물가, 고실업이 상당기간 지속된다. 분기별 경제성장이 마이너스를 보이기도 하지만 지속되지는 않는다.

7 M2통화량

국가경제운용의 중요한 정책의 하나인 통화정책에 있어서 가장 일반적으로 채택하고 있는 것이 M2통화량이다. M0통화는 현금통화로 중앙은행이 발행한 현금통화이다. 이것에 은행의 요구불예금을 합친 것이 M1통화이며 저축성예금까지 합친 것이 M2통화이다.

8 글래스스티걸법(Glass-Steagall Act)

글래스스티걸법은 1933년에 입법화된 The Banking Act of 1933이다. 연방예금공사(FDIC)의 설립과 상업은행과 투자은행에 대한 엄격한 업무경계를 구분하기 위하여 만들어진 이 법은 법안을 제안한 카터 글래스(Carter Glass)와 핸리 스티걸(Henry B. Steagall)의 이름을 따 흔히 글래스스티걸법이라고 불려 왔다. 내용 중에 Regulation Q라고 불렸던 저축예금에 대한 이자지급 규제에 관한 부분은 1980년도에 입법화된 Depository Institutions Deregulation & Monetary Control Act에 의하여 규제해제가 되었으며, 금융지주사가 다른 금융업을 취득하지 못하게 한 제한은 1999년 11월 Gramm-Leach-Bliley Act에 의하여 해제되었다. 그러나 2008년의 신용위기의 대재앙을 경험한 미국에서는 2009년 12월 존 멕케인 상원의원과 마리아 캔트웰 상원의원이 공동으로 다시 글래스스티걸법의 부활을 추진하고 있다. 상업은행업무와 증권업 간의 방화벽(firewall)을 다시 부활시켜 고위험 증권관련업무인 투자금융이 상업은행의 실패로 연결되는 것을 방지하여 미국의 금융소비자를 보호해야 한다는 주장이다.

9 재무제표관리(balance sheet risk management)

기업회계도 마찬가지지만 금융기관의 회계는 GAAP(Generally Accepted Accounting Principles)와 IASB(International Accounting Standard Board)에서 채택한 IFRS(International Financial Reporting Standard) 기준으로 재무회계(financial accounting) 처리를 하고 있다. 은행의 재무회계자료는 많은 양의 보고서를 만들어내지만 기본적으로는 중요한 두 가지 보고서, 대차대조표(balance sheet)와 손익계산서(profit&loss statement)로 구성되어 있다.

대출과 투자자산, 그리고 기타자산으로 구성되는 차변의 합계액과 고객의 예금과 차입금의 합계인 부채, 그리고 은행의 종잣돈인 자본금과 각종 적립금, 그리고 순이익의 합계인 대변의 합계금액은 반드시 일치하게 되어 있다. 또한 손익계산서에서 산정된 수익과 비용의 차액인 순이익은 대차대조표의 순이익과 반드시 일치하게 되어 있다.

대차대조표의 왼쪽을 차지하고 있는 차변은 금융기관의 자산운용 내역을 담고 있으며 오른쪽인 대변은 금융기관의 자금조달 내용을 담고 있다. 그래서 아무리 큰 금융기관이라도 자금의 조달과 운용내역을 한 장의 대차대조표를 통해서 들여다볼 수 있다. 이렇게 단순명료한 금융기관의 재무제표는 단순한 숫자에 숨어 있는 여러 가지 틈새, 갭으로 인하여 많은 위험을 내재하고 있다. 거래상대방별로 자산, 부채의 만기일별로 다른 위험, 통화별 자산의 외화자산과 부채의 차액인 통화별 외환노출금액이 초래하는 외환위험 등 다양한 위험을 내재하고 있다.

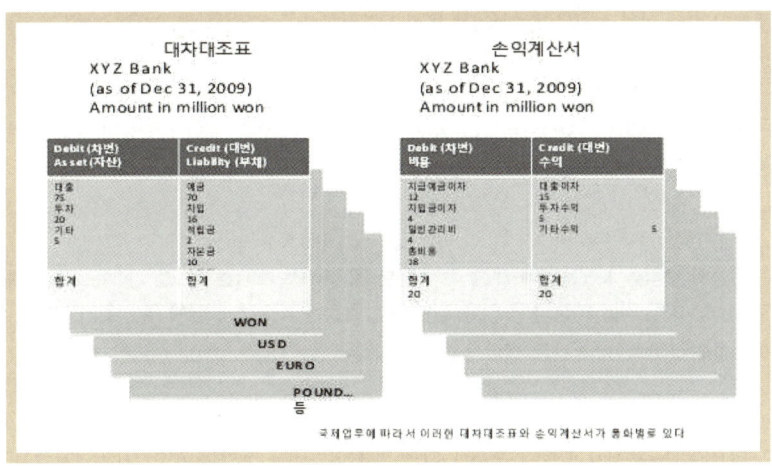

당기순이익은 주주에 대한 배당, 임직원에 대한 성과급, 혹은 은행의 자산건전성을 위한 내부유보 용도로도 쓸 수 있다. 주주는 배당을 더 요구할 것이고, 임직원은 고액의 성과급을, 은행의 고객과 투자자는 은행의 건전성과 주식가격의 상승을 위해서 내부유보에 더 많은 금액배정을 요구할 것이다. 서로의 이익과 입장이 다른 것이다. 여기에도 이해당사자 간의 서로 다른 이해관계의 갭이 존재한다.

보유자산의 거래상대방 리스크, 신용 리스크를 부당하게 평가하여 위험할 때에 대비하는 대손충당금을 적게 유보함으로써 당기순이익을 과다계상할 수도 있고 미수금, 미지급금 등의 단기경과계정을 이용하여 수익을 과다, 과소 계상하는 등의 분식회계에 따른 위험도 내재되어 있다.

차입금을 이용하거나 혹은 고객의 예금을 이용하여 투자원금을 잃을 수 있는 위험자산에 투자하거나 은행의 고유 업무와 상관이 없는 부동산 등의 펀드에 투자하여 원금손실을 볼 수도 있는 많은 위험들이 재무제표에 내재되어 있다. 이러한 다양한 금융기관의 재무제표 틈새관리인 위기관리(risk management)는 전문적인 재무관리와 위험관리기법으로 최고경영자(CEO)의 궁극적인 책임이다.

10 유러(Euro) 금융시장

세계에서 자유로이 국제금융시장에서 매매되는 주요통화들을 부르는 데 있어서 본토 이외의 금융시장에서 매매되는 통화에 유러(euro)라는 접두사를 붙인다. 예를 들어 미국 영토 외인 홍콩, 런던, 동경 등지의 금융시장에서 거래되는 미달러화는 유러달러(Euro Dollar)라고 부른다. 영국 본토 외에서 거래되는 파운드는 유러-파운드, 일본 본토 외에서 거래되는 엔(Yen)은 유러-엔 등 이런 식으로 국제금융시장에서 자유로이 거래되는 통화의 모국 외에서 거래되는 통화를 통칭 유러통화(Euro-currency)라 부른다.

11 총자산이익률(ROA, Return on Asset)

은행의 총이익을 총자산으로 나눈 수익성 지표. 전통적인 은행의 경영성과 측정을 위한 자산수익률 측정지표이다.

12 위험조정자본수익률(RAROC, Risk adjusted return on capital)

은행의 수익을 자산운영에 대한 각기 다른 위험(위험도가 다른 국가별, 기업별, 기간별 위험 등)에 따른 위험 자본금 투입을 감안하여 측정한 지표로서 금융기관 위기관리(risk management)의 척도로 광범위하게 사용되고 있다.

13 포춘(Fortune) 500

미국의 〈포춘〉지가 총수익 순서로 매년 발표하는 미국 500대 기업. 1955년에 처음 발표. 2007년과 2008년에는 월마트가 1위, 엑슨모빌(Exxon Mobil)이 2위였으나 2009년엔 엑슨모빌이 1위가 되었다. 전 세계의 기업을 대상으로 하는 '글로벌 포춘 500'도 있다. 2009년도 한국은 14개 기업이 포함되어 미국(148), 일본(68), 프랑스(40), 독일(39), 중국(37), 영국(26), 스위스(15)에 이어 세계 8위로 되었으며 도시별로는 서울이 11개의 기업을 보유하여 도쿄(51), 파리(27), 베이징(26), 뉴욕(18), 런던(15)에 이어 6위로 랭크되었다.

14 신용평가기관(CRA, credit rating agency)

신용평가기관은 전 세계의 국가별, 정부기관, 금융기관과 대기업, 그리고 이러한 기관들이 발행하는 채권 등의 차입물에 대한 신용등급을 부여하는 기관이다. 각각 다른 형태의 신용등급 지표를 사용하고 있는 기관들 중에서 세계적으로 신뢰도가 있는 평가기관으로는 Standard & Poor's(미국), Moody's Investors Service(미국), Fitch Rating(미국)

등이 있다. 아시아에서는 일본의 Japan Credit Rating Agency, 중국의 China Credit Information Service 등이 있고 한국에는 한국신용평가, 한국신용정보 등이 있다. 주요 평가사별 평가등급 내용은 다음과 같다. BBB급 이상이면 투자적격, 그 이하는 투자부적격으로 분류한다.

신용평가별 등급

Moodys	S&P	Fitch	
Aaa	AAA	AAA	
Aa1	AA+	AA+	
Aa2	AA	AA	
Aa3	AA−	AA−	
A1	A+	A+	Invest Grade
A2	A	A	
A3	A−	A−	
Baa1	BBB+	BBB+	
Baa2	BBB	BBB	
Baa3	BBB−	BBB−	
Ba1	BB+	BB+	
Ba2	BB	BB	Non-Invest Grade
Ba3	BB−	BB−	
B1	B+	B+	
B2	B	B	
B3	B−	B−	

PART **2**

뱅커스트러스트 이야기
Bankers Trust

뱅커스트러스트 이야기의 핵심은 찰리 샌포드라는 금융혁신가의 성공과 실패에 대한 이야기이다. 그는 1980년대에 RAROC이라는 새로운 금융기관 위험관리기법(risk management tool)으로 미 금융의 혁신을 도모하였고, 상업은행의 영업제한 영역에 과감하게 도전하여 미국금융의 발전을 화려하게 이끌었다.

이너서클(inner circle)이란 것이 있다. 그야말로 내부의 소수들만으로 뭉쳐진 핵심 중의 핵심으로 최고 중의 최고들만이 접근할 수 있는 조직이다. 폐쇄적인 조직이며 결속력이 강하다. 조직이 투명하지 않으니 사고 낼 가능성이 매우 높다. 좀생이 사고는 금융에 있어서 다반사이다. 이러한 좀생이 사고로 은행은 절대 쓰러지지 않는다. 그러나 커다란 사고는 이러한 조직의 최상층부에서 형님, 동생하며 다져진 폐쇄적인 이너서클에서 만들어진다.

혁신은 항상 고독한 것이다. 함께하지 않는 혁신은 대부분 지속가능한 혁신이 아니다. 그래서 위험을 안고 있다. 이것이 혁신위험(innovation risk)이다.

고객은 왕이다. 그래서 고객의 신용을 잃으면 모든 것을 잃는다. 탐욕으로 인하여 고객으로부터 신용을 상실한다는 것은 신용의 상품을 거래하는 금융기관에 있어서는 모든 것을 잃기에 모자람이 없다. 그러나 탐욕은 전염성이 강하다. 조직 전체로 번지는 탐욕의 전염은 조직가치의 총체적인 붕괴를 초래한다.

뱅커스트러스트의 역사

뱅커스트러스트는 1903년 3월 24일 일단의 뉴욕 은행들에 의하여 신탁금융전담 은행으로 출범하였다. 당시에는 신탁업무에 대한 배타적인 제한이 있었다. 그러나 1920년대 말 신탁관련 규정의 변경으로 인하여 신탁업무가 모든 은행들에게 확대되자 뱅커스트러스트는 은행의 영업을 일반 상업은행으로 전환하였다.

뱅커스트러스트 로고. 맨해튼 월스트리트 16번지에 있는 본사 건물의 꼭대기 피라미드의 모양에서 따왔다.

이후 합병과 자체의 업무성장으로 자연스레 소매영업을 확장해온 뱅커스트러스트는 1979년에 전환기를 맞는다. 1974년에 취임한 알프레드 브리튼(Alfred Brittain) 회장이 1979년에 은행의 전략을 소매영업에서 도매영업으로 전환하기로 하고 뉴욕에 있는 89개의 소매지점을 몬트리올 은행에 매각하고 기업과 금융기관에 핵심사업을 전념하는 머천트뱅킹(merchant banking) 전략을 도입하였다.

알프레드 브리튼에 이어 등장한 찰리 샌포드(Charlie Sanford) 행장은 위험조정자본수익률(RAROC, 레이록)이란 개념으로 금융기관 자산운용의 위험관리에 대한 새로운 규범을 만들었고, RAROC 이론에 기초한 각종 금융상품의 혁신과 파생상품의 발전을 가져왔다. 글래스스티걸법에 도전하여 상업은행과 투자은행 간의 영업경계를 허물었으며 은행의 자산운영을 대출위주에서 투자자산위주로 변화시켰다.

이러한 금융의 혁신은 수익성의 월등한 향상과 운용자산 위험관리의 새로운 규범을 확립하는 데 크게 기여하였다. 그러나 은행운용자산의 지나친 투자자산위주로의 자산구조 변경은 채권시장이 위기에 처할 때 보유투자자산의 실시장가격 폭락으로 단기간에 엄청난 평가손실을 초래하게 된다. 전형적인 상업은행의 자산운영은 80% 정도가 대출이며, 나머지가 투자자산과 기타자산이다. 또한 단기실적위주의 업적평가는 투자자산 매매를 담당하고 있던 채권거래인(trader)들의 보너스에 대한 지나친 탐욕으로 도덕적인 해이가 발생하게 된다.

결국 고객에 대한 기만으로 신용의 상실로 이어지고 은행 전반에 걸쳐 위험관리의 실패를 가져오게 되어, 1998년 11월 도이치은행에 합병됨으로써 그 혁신의 역사를

가운데 피라미드 지붕의 건물이 뱅커스트러스트의 본사가 있던 월스트리트 16번지 건물. 왼쪽은 뉴욕 증권거래소이다. 월스트리트 16번지에 있는 네오클래식 모델의 41층인 이 건물이 1912년 완공되어 문을 열었을 때는 세계에서 가장 높은 은행 본점 건물이었다. 최상층부의 피라미드 모양은 세계 7대 불가사의인 기원전 350년 소아시아에 건립된 카리아의 왕, 마우솔로스의 묘에서 따왔다.

접게 되었다.

뱅커스트러스트 이야기의 핵심은 찰리 샌포드라는 금융혁신가의 성공과 실패에 대한 이야기이다. 그는 1980년대에 RAROC이라는 새로운 금융기관 위험관리기법(risk management tool)으로 미 금융의 혁신을 도모하였고, 상업은행의 영업제한 영역에 과감하게 도전하여 미국금융의 발전을 화려하게 이끌었다. 상업은행과 증권업 간의 장벽인 글래스스티걸법에 과감히 도전하여 평범한 예금과 대출위주의 상업은행에서 채권의 인수 등 투자금융으로의 영업영역을 확장하였으며, 무엇보다 고객 맞춤식(customized product, custom tailored product) 영업전략과 다양한 고객의 금융수요에 대한 맞춤식의 상품으로 끊임없는 혁신의 성공을 거듭하였다.

평범한 상업은행에서 머천트뱅킹으로의 전략적인 전환, 이어서 투자은행, 위험관리회사로의 이미지 변신, RAROC을 기본으로 한 은행의 투자와 대출 등 자산운영기법의 혁신을 이루었으며, 파생상품을 활성화시켜 금융기관과 기업활동에 내재한 각종 위험으로부터 회피하는 금융상품의 혁신을 가져왔다.

그의 RAROC 개념은 국제결제은행(BIS, Bank for International Settlement)[1]의 바젤위원회(Basel Committee)에서 제정한 적정자본금비율(CAR, capital adequacy ratio) 산정의 기틀이 되었다. 그렇게 찰리 샌포드라는 걸출한 금융혁신가와 함께 뱅커스트러스트는 1980~1990년대 미국의 금융혁신을 주도하였다.

그가 은퇴하고 난 후(사실상 그는 이사회에서 사퇴를 권고받았다) 얼마 지나지 않아 뱅커스트러스트가 몰락한 것은 불가사의한 것이다. 조직 내부의 폐쇄적인 이너서클에 의한 도덕적 해이의 만연과 내부통제 시스템의 무능과 핵심간부직원들의 탐욕으로 급기야 고객기만으로까지 타락하여 고객으로부터 신용을 잃기 시작하고, 1990년대 후반에 들어서 조직 내에 전염된 탐욕의 만연으로 여러 가지 복합적인 사건들로 시장에서 신용을 상실하게 되어 결국 도이치은행에 합병당하면서 파란 많은 역사의 뒷길로 사라진 흥미 있는 케이스이다.

숫자적으로만 보면 채권시장의 붕괴로 인한 투자자산의 평가손실이 치명적이었다. 그러한 은행자산의 과도한 투자자산 위주로의 단기적인 운영은 트레이더들의 단기이익에 집착한 무리한 실적경쟁과 경쟁과정에서의 탐욕과 도덕적 해이로 인한 기업 가치관의 타락을 초래하게 되었고 타락한 트레이더들에 의한 고객기만은 치명적인 신용의 상실을 가져와 조직을 몰락시킨 또 하나의 중요한 원인이 되었다.

글래스스티걸법(Glass-Steagall Act, 1933)

1950~1960년대는 미국 상업은행의 호황기였다. 1930년대 대공황의 유산으로 남겨진 글래스스티걸법에 의한 엄격한 금융기관 간의 영역구분은 상업은행으로 하여금 비교적 치열하지 않은 경쟁 속에서 예금으로 조성된 싼 자금으로 대출업무를 하여 순이자수익을 즐기는 환경을 허용하였다. 글래스스티걸법은 당시 금융기관의 영업영역을 상업은행업무, 저축금융업무, 투자금융업무, 보험업무 등 크게 네 가지로 엄격하게 구분하였다.

1) commercial bank : 예금과 대출을 기반으로 하는 상업은행 금융기관

2) savings and loan institution : 당좌예금계좌(checking account)[2]가 허용되지 않는 저축예금 금융기관으로서 자금은 주로 주택자금 대출(mortgage lending)에 집중

3) investment bank : 채권과 주식의 인수 매매를 독점적으로 한 증권회사

4) insurance company : 보험업무를 독점한 보험사

당시의 이러한 구분은 대공황기에 초토화된 은행을 보호하기 위하여 만들어졌다. 금융기관 사이의 영업영역 제한을 엄격하게 적용함으로써 지나친 이종 금융기관 간 경쟁을 억제하고 과도한 경쟁이 초래하는 부실위험으로부터 보호하기 위해서 만들어졌다.

1960년대 초 대공황 이후 글래스스티걸법에 의하여 짜여진 틀 속에서 비교적 안전하게 영업하던 미국의 금융환경은 1960년대 말에 이르러 증가하는 인플레이션(inflation)[3] 압력과 둔해진 경제성장, 그리고 정부 당국의 고금리정책으로 인하여 은행에 있던 저축예금이 고금리 머니마켓펀드(MMF)와 채권으로 흘러가자 미국 상업은행들의 영업에 상당한 타격을 받게 된다.

이어서 1971년 브레튼 우즈(Bretton Woods) 체제[4]의 종식으로 변동환율제가 도입되자 환율과 이자율의 변동폭이 확대되었고 1973~1974년, 그리고 1979년 두 차례에 걸쳐 석유수출국기구(OPEC, Organization of the petroleum exporting countries)[5]가 주도한 유가폭등(oil-price shock)

으로 인하여 인플레이션이 심화되었다. 엎친 데 덮친 격으로 인플레이션 거품을 타고 미국 상업용 부동산대출에 과도하게 노출된 상업은행들에게 닥친 1973~1974년의 부동산 거품붕괴는 많은 부동산대출의 부실화로 인한 영업손실을 초래하게 되어 엄청난 금융환경의 변화를 가져오게 되었다. 그러자 미국의 상업은행들이 1970년대 말부터 풍부해진 유럽 금융시장의 넘치는 달러유동성을 싸게 조달하여 해외의 이머징마켓(신흥시장)에 대한 대출로 눈을 돌린다.

미국 은행들의 이머징마켓에 대한 당시의 과열된 대출은 1980년에 발표된 통화운영제한법(Monetary Control Act)의 영향이 컸다. 레귤레이션 Q(예금금리 상한규제)의 해제에 의하여 예금이자에 대한 이자율 한도가 철폐되어 지급이자의 부담은 증가되기 시작하였으나 자산운용인 대출상품에 대한 규제는 여전히 계속되고 있어서 이자율의 규제가 없는 해외 이머징마켓에 대한 대출을 늘리게 되었다.

또 하나의 중요한 요인은 세계화에 따른 외국은행들의 미국진출 붐이었다. 미국 은행들이 글래스스티걸법에 의하여 미국 국내에서 투자은행업무와 자산관리(asset management)업무가 제한되고 있었던 것에 비하여 외국은행들은 이 업무가 허용되고 있었으며 자본금에 대한 제한도 예외조치를 받고 있었다.

미국금융은 규제와 반규제(규제완화), 그리고 재규제의 연속이다. Alan Gart는 1994년의 저서 《Regulation, Deregulation, Reregulation》을 통하여 1930년대의 규제화, 그리고 1990년대의 반규제와 재규제에 대한 내용을 썼다. 2008년의 세계 신용위기에서 월스트리트의 투자은행이 초토화되는 것을 경험한 미국이 2010년 들어 상업은행과 투자은행 간의 엄격한 경계(fire-wall)를 규제한 글래스스티걸법을 다시 부활해야 한다고 주장하고 있다.

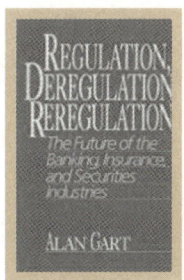

《Regulation, Deregulation, Reregulation》, Alan Gart, 1994 by John Wiley&Sons, Inc

뱅커스트러스트의 전환

1960~70년대 미국에는 프라임은행(Prime Bank)이라는 게 있었다. 뱅크오브아메리카, 씨티은행, 체이스맨해튼은행, 매뉴팩처러스하노버트러스트, JP모간트러스트, 뱅커스트러스트, 케미컬은행, 퍼스트시카고은행, 콘티넨탈일리노이은행 등 미국 대형 은행의 8~10개가 프라임은행으로 불렸다.

이들 프라임은행들의 영업은 개발도상국가에 대한 대출을 위주로 한 국제업무의 비중이 높았다. 개발도상국 등에 대한 대출이 전체 자산에 차지하는 비중이 씨티은행과 체이스맨해튼은행이 75% 수준, 매뉴팩처러스하노버트러스트, JP모간트러스트, 뱅커스트러스트가 60% 수준, 뱅크오브아메리카와 케미컬은행이 40% 정도였고, 퍼스트시카고가 20% 정도의 수준이었다.

1970년대 말부터 1980년대 초 국제금융시장에 넘치는 오일달러로 유동성이 풍부하였다. 미국은행이 손쉽게 국제금융시장에서 달러를 조달하여 마진이 좋은 남미 등의 개발도상국가에 대출하여 순이자수익(net interest margin)을 즐기고 있었다.

개발도상국의 국영기업, 대기업, 은행 등에 대한 차관단대출(syndication loan)[6], 변동금리부 증서[7]인 FRN(floating rate note), FRCD(floating rate certificate of deposit) 등 유통시장에서 매매가 가능한 대출업무가 주류였다. 미국과 유럽은행들의 풍부한 달러 유동성과 오일달러로 형성된 거대한 국제유동성이 미국, 유럽, 일본 등 외국은행을 통하여 개발도상국가에 대한 막대한 산업자본조달로 환류되고 있었다[8]. 그러나 1981~1982년 사이에 남미 27개국이 과도한 투자로 인한 경기부진으로 채무상환유예(모라토리움, moratorium)을 선언하고 만기일 재조정에 들어가자 미국은행에 또다시 수난기가 닥쳐왔다.

1970년대의 뱅커스트러스트는 그야말로 평범한 상업은행(plain vanila commercial bank) 중의 하나였다. 1970년대 초 부동산투자신탁(REITS, real estate investment trusts)[9]을 통한 상업용 부동산대출이 총자산의 10%에 이르러 1974~1975년에 닥친 경기후퇴로 부동산분야 손실이 막대하였고, 신용카드업무 등 소매금융 업무분야에서는 특별히 뛰어난 경쟁력이 없어서 씨티, 체이스맨해튼, 뱅크오브아메리카 등 대형은행들로부터 막대한 압력에 직면하고 있었다.

당시 CEO인 알프레드 브리튼은 경쟁력 강화를 위해서는 전면적인 전략의 수정이 필요하다고 생각하여 전 분야의 전략을 점검함과 동시에 멕킨지의 컨설팅을 받았다. 그 결과 소매금융업무와 신용카드업무를 포기하고 도매상업은행업무(wholesale commercial banking)에 전념하기로 하고 이것을 머천트뱅킹(merchant banking)[10]이라고 부르기 시작하였다. 1983년에 발표된 초기의 머천트뱅킹전략은 상업은행과의 금융상품 측면에서의 차이보다는 하나의 마케팅 전략으로 머천트뱅킹이란 새로운 개념을 채택하였다.

80 : 20

맥킨지의 결론은 80 : 20으로 압축되었다. 즉, 은행수익의 80%가 당시 뱅커스트러스트가 가진 20%의 고객으로부터 창출이 되는 반면 80%의 고객이 단지 20%의 수익창출에 기여한다는 것이었다. 또한 고객에 대한 전략적인 분석과 차별화가 부족하여 80% 고객의 대부분이 20%의 기여도가 높은 고객군으로 전입을 잘 못하는 상황이었다.

80 : 20의 결론은 뱅커스트러스트에게 과감한 변신을 시도할 수 있는 강력한 명분을 주었다. 결론은 단지 20%만의 수익에 기여하는 80%의 고객을 재분류하여 기여도가 높은 고급고객으로 편입할 수 있도록 영업을 다양화하고 심화하는 것이다. 기여도에 따른 고객의 차별화전략으로, 80%의 수익을 가져다주는 20% 고객에게 부가가치를 창조하는 상품을 제공하는, 우수고객 위주의 영업체제로 개편하는 것이었다. 반면 나머지 80%의 고객은 20%의 고수익 고객으로 진입할 수 있는 고객에 한하여 영업역량을 집중하는 '선택과 집중'의 전략이었다. 더불어 고객을 잘 이해하고 필요사항을 잘 파악하는 영업전략으로 먼저 고객에게 좀 더 밀착된 거래관계의 증진을 위한 고객밀착정신(Close to the

Customer)을 강조하였다.

뱅커스트러스트는 소매금융을 포기하고 대기업과 기관고객 위주의 도매영업으로 재편하여 지점망을 줄이고 금융상품도 기관고객 위주의 혁신을 꾀하게 된다. 평범한 백화점 식의 상업금융에서 기관과 기업을 상대로 한 도매금융, 머천트뱅킹 위주로 변신하게 된다. 또한 대량의 소액거래 위주에서 소량의 고액거래 위주로 영업의 질적인 면에 있어서도 변화를 시도하게 된다.

멕킨지컨설팅 이후 뱅커스트러스트는 전통적인 기업대출을 플레인 바닐라(plain vanilla)라고 부르기 시작하였고 부티크은행에 걸맞은 금융상품의 혁신과 자산운용의 일대전환 및 혁신전략을 차근차근 추진하였다.

1970년대에서 1983년까지 뱅커스트러스트를 이끌며 은행의 전략적인 변신을 가져오는 데 있어서 이정표를 세운 알프레드 브리튼 행장은 전형적인 영국 신사형의 상업은행가였다. 큰 키에 만면에 온화한 미소를 띤, 상대방의 마음을 푸근하게 만드는 외모의 전형적인 상업은행가였다. 당시 뱅커스트러스트도 예외 없이 개발도상국가에 대한 차관단대출(syndicate loan) 위주의 대출업무를 주로 하고 있었다. 1970~1980년대 한국의 경제개발과정에서 뱅커스트러스트는 다른 외국은행과 더불어 한국 금융기관에게 주 자금공급원이었던 관계로 인하여 브리튼 행장 등 고위임원들은 한국의 금융기관과 정부 등의 고위층과 밀접한 관계를 유지하고 있었으며, 한국을 사랑하였다.

당시 한국에서의 뱅커스트러스트는 플레쳐스쿨(Fletcher School of Law and Deplomacy)에서 국제관계 박사학위를 수여받은 최동훈 박사가 초대 소장으로 부임하여 한국대표로 근무하고 있었다. 최 박사는 1960년대 말 이홍구, 김경원 씨와 더불어 댄포드 펠로십(Danforth Fellowship) 장학생으로 수학한 몇 안 되었던 한국의 최고 엘리트 중에 한 명이었다. 댄포드 펠로십은 미국 전역에 100명의 학생에게 수여하는 최고의 장학 프로그램이다.

최 박사도 온화함과 검소함, 그리고 소박함이 몸에 밴 사람이다. 국제금융의 선지자이며 한국 외국은행계의 구루(guru)이다. 2010년 현재, 고희를 넘긴 나이에도 왕성한 활동력으로 젊은 뱅커스트러스트 후배들과 어울리길 좋아하고 정신적인 지주역을 담당하고 있는 뱅커스트러스트 OB모임의 대부이다.

최 박사는 브리튼을 겸손과 절약하는 습관이 몸에 밴 전형적인 미국인이었다고 회고한다. 당시 한국금융에 있어 외국은행의 역할은 대단하였다. 1980년대 초 우리나라 전 금융기관의 외화대출 총액의 80% 이상을 외국은행 서울지점들이 담당할 정도로 외국은행의 한국의 기간산업 개발과 기본적인 사회기반시설 구축을 위한 외화대출 조달창구로써의 역할은 비중이 컸다. 당시에 한국의 금융기관은 국제금융시장에서의 신용도가 미흡하여 한국기업을 위한 직접적인 자금도입을 하지는 못했다. 국가적인 기간산업 시설구축과 대기업의 산업시설 도입, 구축에 대한 막대한 외화자금을 도입하는 데 있어서 외국은행의 역할은 엄청나게 중요하였다. 그러한 막중한 외화자금 공급자로서의 브리튼이 와서 국내 유수의 대기업과 정부관료들을 면담하고 나면 한결같이 "어떻게 미국 최고의 프라임은행 행장이 항상 수십 년은 되었음직한 낡은 양복을 입고 다니느냐?"라는 질문을 자주 받곤했다고 회상한다.

예나 지금이나 동서양을 막론하고 실력 있고 존경받는 지도층의 근검절약하는 습관은 별로 변하지 않은 것 같다. 최고지도자의 근검절약과 강한 자기수련에 근거를 둔 정직과 원칙의 경영이 왜 중요한지는 조직의 흥망사를 들여다보면 쉽게 알 수 있다. 실력 없는 지도자일수록 인심이 좋고, 회사의 규정이나 강한 도덕적인 기준에 대한 원칙이 없다. 사심없이 근검절약이 몸에 배어 있고, 정직과 사명감의 기본에 충실한 리더십이 금융에서 중요한 것은 예나 지금이나 변함없다.

도전과 수련의 기업문화

1980년대 초 뱅커스트러스트의 문화는 활기차고 따뜻했다. 어느 조직이나 최고지도층의 스타일이 조직에 미치는 영향이 막대하다. 알프레드 브리튼을 비롯한 대부분의 임원들, 그리고 한국 초대대표였던 최동훈 박사 등 뱅커스트러스트 핵심상층부의 기업문화는 인간적이었다. 1982년 들어 은행의 새로운 머천트뱅킹전략에 따라서 많은 인재들을 뱅커스트러스트 서울지점에 영입하기 시작하였다. 최 박사를 비롯한 뱅커스트러스트의 핵심지도부는 새로운 국제금융영역의 대표적인 마켓리더적인 역할을 하였지만, 교만하지 않았고 겸손했다. 후배들에 대한 교육과 인재양성에도 투철하였고, 국제금융업무로 한국의 금융기관과 기업고객, 그리고 한국경제의 산업화에 기여한다는 직업정신이 투철하였다.

새로운 전략과 새로운 상품의 도입에 적극적이었으며, 간부들의 리더십은 강한 도덕성과 부서 간의 조화중재를 우선시하는 훌륭한 조직이었다. 또한 경쟁에서 지는 것을 생각하지 않았던 투지 있는 조직이었다. 뱅커스트러스트는 초기에 한국에서 씨티, 체이스맨해튼, 뱅크오브아메리카 등 대형 은행과 여러 부문에서 머리를 맞대고 당당하게 경쟁하였다. 직원 수도 그렇고 자산도 몇 배나 큰 씨티와 체이스였지만 전혀 주눅들지 않고 경쟁할 수 있었던 것은 함께 집중된 힘을 모으는 팀워크가 그 힘이었다.

이는 당시 뱅커스트러스트의 전략이 특출하였고, 인재에 대한 과감한 투자와 양성이 있었기에 가능한 일이었다. 뱅커스트러스트의 문화를 짧게 요약한다면 새로운 것에 대한 도전과 직원과의 선의의 경쟁을 통한 혹독한 자기수련의 문화였다고 할 수 있다. 1970~1980년대의 외국은행은 외화자금 조달에 있어서의 비중도 컸었고, 새로운 금융상품의 혁신이 계속 도입되고 있어서 국제금융에 관심이 많은 금융인들에게 인기가 좋았다. 뱅커스트러스트는 비교적 많은 금융인재들을 영입할 수 있었다. 혹독한 자기수련의 문화를 거치면서 직원들은 단련되어 갔다.

새로운 전략과 상품에 대한 전 직원이 공유하는 정보와 기업가치(value), 목표(mission) 등에 대한 쉼 없는 교육은 혼연일체된 팀워크를 가능하게 하였다.

영업뿐만 아니라 운동에 있어서도 임전무퇴의 정신으로 하여 직원 수가 몇 배나 큰 대형 은행과의 운동시합에서도 진 적이 없었다. 뱅커스트러스트는 서울 외국은행단의 메이저리그에서 유일하게 체육대회 3년패를 하였다. 특히 여러 사람이 힘을 모으는 줄다리기는 단 한 게임도 내주지 않았던 불가사의한 팀워크를 가지고 있었다.

사무실에서는 뉴욕의 본점에서 매일같이 쏟아져 들어오는 새로운 금융상품에 대한 연수와 연구, 토론이 활발하였다. 정보의 공개가 투명하였고 지식의 공유가 자연스러웠다. 새로운 위험관리기법과 신상품이 매일같이 쏟아져 들어오는 조직은 밤늦도록 공부하고 교육하고 토론하는 직원들로 인해 늦도록 불이 꺼지지 않았다.

초기에는 혼란도 있었다. 1982년 뱅커스트러스트 서울지점에서 발생한 대 화재사건이었다. 당시에 화재는 컴퓨터와 통신장비들이 집중되어 있는 기계실에서 발생하였다. 1982년 초에 뱅커스트러스트는 본사와 전 세계 지점을 연결하는 전자통신망과 회계 및 여신관리, 자금운영과 관련된 전산망을 구축하였다. 지금은 보편화된 전자통신망과 전산망의 구축은 본·지사간의 영업현황을 즉시 파악할 수 있을 뿐만 아니라 전 직원간의 통신에 일대 혁신을 가져왔다. 당시의 컴퓨터와 통신설비는 엄청난 양의 전력을 소모하는 기계였다. 그러한 설비를 식히기 위한 냉방시설 역시 엄청난 전력을 필요로 하였던 것이다. 이러한 설비를 설치완료한 담당책임자가 본사에 출장을 간 사이 과부하가 걸린 기계실에서 시작된 화재가 발생한 것이다. 토요일 저녁 늦게 시작된 불은 사무실을 전소시키고서야 진화가 되었다.

불난 집은 잘된다고 하였던가? 당시 각계에서 모인 뱅커스트러스트의 새로운 직원들은 몇 개월을 불에 타거나 물에 젖은 서류를 복구하며 보내야 했다. 그러나 화재사건으로 인한 고생과 복구를 위한 공통적인 목표를 위한 전 직원의 일체화된 노력은 뱅커스트러스트 팀에게 강력한 팀워크를 구축할 수 있는 계기를 마련해주었다. 불난 집이 흥한다는 속설에 대한 공통된 믿음도 컸다.

뱅커스트러스트의 문화는 미국의 본사나 전 세계의 지점에서나 공통적으로 거대한 조직인 씨티나 체이스에 비하여 최고경영진의 직원들에 대한 개성을 중시하고 교육투자가 과감한 인간성이 돋보이는 조직이었다. 씨티와 체이스, 뱅크오브아메리카가 항공모함식 문화였다면 뱅커스트러스트는 첨단무기와 기동성으로 갖추어진 이지스함대 스타일의 문화였다. 작은 것이 빠르고 강한 경쟁력이 있는 것이다.

머천트뱅킹(merchant banking)

1960년대의 주로 상업용 부동산대출에 열을 올리던 미국은행들이 1973년~1975년의 경기후퇴에 직격탄을 맞고는 방향을 돌려 개발도상국에 대한 대출에 전념하기 시작했다. 그러나 1981년과 1982년에 터진 남미 위주의 27개 개발도상국의 부도 혹은 채무재조정으로 인하여 또 한 번의 시련을 겪게 된다. 이때 뱅커스트러스트는 획기적으로 기존의 글래스스티걸법에 의하여 제한된 상업은행의 투자금융업무 금지에 도전하여 머천트뱅킹이라는 영역을 개척하기 시작한다.

최초에 글래스스티걸법은 대공황 이후 붕괴된 미국의 금융산업을 보호하기 위하여 은행과 증권업 등 금융업의 엄격한 시장할당을 하고 경계를 지움으로써 보호적인 환경을 제공하였는데, 상업은행에는 각종 예금과 대출 등 광범위한 신용업무 영역이 주어졌고, 저축대부조합의 업무는 수표발행이 허용되는 당좌계좌업무를 제외한 예금과 부동산대출에 국한되어 있었다. 또한 투자은행은 채권의 인수와 판매에 대한 독점권이 주어졌으며 보험사는 다른 금융기관과 거의 경쟁 없이 위험관련 보험상품을 취급하도록 되어 있었다. 글래스스티걸법은 금융의 안정을 위하여 이종 금융기관 간의 경쟁을 금지하였다. 1933년 대공황시에 만들어진 글래스스티걸법은 개방시장과 자유경쟁보다는 금융기관의 통제와 보호에 초점이 맞추어져 있었던 것이다.

뱅커스트러스트는 이러한 엄격한 금융기관 간의 경계를 허물고 증권과 채권업무 영역과 기업고객의 투자금융 수요에 상업은행이 진출할 수 있는 교두보를 만들기 위하여 글래스스티걸법의 폐지에 과감히 도전하게 된다. 그리고 결국 성공하게 된다.

고객관계 경쟁력에서 명품상품 경쟁력으로
(Relationship focus to Product focus)

종래의 평범한 대출상품을 무기로 경쟁하는 데는 고객과의 돈독한 유대관계와 지속적인 인간관계 등에 바탕은 둔 릴레이션십 마케팅이 장기적인 거래관계를 유지하는 기틀이었다. 일련의 특정고객을 담당하는 마케팅 매니저를 고객관계전담역(RM, relationship manager)이라고 하여 대단히 비중 있는 직종으로 분류하였다.

뱅커스트러스트는 기본적으로 돈독한 고객과의 관계에 바탕을 두고 이에 더하여 고객의 다양한 현금흐름에 따른 수요를 충족하는 맞춤상품(customized product)을 제공하기 시작하였다. 평범한 기성복 상품에서 고객의 특이한 수요를 감안하여 특별히 만들어진 맞춤형상품(customized and tailor made)으로 전환하면서 고객관계에 새로운 거래관행이 구축되기 시작하였다. 상품이 우수하면 고객과의 관계가 다소 미흡하더라도 경쟁에 자신 있다는 것이었다. 그러나 그것이 고객관계를 전혀 무시해도 좋다는 의미는 아니었다. 상품의 우수성을 강조하기 위한 강조적인 표현이었다.

   뱅커스트러스트는 당시 유난히 상품의 우수성(product excellency)을 강조한 마케팅광고를 많이 사용하였다. 섬세한 관심(attention to detail), 고객에게 가까이(close to the customer), 추가적인 손질이 명품을 만든다(extra touch makes the difference) 등의 고객에 대한 부가가치 혹은 부가서비스를 강조하는 마케팅기법으로 명품상품에 대한 명품가격(Premium price for Premium product)을 강조하였다. 똑같은 상품이라도 뱅커스트러스트의 상품은 첨단이고 여러 가지 기능이 더한 명품상품임을 강조하는 '명품은행'이 뱅커스트러스트의 전략이었다.

금융혁신

알프레드 브리튼 행장이 전략적인 변신을 단행하여 하나의 평범한 상업은행에서 당시에 생소한 개념인 머천트뱅킹으로 전환한 뱅커스트러스트가 그 후 가장 혁신적인 상업금융(commercial banking)의 모험기업이 될 수 있었던 것은 찰리 샌포드라는 걸출한 전략가를 CEO로 맞이하면서 부터이다.

샌포드의 집안은 조지아 명문집안이었다. 미국의 명문 와튼스쿨 (Wharton School)에서 MBA를 마친 샌포드는 잠시 학교에 머물다 1961년 뱅커스트러스트의 기업금융(Commercial Lending)부서에 입사하여 1969년에 각종 채권거래를 주로 하는 자금운영부(Resource Management Department)로 부서를 옮긴다. 1973년 그는 자금운영부의 부서장이 된다.

그는 이러한 대출과 투자운영 영업을 두루 거친 엘리트로 은행의 여신과 투자 등 자산운용에 있어서의 적정수익률과 내재된 위험의 상관

관계와 적정평가모델에 대한 관심이 컸다. 자금운영부 부서장으로서 우선 자금시장 담당 트레이더들이 매일같이 거래하는 수많은 투자행위에 대한 합리적인 투자결정과 실적평가에 대한 적절한 기준모델이 필요하다고 생각하였다.

ROA, ROR, RAROC

전통적인 은행실적 평가는 자산수익률(return on asset)이었다. 자산수익률은 단순히 수익을 총자산으로 나눈 것이다. 고객이나 시장에 대한 위험을 고려하지 않은 이러한 자산수익률 평가기준은 수익률을 올리기 위해 이자를 더 많이 지불하는 불량고객에 대한 거래증가를 가져왔다. 그러나 1970년대 말 남미의 외채위기가 불거지면서 ROA 평가의 위험성이 부각되었다. 남미에서 외채위기가 불거진 것은 미국은행의 영업이 세계적으로 풍부한 유동성으로 인해 국제금융시장에 떠도는 유러달러시장이 커지자 유러시장(euro market)에서 싸게 조달한 달러를 개발도상국에 공급하여 순이자마진(net interest margin)을 올리는 플레인바닐라대출이 유행되면서 시작되었다. 플레인바닐라는 가장 평범한 것을 부르는 속어이다.

많은 마케팅 매니저들이 수익성이 낮은 선진국 혹은 우량기업에 대한 대출보다 신용도에 따라서 추가로 부담하게 되어 있는 가산금리(프리미엄이나 대출가산금리)를 많이 올릴 수 있는 남미에 더 많은 돈을 경쟁적으로 빌려주기 시작하였기 때문에 위기가 고조되고 있었다. 미국은행들 사이에 더 높은 수익을 위해 더 위험한 자산을 선호하는 현상(high risk for high return)의 도덕적 해이가 발생되기 시작한 것은 더 많은 보너스를 받기 위한 수익경쟁 때문이다. RAROC 모델이 제대로 정립되기 이전에는 실적에 대한 고과평가가 자산의 질적인 내용보다는 수익의 절대금액의 크기가 우선적으로 감안되어왔기 때문이다.

높은 수익을 올리기 위하여 기업이나 금융기관 등 고객의 거래를 총괄하고 있는 RM(고객관계 책임자)들이 더 높은 가산이자를 받을 수 있는, 더 위험한 고객을 선호하는 현상이 생겼다. 이러한 위험에 대한 차등관리가 적절히 제어할 수 있는 평가시스템이 마련되지 않았기에 남미에 과도한 대출을 허용하게 되었고 이것이 1980년대 초 남미 27개 국가들의 지급불능으로 연결되어 미국의 프라임은행들이 많은 손해를 입게 되었다.

자산기준의 ROA 평가를 피하기 위하여 일정 신용도 이하 대출을 금지하자 RM들이 대출자산 대신에 보증 등의 우발채무를 과도하게 증가시키면서 보증료 수입을 도모함에 따라 자산의 증가 없는 위험의무 인수의 증가가 따르게 되었다. 보증은 대출과 달리 대차대조표의 자산을 증가시키지는 않지만 거래상대방의 부도시에 그 인수위험의 실질적인 손실이 나타나게 된다. 마치 보험과 같다. 이러한 허점을 이용한 과도한 위험 인수를 방지하기 위하여 보증까지 포함하는 총 위험수익률(ROR, return on risk) 기준이 생겨났다가 위험조정자본수익률(RAROC, risk adjusted return on capital)이란 새로운 위험측정모델이 만들어지게 되었다.

1980년대 중반에 도입된 RAROC은 은행의 투자와 대출 등 위험인

수가 자본금에 미치는 영향을 기준으로 개발되었다. 자산의 시장유동성과 시가평가, 즉 실시장가격(mark-to-market valuation)과 위험자본(risk capital) 등이 RAROC의 도입으로 은행의 투자행위와 대출자산의 운용은 기간, 차주, 국가, 산업군 등 각종 리스크를 감안하여 자본금 수익률 평가기준 위험측정모델로 정교하게 바뀌게 되었다.

위험조정자본수익률(RAROC)

고정금리채권(fixed income bond)[11] 매매부서의 수장으로서 샌포드는 상업은행의 자산을 크게 대출과 투자로 운영함에 있어, 자산운용방식의 수익성과 위험관리평가에 대해서 몇 가지 공통적인 기본요인이 있어야 한다고 생각하였다. 먼저 샌포드는 대출운영에 대한 평가모델 개발 이전에 채권 등 투자자산 운용분석에 대한 모델 평가기준을 만드는데 착수하였다.

당시 뱅커스트러스트는 다른 주요 은행들과 마찬가지로 대출과 더불어 은행의 자산을 국채, 회사채 등 채권시장에 다량으로 투자하고 있었다. 채권매입은 위험자산을 사는 것이다. 위험자산의 인수에는 수익이 따르고 당연히 위험이 높을수록 수익도 크다. 이러한 투자행위의 실패는 결과적으로 자본금의 손실을 보게 되어 있다. 샌포드는 투자행위를 자본금을 사용하는 행위로 규정하고 이러한 자본금 사용에 있어서 일관된 자본금 배정의 일정한 평가모델이 있어야 된다고 생각하였다. 이것이 그가 개발한 RAROC 이론의 기본적인 바탕이다.

샌포드는 은행의 정말 중요한 자원은 자산이 아닌 자본이라고 생각하였으며, 따라서 자산수익률(Return On Asset)보다는 자본수익률(Return On Equity) 기준이 중요함을 강조하며 은행의 자본을 수익성과 위험관리를 고려하여 최적배분을 위한 모델을 연구하게 되었다. 이렇게 하여 은행의 여신과 투자행위가 자본금에 미치는 영향을 감안한 RAROC이라는 개념이 탄생하게 된다.

위험자본금(Risk Capital)

자본은 예상치 않은 대규모의 손실로부터 기업을 보호하는 완충장치이다. 자동차의 범퍼와도 같다. 자동차의 범퍼가 부실하면 가벼운 사고에도 차가 크게 부서지거나 충격이 크게 미친다. 금융기관의 다양한 자산운영별로 각기 다른 위험자본금의 측정은 항상 그 위험의 종류에 대한 정확한 측정이 전제되어야 한다. 이처럼 다양한 리스크 요인을 감안한 새로운 평가모델이 RAROC인 것이다. 시장에서 실시장가격이 항상 위험을 반영하고 있는 투자상품과 달리 기업고객의 리스크에 대한 파악은 항상 불충분하고 부정확하다. 변하는 기업과 경제 환경에 따라서 변하는 기업고객의 위험을 실시간대로 파악하기에는 여러 가지 어려운 점이 많다.

샌포드는 위험측정이 어려운 기업대출에 대한 위험평가모델을 개발하기 이전에 각종 투자행위에 대한 위험평가모델부터 개발하였다. 투자행위에 대한 위험평가는 투자대상 채권의 실시장가치 평가기준(mark to market valuation)[12]에 근거한 적정평가회계(fair-value accounting)에 중점을 두었다. 나아가서 투자를 위하여 투입하는 자금의 내부 이전비용(funds transfer pricing)을 투자와 여신을 분리하는 자금운용별 조달비용 일치방식(matched-cost-of-funds)으로 전환함으로써, 투자수익(market risk income)과 여신수익(credit risk income)을 분리하여 은행의 자금운영에 따른 조달비용별 위험(funding risk)을 분리한 최초 은행이 되었다.

시장리스크와 유동성리스크를 염두에 둔 RAROC의 초기 모델은 우선 채권의 매매에 관련된 모델부터 개발하였다. 채권투자인 경우의 위험자본(risk capital)은 해당 채권을 시장에서 처분할 때까지 걸리는 기간과 그 기간의 하락폭을 적용하였다. 예를 들어 어떤 매매자가 30년 만기 미 재무성 증권에 투자한다고 가정할 경우 이러한 30년물 국채매도에 필요한 시간을 3일로 보고 3일간의 최대 하락폭을 시장상황을 고려하여 1%라고 가정하면, 위험자본금은 투자원금의 1%를 적용하는 것이다. 해당 투자수익에 이러한 위험자본금을 대입하여 나누고 년율로 환산하게 되면 세금공제 전 RAROC이 산정되는 것이다.

비교적 간단한 모델이지만 금융시장의 상황변화에 따라 신속하게 반응하는 채권시장의 위험요인을 즉시, 적절하게 반응하는 모델로 평가함으로써 채권매매의 운용위험관리(trading risk management)의 혁신을 가져왔다.

채권거래를 위한 RAROC 모델 예	
국채(미 재무성 증권)	$10,000,000 매매 가정
금리	연 3.5%
투자기간	1개월
이자수익	$10,000,000 × 3.5% × 1/12 = $29,166
위험자본금	$10,000,000 × 1% = $100,000
RAROC	$29,166 / $100,000 = 29.16%

이것을 다시 연수익률로 환산하고 세율을 감안함으로써 세금공제 후 RAROC이 산정되는 것이다.

여신(대출)을 위한 RAROC 모델

후에 샌포드는 이러한 RAROC을 은행의 전 부분에 적용하는 모델로 확산하게 된다. 우선 대출운용(lending)을 위한 보강된 모델을 고안하게 되었는데 여러 가지 어려움에 봉착하게 된다. 먼저 대출자산의 시장가격과 함께 대출위험(lending risk)을 측정하는 데 있어서의 어려움이었다. 채권의 시장위험(market risk)은 시장에서 매매되는 채권의 시장가격 변동에 따라 항상 측정이 가능하다. 그러나 대출자산(lending asset)의 시장가격은 채권의 시장가격처럼 명쾌하게 산정되는 것이 아니다.

제일 중요한 것은 위험자본비율이었다. 무디스의 신용평가등급에 따라서 거래 상대방의 신용등급을 9등급(0에서 8등급까지)으로 구분하여 위험자본금비율을 책정하고 대출의 기간에 따라서 다른 위험비율을 적용하기 위하여 대출기간을 곱하기로 하였다. 6개월 만기 대출과 5년 만기 대출의 위험이 다르기 때문이다.

예를 들어서 다음과 같은 $50,000,000의 대출을 제공하는 경우

- 약정금액 $50,000,000
- 계약시 인출금액 $25,000,000
- 미사용한도 활용 예상율 60%
- 차주 신용등급   3
- 만기일   5년
- 신용공여기간   3.5년
- 약정수수료   5 bps
- 순이자마진   리보(Libor)[13] + 1.50%

뱅커스트러스트의 위험자본비율(risk factor)

RAROC 등급	무디스 신용등급	위험자본비율
0	riskless	unrated
1	Aaa, Aa1	1.20%
2	Aa2, A23, A1	1.60%
3	A2, A3, Baa1	1.80%
4	Baa2, Baa3, Ba1	2.50%
5	Ba2, Ba3, B1	3.80%

6	B2, B3	4.50%
7	Caa, Ca	8.60%
8	C	10.40%

*위험자본금(Risk Capital Amount)

= ($25 mn + (($50 mn - $25 mn) × 60%))

= $40 mn

*신용위험 감안 위험자본금(Credit Risk Adjusted Economic Capital)

= ($40 mn × 3.5 year × 0.0180)

= $ 2.52 mn(million, 백만)

*수익 = 약정수수료($25,000) + 대출마진($375,000) = $400,000

RAROC = $400,000/$2,520,000 = 15.87%

이러한 여신을 위한 RAROC 모델은 차주별 신용도, 산업별 위험성, 운용자산의 만기일에 따른 위험 등, 정교하게 배분된 위험측정치 배분표(risk matrix)를 종합관리함으로써 종래 만기까지는 어떻게 하든 지속되었던 금융기관의 여신에 대한 위험관리에 일대 혁신을 가져오게 된다.

뱅커스트러스트는 RAROC과 금융상품의 혁신을 통하여 전통적인 금융기관 자산운영의 포트폴리오에 혁신을 이루고자 하였다. 새로운 패러다임은 대출자산의 유동화, 자산의 축소전략, 그리고 자산의 채권화에 있었다.

1) 자산의 창출과 처분(origination and distribution)

뱅커스트러스트는 은행의 경쟁력은 자산규모의 크기에 의하여 좌우된다고 생각하지 않았다. 자산크기보다는 자본의 효율성이 더욱 중요하다고 생각하였다. 자본의 회전율을 높이기 위하여 인수한 투자자산이나 보유하고 있는 대출자산의 처분을 통하여 다시 신규자산을 창출할 수 있는 새로운 한도를 만들어냄으로써 자본운용의 극대화를 도모하였다. 따라서 대출자산을 만기까지 보유하는(buy and hold) 방식이 아닌 자산의 유통시장(secondary market)에서의 매매를 통한 자산의 창출과 처분(origination and distribution)방식으로 자본의 회전율을 높이는 것을 통하여 작은 자산을 가지고 효과적으로 더 큰 은행과의 경쟁을 할 수 있는 방법을 구사하였다.

2) 작지만 강하게(leaner and meaner)

뱅커스트러스트가 평범한 하나의 플레인바닐라은행에서 부티크머천트은행으로 전환하면서 처음 손을 댄 것은 이렇게 자산유동화를 통한 자산감소전략이었다. 그때나 지금이나 금융기관이 자산으로 덩치경쟁을 하는 것은 변함이 없다. 그러나 뱅커스트러스트의 전략은 달랐다. 자산의 크기보다 자본의 회전율을 더 중요하게 생각하였다. 뱅커스트러스트는 작은 것이 더욱 공격적인 영업에 적당하다고 판단하였다.

따라서 건물 등 비수익성 자산을 처분하거나 최소화시키고 대출자산은 증권화(securitization), 유동화를 통하여 투자자시장에 처분함으로써 다시 새로운 거래를 창출할 수 있는 유동성을 창출해내는 것이었다. 소위 창출과 처분팀이 자산의 증권화와 유동화를 통하여 자본의 회전율을 높임과 동시에 평균보유자산을 최소화함으로써 자산수익률을 증대시키는 것이었다.

3) 채권화(securitization)

자산의 처분은 채권화, 유동화과정을 거쳐서 가능하게 되었다. 최초의 자산이 만기까지 장부에 머물러 있을 때(buy and hold until maturity)는 대출자산을 유통시장에서 매각한다 하더라도 궁극적으로는 법적인 의무에서 자유롭지 못했다. 그러나 대출자산의 완벽한 권리이전을 위한 계약서 보완과 채권의 신용등급을 부여하는 등의 유동화과정을 거쳐서 대출자산이 하나의 투자상품으로 시장에서 완벽하게 거래되기 시작했다. 최종적으로 법적인 대주의 의무(obligation)로부터도 해제가 되는 증권화의 발전으로 인하여 대출과 투자자산의 유동화가 활성화됨에 따라서 은행대출자산의 창출과 처분이 자산과 자본의 회전율을 제고시키는 재무기법으로 자리 잡게 되었다.

창출팀이 부지런히 대출자산을 창출해내면 증권화(securitization)팀이 유동화채권으로 상품화하고 처분팀이 투자자에게 이 유동화채권을 매출함으로써 자본회전율을 높임과 동시에 새로운 자산을 창출할 수 있는 한도를 만들어내고 지속적인 수수료 수입증대를 도모하는 것이다.

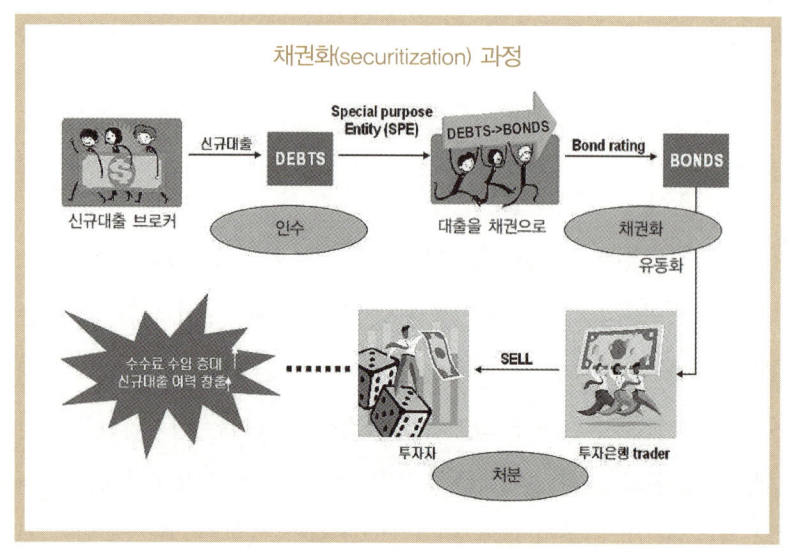

RAROC과 BIS 적정 자본금비율

 이렇게 개발된 RAROC 모델은 후에 국제결제은행(BIS) 산하 바젤위원회에 의하여 전세계 은행들의 적정 자본금비율을 산정하는 기준으로 채택되는 결과를 낳게 된다. 1985년 샌포드는 당시 연방은행 의장이었던 폴 볼커(Paul Volker)에게 장문의 메모 하나를 보냈다.

 샌포드는 은행의 자본금 규제에 있어서는 각 은행별로 영위하는 영업의 위험과 신용도가 다른 고객별로 각각 다른 위험비율을 고려해야 하며, 또한 위험자산 인수 등 개별 영업행위에 있어서도 상이한 위험비율의 은행자본금에 미치는 각각 다른 위험을 근거로 한 적정 필요자본금 산정의 원칙이 필요하다고 강조하였다. 그는 뱅커스트러스트의 RAROC 모델을 소개하였고, 금융기관 감독과 규제 당국에 이러한 위험자본을 기초로 하는 위험관리제도를 은행의 여신과 투자업무를 포함한 전 분야에 광범위하게 적용해야 한다고 하였다.

국제결제은행(BIS)의 금융기관 적정자본금비율을 규정한 바젤협약은 1988년 7월에 발표되었다. 샌포드의 '위험자본' 의 일반적인 개념은 수용하였으나 전 세계 금융기관에의 광범위한 적용을 위한 협약용으로 샌포드 식의 정밀한 위험자본 대신에 자본금을 기본자본(tier 1 자본)과 보완자본(tier 2 자본)으로 구분하는 현재의 기준이 생기게 되었다. 그러나 2006년에 이르러 새로운 바젤 2 협약 기준은 샌포드 식의 위험자본을 더욱 정교하게 적용하는 방식으로 개선이 되었다. 1988년에 도입된 최초의 바젤 1 기준은 신용리스크만 반영되었다. 초기의 단순한 8% 자본금 요건은 거래상대방의 신용등급이 1등급인 AAA 고객이나 투자부적격인 B 고객이나 동일하게 8%의 자본금비율을 요구하였다.

1996년 1월에 시장리스크가 추가로 반영이 되었으며 다른 위험요인들, 즉 신용리스크를 위한 필요자본금의 개편과 운영리스크를 위한 자본금 부담 등이 바젤 2 협약에 반영되었다.

2004년 6월에 제정하여 2006년에 시행된 바젤 2는 바젤 1에서 반영하지 않은 운영리스크를 신용리스크에서 분리 반영하였다. 1990년 후반에 이르러 급속히 팽창하기 시작한 은행대출자산의 채권화, 신용파생상품의 발전 등으로 인하여 규제자본을 회피하려는 여러 가지 새로운 위험이 노출되었기 때문이다. 은행들은 거래상대방의 신용도에 따른 다른 자본금비율에 따라서 중소기업들에 대한 대출을 회피하기 시작하였으며, 위험자산을 규제가 덜한 쪽으로 분산·회피하기 시작하였고, 대출의 채권화를 통하여 대출위험을 투자자에게 넘기기 시작하였다.

2006년 전 세계적으로 시행이 목표였던 바젤 2는 각국의 사정으로 인하여 시행이 지지부진하다가 2008년 세계 신용위기를 맞아 전 세계적인 금융위기를 경험하고 나서야 다시 바젤 3를 의논하고 있다.

새로운 바젤 3 규범은 G-20 리더회의를 거쳐 2010년에 발표될 예정이다. 세계 신용위기에서 은행들이 상대방에 대한 불신으로 서로 자금거래를 회피하기 시작함으로써 자금시장의 유동성이 고갈되고 지나친 차입경영으로 자산을 부풀린 시장의 거품이 붕괴됨으로써 전 세계적인 위기를 혹독하게 경험한 후 바젤 3는 강화된 자본금, 유동성, 적립금에 대한 안전망을 마련하고 있다. 소위 tier 1 기본자본은 보통주와 이익적립금으로만 인정할 예정이며, 금융위기에 대한 은행들의 강화된 완충장치를 위하여 자본금과 유동성, 준비금에 대한 요건을 강화할 예정이다. 최소자본금비율과 자본금요건이 시차를 두고 대폭 강화될 예정이며, 전 세계적으로 적용할 수 있는 은행의 최소유동성비율을 제정하여 적용할 것이 예상된다. 파생상품 등 각종 위험거래에 대한 표준약관과 담보 등에 대한 규정을 제정하고 신흥시장국 감독기구를 만들어서 은행의 외화자금 차입에 대한 규준을 강화할 것이 예상된다.

글래스스티걸법에 도전하다

1960년대와 1970년대의 뱅커스트러스트에게 포춘 500대 기업에 들어가는 1등 기업고객은 별로 없었다. 그들은 JP모간트러스트나 체이스맨해튼은행(JP모간과 체이스맨해튼은 2000년에 합병하여 JP모간체이스가 되었다)의 고객이었기 때문에 관계경쟁에 있어서 뱅커스트러스트는 항상 불리한 입장이었다. 그래서 이들과의 경쟁에 있어서 대출상품과 금리조건, 그리고 종합적인 거래관계인 relationship management보다는 새로운, 혁신적인 금융상품을 선보이는 방법을 택했다. 1978년 들어 우선 새로운 상품의 활로를 뚫기 위하여 1930년 이래로 투자은행에게만 허용되었던 상업어음(Commercial Paper)의 인수와 유통업무에 도전하기 시작하였다. 뱅커스트러스트는 CP가 증권이 아닌 실질적인 대출상품이므로 상업은행에서도 취급할 수 있다고 주장하였다.

이것은 당시의 엄격한 금융기관 간 영업에 대한 영역을 구분한 방화벽인 투자은행의 영역에 도전한 것으로서 상당히 흥미 있는 일이었다. 뱅커스트러스트가 이러한 글래스스티걸법에 도전한 것은 RAROC의 영향이었다. 비록 상업어음(CP) 인수가 대출이라고 주장하였지만 뱅커스트러스트의 목적은 이러한 CP를 대차대조표에 보유하여 이자수익을 누리기 위한 것은 아니었다. CP 수익은 대단히 수익률이 낮아서 RAROC 기준으로 장기보유할 수 있는 것은 아니었다. 단지 CP는 시장에서 투자자들에 대한 매매가 용이하여 인수수수료와 투자자들에 대한 매도에서 생기는 수수료수익이 더 중요한 목적이었다.

이후 뱅커스트러스트가 제기한 상업은행의 글래스스티걸법에 대한 도전은 20년이란 오랜 세월과 두 번의 대법원 판결을 거쳐서 결국 승리하게 된다. 이 소송은 사실 뱅커스트러스트가 직접 당사자로 참여한 것은 아니다. 상업어음(CP) 발행업무에 대한 뱅커스트러스트의 주장을 받아들인 연방준비은행(FRB, Federal Reserve Bank)[14]에 대하여 미국의 증권업협회가 소송을 제기한 것으로서 대법원은 뱅커스트러스트의 주장을 받아들인 연방은행의 손을 들어주었다. 이렇게 하여 꾸준히 은행의 수익구조를 전통적인 이자수익 위주에서 수수료수익 구조로 전환하는, 머천트뱅킹을 추구한 뱅커스트러스트 수익은 1986년부터 수수료수익이 이자수익을 압도하는 구조로 바뀌게 되었다.

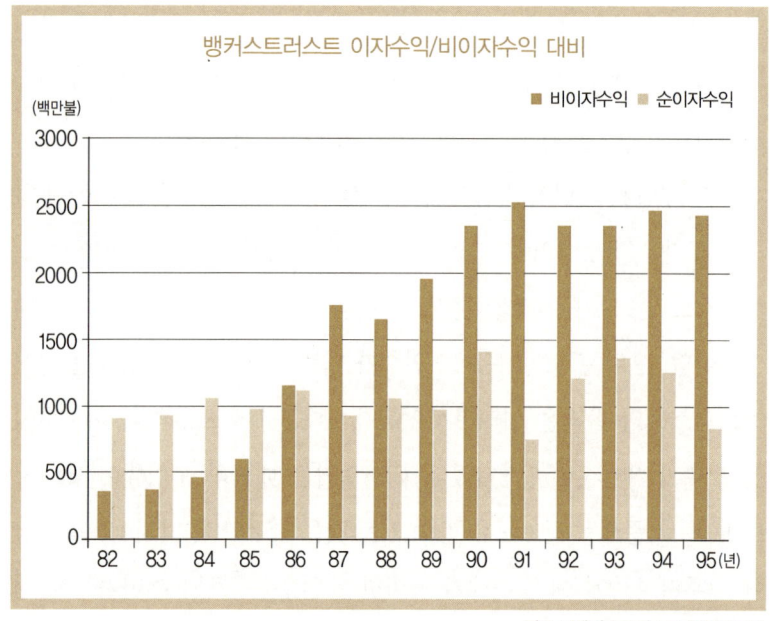

자료 : 뱅커스트러스트 연차보고서

대출채권의 증권화와 신용파생상품의 출현

1983년 샌포드의 행장 승진과 이어진 회장 겸 CEO로의 승진은 더 넓어진 업무범위와 함께 그의 전매특허인 RAROC의 중요성이 전 업무 분야에 급속도로 확대되기 시작하였다. 2차대전 이후 지속된 금융관행의 혁신을 필요로 하는 투자나 대출업무에 대한 결정과 업적평가에 명확한 기준을 제공하는 RAROC의 영향에 대한 수구세력의 저항이 컸다. 1985년 〈뉴욕타임스〉는 샌포드를 금융의 모험기업가(entrepreneur)라고 묘사하였다.

> "… It is Mr. Sanford, in his two years as president, who has thought through and implemented much of the bank's new money-making strategy. At an entreprenerrial bank, he is turning out to be the chief entrepreneur."
>
> — 1985년, 뉴욕타임즈

첫 번째 개혁은 기업대출에서 이루어졌다. 샌포드에게 있어서 종래의 '바이앤홀드(buy&hold, 유망종목을 사서 보유하는 전략)'식의 기업대출을 만기일까지 장부에 안고 있는 것은 머천트은행 식의 영업으로 볼 때는 완결되지 않은 거래였다. 만기일까지 대출금을 장부에 안고가는 것은 대출거래의 위험을 미처 헤지(hedge)하지 않은 상태라고 생각하는 것이다. 기업대출이야말로 샌포드가 좋아하는 외환매매나 채권매매에 비교하면 훨씬 위험하고 유동성도 떨어지는 물건이었다.

더구나 대출마진은 통상 기업고객과의 계속되는 거래관계로 인하여 점점 더 박해져가는 반면 고객들은 기회만 있으면 CP나 채권발행을 통하여 직접 시장으로 나아가고 있는 것이다. 결국 바이앤홀드 대출모델(신규대출을 만기까지 가지고 가는 것)이 아닌 underwrite and distribute 대출모델(신규대출을 채권화하여 투자자에게 매출하는 방식)과 이로 인한 수수료 수익확대에 치중해야 한다는 결론에 도달한 것이다.

1970년대의 대규모 공공기업 혹은 정부기업에 대한 대출은 은행간 차관단대출을 통하여 규모가 큰 하나의 대출을 여러 은행이 공동으로 인수하여 위험을 분산할 수 있었으나, 1980년대의 기업대출은 대부분이 하나의 차주기업과 하나의 대주은행의 양자간 대출계약(bilateral loan)이었으므로 새로운 한도를 창출하기 위해서는 유통채널을 개발하여 투자자를 확보하고 대출을 처분할 수 있는 투자유통시장(secondary market)의 개발이 급선무였다.

　초기에 대출채권의 투자유통시장에 대한 처분은 대출참여(loan participation) 형태로 이루어졌다. 그러나 이러한 대출참여는 최초대출자의 최초대출은행으로서의 법적인 위치로 인하여 최종위험을 완전히 제거할 수는 없었다. 그래서 그 후 차입자의 승인 아래 대출매매(loan sale) 형태로 변경함으로써 뱅커스트러스트는 전 세계 은행과 보험사, 자산관리사, 회사채금리펀드(prime rate fund) 등으로 유통채널(distribution channel)을 확대하여 대출매매 부문에 있어서 압도적인 실적을 나타내게 되었다. 1985년에 신문들은 뱅커스트러스트가 금융업에 있어서 대출의 기존형태를 개혁한 진정한 혁신을 이룬 은행임을 인정하기 시작하였다.

"A handful of other commercial banks also sell off their corporate loans, but only as a sideline. For Bankers Trust matching investors and borrowers, rather than merely making loans and holding them in its portfolio, is becoming the core of its business. ⋯ In effect, the bank is taking on all the middleman aspects of investment banking

without giving up a commercial bank's traditional ability to make huge loans with depositor money."

— 1985년, 월스트리트 저널

대출자산의 창출과 완벽한 유통시장의 처분은 뱅커스트러스트의 대차대조표에 획기적인 변화를 가져다주었다. 1983년에서 1995년 사이에 뱅커스트러스트의 자산에서 대출이 차지하는 비중이 58.5%에서 11.2%로 줄게 되었다. 뱅커스트러스트는 대출매매의 선구자 은행이었다. 이러한 대출매매의 전 금융기관 확대는 투자자에게 더 높은 투자수익을 올릴 수 있는 기회를 제공하고 대출은행인 상업은행에게는 자본금의 더욱 효율적인 사용을 가능하게 함으로써 금융시장의 다양화에 크게 기여하였다.

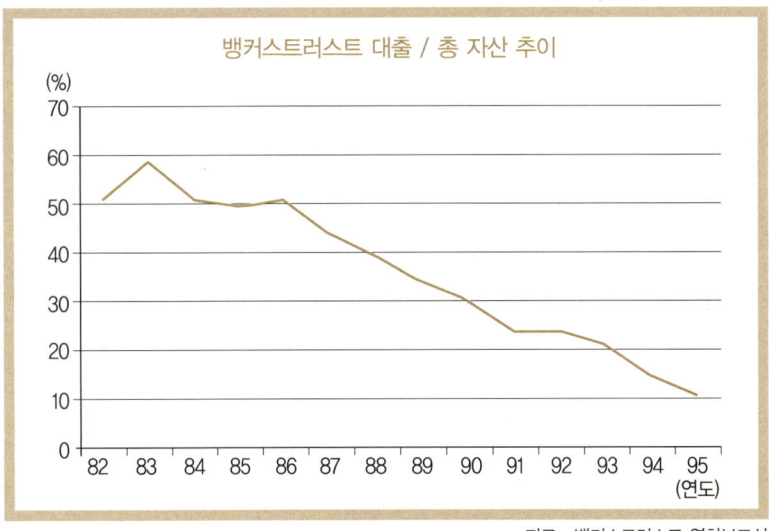

자료 : 뱅커스트러스트 연차보고서

상업은행인 뱅커스트러스트가 자산운용을 대출위주에서 투자자산 위주로의 과감한 변화를 시도한 것은 시장유동성 확보 문제에 있어서는 압도적인 이점이 있었다. 총자산수익률이나 자본수익률 등 실적경쟁에 있어서도 다른 은행과 비교가 안 되는 대단한 결과를 가져왔다. 그러나 지나치게 편향된 자산구조는 위험 또한 내재하고 있었다. 은행자산 중 대출자산과 투자자산의 적절한 배분을 무시하고 투자자산으로의 지나친 편중적 운영은 금융시장의 변화에 따라 단기적으로 채권시장이 위축되거나 마비될 때 예상하지 못한 치명적인 약점을 노출하게 된다. 즉, 채권의 실시장가격이 떨어질 때 실시장가격 회계원칙으로 평가해야 하는 채권값의 지나친 하락으로 보유채권의 실질적인 부실여부와 상관 없이 전반적인 채권시장이 위축하여 단기간의 엄청난 평가손실을 감수해야 하는 상황이 초래된 것이다.

뱅커스트러스트는 1984~1985년에 신규대출업무부, 대출채권매매부와 별도로 대출채권관리부를 만들었다. 이렇게 세 부서가 각각 작동함으로써 은행의 RAROC 기준에 의한 수익성을 제고하고 자산의 적정배분을 관리하였다. 뱅커스트러스트는 대출을 포트폴리오 차원에서 관리한 첫 은행이었으며, '대출관리매니저'란 직명을 사용한 첫 은행이었다.

RAROC이 여타 미국은행들로 확대된 것도 그렇지만 loan origination & distribution, loan portfolio management, loan securitization, credit derivative 등 금융상품의 많은 혁신이 뱅커스트러스트로부터 나오게 된 것이다.

전자금융 혁신(electronic banking innovation)

뱅커스트러스트의 혁신은 모든 업무분야에 걸쳐 광범위하게 진행되었다. 은행의 대출과 투자상품의 범위를 넘어 고객의 자산과 계좌관리(cash management service)와 지급결제업무(payment and settlement)를 위주로 하고 있는 코레스폰던트 뱅킹(correspondent banking)의 각종 새로운 상품과 서비스 개발에 있어서도 최첨단의 영역을 개척하며 앞서나간 선구자였다. 지급결제서비스는 신용공여를 기반으로 하지 않는 서비스로써 자금이체시스템에 대한 컴퓨터와 각종 통신장비 등의 고정비투자를 수반하는 업무이지만, 고객에 대한 대출 등의 신용을 제공하지 않기 때문에 위험이 거의 없는 자금이체 관련 수수료수익원이다.

그러나 RAROC 기준의 확산은 신용위험이 거의 없는 업무인 뱅커스트러스트의 자금이체와 계좌관리업무까지도 확대된다. 통상적으로 자금이체나 계좌관리업무는 국제은행 간 외환거래와 관련된 고객에 대한 부가적인 서비스로 인식되어왔으나, 뱅커스트러스트는 전 은행에 걸친 RAROC 기준의 확대적용을 위하여 자금이체와 계좌관리 부서를 1985년 PROFITCO라는 명칭으로 독자개편하게 되고, 원가관리, 가격관리, 상품디자인, 서비스 제공에 이르기까지 독자적인 수익모델을 창출하는 부서로 발전시켜 주주를 위한 명백한 부가가치를 창출하는 부서로 발전시킨다. 뱅커스트러스트는 자금이체와 계좌관리업무를 독자부서로 운영한 첫 은행이 되어 다른 뉴욕의 대형금융센터 은행들도 뒤따르게 된다.

미국의 프라임은행들에게 전 세계 금융기관에 대한 USD 계좌서비스(account cash management service)는 미 달러화가 세계의 기축통화이며, 결제통화 기능을 가지고 있으므로 대부분 국제거래의 결제를 담당하고 있는 혈관과도 같은 중요한 업무 중의 하나이다. 국제적으로 인정받는 기축통화라 함은 우선 결제통화로써 제한이 없는 통화이어야 하고 각국의 중앙은행들이 외환보유고를 운용하는 통화로서 역할을 하는 지불준비금 통화를 일컫는다. 반면 결제통화는 국제금융시장에서의 거래가 자유롭고 한 통화의 본원국 이외에서도 자유로이 매매가 허용되는 통화의 국제 지급결제가 가능한 통화가 결제통화이다. 이러한 국제거래, 즉 신용장의 개설과 결제, 은행간 자금결제나 외환거래의 결제를 비롯하여 개인의 송금 결제에 이르기까지 관련된 자금의 이동과 결제에 관련된 업무인 코레스폰던트뱅킹은 지금도 미국의 메이저 리그 은행들에게 있어 중요한 업무지만, 1970년대 계좌관리 및 지급결제서비스는 당시의 덜 발달된 전자금융의 느린 서비스로 인하여 많은 양의 눈먼 달러자금이 계좌에 쌓여 있었고, 당시의 고금리정책으로 이 막대한 예금잔액에 대한 수익이 짭짤하였다.

당시 은행간 통신은 지금은 전설이 된 텔렉스를 이용하고 있었는데, 자산계좌관리 상품의 개발에 상당한 불편함을 초래하고 있었기 때문에 세계의 많은 은행들의 자금관리에 어려움을 겪고 있었으며 반면 계좌를 보유하고 있는 코레스폰던트 은행들에게는 이러한 눈먼 돈에서 떨어지는 이자수익이 대단히 매력적인 업무였다.

은행 간의 원시적인 텔렉스통신은 1980년대 초 개인용 컴퓨터(PC)의 등장과 함께 획기적인 전환점을 맞이하게 된다. XT, AT 등으로 진화를 거듭하는 PC의 발전은 눈부신 것이었다. 1980년대는 PC의 등장과 지속적인 성능의 발전으로 인한, PC를 이용한 전자금융(electronic banking service)[15]의 개발과 혁신의 시대였다. 텔렉스를 이용한 원시적인 자금이체 방식이 PC와 국제전용 통신선의 연결로 자금이체와 자금관리에 있어서 전자금융의 획기적인 개혁이 진행되게 되었다. 뱅커스트러스트를 비롯한 일부 미국은행들이 PC 터미널을 고객은행의 사무실에 설치하여 전용선을 통한 미국은행의 자금결제시스템에 바로 연결함으로써 전자금융서비스의 이용이 가능하도록 혁신이 이루어진 것이다.

또한 이어진 한국의 Swift(Society for Worldwide Inter Financial Telecommunication, 세계 금융기관 통신망)[16] 가입으로 은행의 외화계좌관리에 관련된 여러 가지 새로운 혁신이 가능했었다. 이러한 발전은 외환업무 담당자와 외화자금 담당자의 업무에 많은 효율성을 증진시킬 수 있게 해주었다. 1980년대 PC와 인터넷 등 통신수단의 혁신이 선도한 이러한 전자금융상품과 국제간 자금결제시스템의 혁신에 항상 뱅커스트러스트의 코레스뱅킹 팀이 선두에 있었다.

이렇게 코레스폰던트뱅킹은 국제은행간 지급결제와 관련된 업무이다. 전 세계에서 자유로이 거래되는 주요통화들의 결제는 기본적으로 각국 통화의 본국에서 최종결제가 이루어진다. 미 달러화는 미국본토에서 운영되는 결제기구를 통하여 결제되며 엔(Yen)은 일본, 파운드(Pound)는 영국이다. 지금은 비중이 다소 축소되었지만 전 세계 상거래의 80% 이상을 결제하고 있는 미 달러화의 은행간 전자결제 시스템은 주로 CHIPS[17]와 Fedwire[18]로 결제가 된다.

그러나 미국에서 개인간 혹은 소규모 상거래에서 가장 많이 사용되어지는 것은 여전히 수표를 통한 결제이다. 우리나라에서는 수표결제가 비능률적이고 관련비용도 비싼 점을 감안할 때 미국에서는 수표결제가 소액결제의 대부분을 차지하고 있는 것이 좀 특이하다. 이러한 수표를 통한 결제를 제외하고 미국에서 은행 간 전자자금결제를 담당하고 있는 두 가지 대표적인 제도가 CHIPS와 Fedwire 시스템인 것이다.

CHIPS와 Fedwire는 초기에 익영업일 가치로 결제되던 제도로 인해 시차가 있는 대륙 간의 결제에 있어서 구조적 위험을 안고 있었다. 이러한 결제제도의 시차로 인하여 은행이 지불불능에 빠져 파산한 경우도 있었다. CHIPS의 익영업일 가치 결제로 인하여 Over-night 금리인 목~금요일의 하루짜리 이자는 평일금리의 세 배였으며, 대신 주말 자금인 금~월요일의 자금은 평일금리의 3분의 1인 기형적인 구조였다. 후일 전자금융의 발전과 통신시스템의 발전으로 인하여 CHIPS와 Fedwire는 꾸준한 시스템 혁신과 당일자금결제를 거쳐 이제는 실시간 자금결제로 진화되었다.

뱅커스트러스트에 있어서 금융기관 결제업무를 담당하였던 코레스폰던트뱅킹은 위험 없이 큰 변동 없고 수수료 수입을 가져오는 은행 내에서 숨은 보물이라 불리는 조직이었다. 금융기관이 뱅커스트러스트 등 미국은행에 유지하고 있는 달러계좌를 통하여 개인의 송금이나 은행간 자금거래의 결제를 비롯하여 수표나 수출환어음의 추심, 수입신용장 결제와 관련된 각종 지급과 무역금융 등을 담당하는 이 업무는 대출이나 투자업무에 비하여 위험이 별로 없으며, 건별 결제에 대한 수수료 수입이 항상 일정하여 대단히 매력적인 업무이다. 지금은 보편화된 거의 모든 전자결제업무의 각종 혁신이 1980년대 뱅커스트러스트의 코레스폰던트뱅킹 부서에서 이루어졌다.

　이러한 뱅커스트러스트의 전자금융 혁신은 위기의 상황에서 생존을 위한 절박함에서 비롯되었다. 원래 코레스폰던트뱅킹은 고객의 예금에서 비롯되는 이자수익으로 즐기던 업무였다. 미국통화가 세계의 기축통화로써 각종 국제거래의 결제통화이기에 누릴 수 있는 일종의 특권인 셈이었다. 그러나 1980년대 초까지 미국에서 지속되었던 고금리시대가 끝나고 저금리시대가 시작되자 고금리로 결제계좌에 쌓여 있던 예금을 운영하여 이자수익으로 톡톡히 재미를 보던 미국의 결제은행들이 어려움에 처하게 되었다. 뱅커스트러스트에서도 때맞춰 은행의 전략을 머천트뱅킹으로 수정을 하며 투자은행업무에 포커스를 맞추기 시작하자 한때 이 부서, 결제업무의 매각도 고려하였다. 초저금리시대의 도래에 따라 고객은행들의 계좌잔고에서 비롯되던 이자소득이 격감했기 때문이었다.

　뱅커스트러스트에 머천트뱅킹을 추구하는 팀이 득세하게 되니 지급결제업무 위주의 코레스폰던트뱅킹 팀은 은행의 예산과 자본금 사용에 있어 아무래도 우선순위에서 밀리게 되는 새로운 상황이 초래되기 시작하였다. 1985년 뱅커스트러스트가 코레스폰던트 뱅킹업무를 별도부대로 독립시킨 것은 수익성이 전체적인 RAROC 기준에 미치지 못할 경우는 매각도 고려하겠다는 포석이었다. 부서존폐의 위기에 처한 코레스뱅킹 팀은 그 후 독자적인 생존을 위하여 치열한 노력과 창의력으로 코레스뱅킹계의 선두로 부상하게 된다.

고객의 소리를 경청하다
(listening, the basic for effective communication skill)

당시의 코레스뱅킹 마케팅 책임자들에게 있어서 고객의 예금잔액은 모든 것이었다. 따라서 고객을 만나면 항상 부탁하는 것이 예금잔액을 좀 더 남겨주십사 하는 것이었다. 거래를 많이 해주는 것이 결코 도와주는 일이 아니었다. 거래를 많이 해도 보상예금잔액을 남기지 않으면 소위 마케팅 매니저들의 주차비도 나오지 않는 실속 없는 일이었다. 자금이체서비스는 시스템의 개발, 유지, 보수, 개선 등 막대한 고정비용과 운영비용이 들어가는 영역이다.

마케팅의 기본적인 자세는 고객의 말을 경청하는 것이다. 당시에 뱅커스트러스트에서 직원연수 과목 중에 대화의 기술(communication skill)이라는 것이 있었다. 대화의 기술은 어떻게 열심히 상대방을 설득시키느냐 하는 것이 아닌 어떻게 상대방의 말을 잘 듣느냐 하는 것이었다. 두 사람에게 하나의 주제에 대하여 서로 다른 입장을 설명하게 하면 대부분 상대방이 한 이야기를 50%도 제대로 이해하지 못한 것으로 나타났다. 대부분 상대방의 이야기를 듣기보다는 자기가 해야 할 이야기를 생각하기 때문이다. 이런 훈련을 통하여 훌륭한 마케팅 기술은 고객의 이야기를 경청하는 것이지 내가 팔고자 하는 상품에 대한 화려한 말의 기술이 아니라는 것을 가르치는 것이었다.

이런 일이 있었다. 뱅커스트러스트의 시스템에 대한 한국 고객은행들의 신뢰감이 많이 쌓이고, 서비스에 만족하다 보니 너도 나도 거래량을 증가시켜 많은 거래를 집중하게 되었다. 기쁜 일이었지만 문제가 간단하지 않았다. 거래량의 증가로 인한 보상예금 요구금액은 엄청나게 증가하였으나 고객이 남겨줄 수 있는 예금잔액은 제한적이었다. 아무리 거래관계가 돈독하여도 너무 눈에 뜨이게 잔액을 많이 남겨주는 것은 부담스러운 일이었다. 그래서 뱅커스트러스트의 코레스폰던트 마케팅 팀은 고객에게 오히려 거래량을 조금 줄여달라고 부탁해야 할 지경이었다. 어차피 보상예금 유치에 제한이 있으면 원가라도 줄여야 되는 것이다.

잠시 고민하던 고객은 혹시 그 건당 자금이체거래 내부원가를 원금에서 공제할 수 있는 방법은 없느냐는 질문을 던졌다. 이러한 생각은 엄청난 발상의 전환이었고 충격적인 생각이었다. 원금에서 그 자금의 결제와 관련된 은행의 수수료를 공제하자는 고객의 제안은 당시 누구도 생각해보지 않았던 기발한 발상이었다. 전 세계 코레스뱅킹 관련자 누구도 생각해보지 않았던 대단히 획기적인 발상이었다. 당시 누구도 생각하지 않았던 하나의 해결책이 고객의 머리에서 나온 것이다. 한국의 모 지방은행의 자금담당 책임자였다.

뱅커스트러스트 본점의 상품 팀이 신이 났다. 고객의 아이디어에서 비롯된 획기적인 제안을 실용화하기 위해서 즉시 전산팀이 동원되었다. 그리하여 수개월의 노력 끝에 뱅커스트러스트의 전자결제시스템에서 자동적으로 모든 거래의 수수료가 원금에서 공제되는 상품이 등장하게 되었다. 은행들은 자금이체의 원가를 고객에게 전가할 수 있는 길이 생긴 것이다. 이러한 상품의 진화는 국제통신시스템과 컴퓨터기술의 진화로 인하여 가능하게 된 것이다. 국제은행 간의 통신 네트워크인 SWIFT 전문에서 데이터를 검색하여 특정한 인용부호(reference)가 부여된 거래만 골라서 일정한 수수료를 거래원금에서 공제하게 된 것이다.

종전의 코레스폰던트뱅킹은 고객들이 엄격한 서비스의 보상에 대한 기준 없이 그저 계좌에 남은 보상예금에 따라서 좌우되던 자금이체서비스가 수수료를 원가에서 공제함으로써 또박또박 건당 수익이 떨어지는 일종의 고수익 형태의 효자상품으로 진화된 것이다. 고객들은 종전에 무료로 즐기던 은행의 자금이체서비스를 이제는 꼬박꼬박 원금에서 수수료가 공제되고 있다. 이것이 자금이체서비스 수수료화의 시작이었다.

그 후 전자금융서비스는 자금이체 관련 전문에서 스캔(scan)한 고객 인용부호의 분류로 각종 수수료관리와 관련된 전자이체 상품을 만들게 되었다. 또한 진보된 컴퓨터의 자금이체 지시전문 내용 스캔능력은 국제간 자금이체에서 발생되는 자금세탁과 마약, 무기밀매 등 각종 불법자금의 이동 방지와 테러자금 방지에 기여하고 있다.

혁신의 위험

이렇게 RAROC은 뱅커스트러스트의 모든 업무에 광범위하게 확산적용되기 시작하였다. 투자자산과 대출자산의 위험관리모델로 개발된 RAROC이 자산운영의 위험관리모델을 넘어 모든 상품의 혁신에 전반적으로 적용되는 전사적인 혁신(enterprise-wise innovation)이 진행되게 된 것이다.

샌포드는 RAROC과 더불어 뱅커스트러스트를 하나의 평범한 상업은행에서 부티크투자은행으로 바꾸기 위한 과감한 투자를 시작하였다. 한국에서도 1기 사무소부터 뱅커스트러스트를 이끌었던 최동훈 박사가 자리를 본점으로 옮기고 씨티은행 출신의 이건삼 씨가 대표로 부임하였다. 뱅커스트러스트의 사람들이 바뀌기 시작한 것이다.

샌포드, CEO에 오르다

샌포드는 1987년 7월 1일 CEO에 올랐다. 1983년 샌포드가 행장으로 승진할 때 당시 회장이었던 알프레드 브리튼에 이어 회장에 오를 것이라는 광범위한 예상이 있었다. 그러나 당시까지 어떠한 뉴욕의 대형 은행들(money center bank)도 자금의 조달과 운용을 주로 하는 트레이딩이나 펀딩 출신이 CEO에 오른 적은 없었다. 모두가 기업금융 경력자들이 CEO에 올랐었다. 그러나 1980년대에 발생한 남미의 외채상환 불능상태로 인하여 미국은행들이 입은 막대한 손실은 뱅커스트러스트의 주주들로 하여금 기업금융 출신 CEO에 대한 생각을 바꾸게 되는 확실한 계기가 되었다. 기업금융과 금융기관 영업에서 대출을 주로 하는 분야에서는 우량대출보다는 부실대출의 위험이 조금 높더라도 가산이자가 더 나오는 고객에 대한 대출을 선호하여 금융기관의 위험을 가중시켰기 때문이었다.

사실 1982년 8월 멕시코를 필두로 하여 1983년 10월까지 27개 국가가 2,390억의 외채상환 구조조정을 단행한 것은 몇 가지 배경이 있었다. 당시 미국 은행들의 이자 따먹기에 동원된 신흥시장대출의 과다한 채무에 시달리던 남미국가들이 자국 국내경기의 보호를 위해서 외채상환유예를 선언하였다는 주장과 또한 이렇게 대규모 외채상환유예에 봉착한 대부분 미국의 금융센터 은행들이 그들의 남미 외채포지션을 정확하게 실시장가격(mark-to-market)으로 평가하였으면 미국은행들의 지불불능상태가 초래되었을 것이라는 주장도 있었다.

1970년대 상업용부동산 거품붕괴로 인한 미국금융사의 충격을 경험한 연방은행이 1982년 남미 외채상환 연기로 인한 위기에서는 금융시장안정을 위하여 즉시 개입하여 미국은행들이 이러한 부실대출을 일시에 조기 상각하는 것을 억제하였다. 은행들로 하여금 적립금을 축적하도록 하였고, 금융시장이 안정된 1987년에 가서야 이러한 부실대출을 상각하도록 조치하였다.

CEO 취임 후 샌포드는 더욱 변화와 금융의 혁신을 도모하였다. 미국의 금융가에 뱅커스트러스트의 명성이 점점 증가하기 시작하였고 샌포드의 영향력도 증가하게 되었다. 샌포드라는 걸출한 지도자의 탄생은 통상적인 은행의 위험관리에 대한 일대 혁신을 가져왔고, 또한 금융기관간 영업구역에 대한 엄격한 장벽인 글래스스티걸법에 과감하게 도전하였다. 미국금융의 역사는 규제와 반규제, 그리고 재규제의 되풀이되는 역사이다.

샌포드는 대공황 이후 금융산업의 보호를 위하여 상업은행과 투자은행의 영역을 강력하게 규제한 글래스스티걸법에 과감히 도전했던 반규제의 선봉에 섰다. 당시 회사채 인수업무는 1930년 이래 글래스스티걸법을 통하여 투자은행의 전유물로 보호받고 있었다. 상업은행들에게 있어서 회사채의 인수는 전통적인 대출보다 훨씬 위험이 덜한 매력적인 분야였다. 대출의 위험이 대출기한의 만기까지 끌고가야 함에도 불구하고 회사채의 인수는 단기간에 끝나며 채권의 투자자에 대한 매출로 인하여 단기간에 위험을 헤지할 수 있는 장점이 있었다. 회사채 인수를 잘못하여 망한 은행은 없었다.

샌포드의 끈질긴 도전이 뱅커스트러스트가 연방은행으로 하여금 상업은행에 이러한 업무를 허용하게 하였을 때 기업채권업무에 가장 먼저 뛰어들게 만들었고, 1987년에 수익증권과 자산담보부채권을 인수하고 매매하게 되었으며, 1991년에는 주식인수업무도 취급하게 되었다.

    RAROC을 기본으로 한 금융기관 위험관리기법의 혁신은 파생상품 분야에 있어서도 혁신적인 새로운 위험관리 방법으로서의 금융상품이 등장하게 되는 계기를 마련하였다.

대출자산과 투자자산 운용

    RAROC 개념이 도입된 초기에 자연스레 대출과 투자매매의 리스크 비교에 대한 논쟁이 전개되었다. 대출은 상업은행의 고유업무이며 주업무이다. 그러나 RAROC과 위험자본 측면에서만 볼 때 대출은 투자자산보다 더 위험하다. 그리고 매일의 시장상황과 상관없이 일정한 이자수익이 보장되며 이자가 지연 없이 지불이 되는 한 위험은 없는 것처럼 보인다. 그러나 내재된 위험이 시장에서 실시간대로 빨리 측정될 수 있는 투자자산에 비하여 만기일까지 보장된 고객의 기간내 권리로 인하여 훨씬 더 장기적으로 손실가능성이 크다는 것이다. 어느 특정고객에 대한 대출과 회사채 인수의 위험을 비교할 때 회사채의 시장유동성을 감안하면 쉽게 처분하거나 회수할 수 없는 대출이 훨씬 더 위험한 것은 자명한 것이다. 회사채는 채권시장에서 쉽게 매매가 가능하지만 은행대출은 그렇지 않다.

    또 다른 차이는 투자매매상품은 실시장가격(mark-to-market accounting)이 적용되는 반면, 대출자산은 통상적으로 차입자별 거래의 기록과 기여도에 따라 평가하는 신용도에 따라 정해진 결산시점에서 대손충당금을 설정하는 것이기 때문에 실시장위험이 즉시 반영되지 못한다.

　RAROC 기준으로 볼때, 은행운용자산의 위험도는 기본적으로 운영자산의 금액, 만기일, 그리고 시장유동성을 고려해서 평가해야 한다. 투자매매자산의 유동성이 시장에서 실시간대로 파악하는 시장유동성과 시장정보로 인하여 트레이더가 실시간대로 시장위험을 측정하고 포트폴리오를 조정할 수 있는 유리한 점이 있는 반면, 대출자산의 위험관리는 유사시 즉각적인 처분의 어려움으로 인하여 훨씬 더 어렵다고 봐야 한다. 2008년 전 세계적인 신용위기를 경험한 미국의 금융감독기관들이 앞으로는 대출자산도 mark-to-market 평가방식을 도입해야 한다고 주장하고 있다.

　한편 은행이 고객별로 부여하는 대출이자는 통상 시장에서의 경쟁으로 인하여 낮을 수밖에 없다. 기업의 입장에서는 은행의 대출이자 비용이 자본시장에서 CP의 발행을 통해 조달하는 자금조달비용에 비하여 비싸다고 생각하기 때문에 기업이 가지고 있는 은행신용한도는 주로 CP 발행을 위한 보증을 위해서 쓰게 되니 상업은행들은 대출자산 운용에 있어서 점점 신용도가 낮은 기업으로 대출을 함으로써 자산운영의 위험을 증대시키는 상황에 처하게 된다. 회사채를 발행할 수 있는 기업은 일반 중소기업이 아니다. 대기업이나 우량기업 등 재무구조나 시장경쟁력이 우수한 기업들이 회사채를 경쟁적인 가격에 발행할 수 있다. 그래서 대기업이나 우량기업은 은행의 대출을 떠나 직접 회사채를 발행하여 자금을 조달하고 은행의 대출은 한 단계 낮은 기업에 제공되는 현상이 초래된다.

그러나 전통적인 대출, 여신업무에 잔뼈가 굵어진 은행가들에게 있어서 RAROC은 성가신 것이었다. 그들은 RAROC을 교묘한 숫자놀음이라고 폄하했다. 전통적인 은행의 기능을 무시하고 파행적인 신상품을 근거로 한 비정상적인 은행영업으로 몰아가기 위한 것으로 몰아부쳤다. 실질적으로 많은 고위 은행가들이 그들의 명성과 지위의 안정을 위협하는 것으로 생각하였다.

많은 상업은행들이 1970년~1980년대 RAROC에 대한 많은 편견과 오해를 가지고 비난과 함께 RAROC모델 이용을 굳이 외면하였다. RAROC이 고객과의 우호적인 거래관계를 파탄시키고 은행원들에게 우호적 거래관계에 근거한 여신업무보다는 개별거래의 수익성에만 치중하는 'transaction mentality'를 조장한다는 것이었다. 결국 동업계의 많은 경쟁자들이 뱅커스트러스트의 탁월한 실적을 인정하면서도 "여기서는 안 통해!"라는 입장을 고수하였다.

그러나 RAROC은 상대적으로 높은 위험을 지닌 상업은행의 대출자산운용의 기준과 위험을 고려한 수익성 개념을 통하여 고수익을 노리는 부실자산 인수의 위험을 줄여줌으로써 은행산업으로 하여금 새로운 상품을 개발하고 새로운 시장과 새로운 비즈니스 모델을 정립할 수 있는 기회를 제공함에 결정적으로 기여하였다고 볼 수 있다. RAROC이 대출보다 투자자산을 옹호한 것은 아니었다. 대출자산을 대출 상대방의 신용도, 대출기간 등의 각종 위험을 감안한 위험조정자본수익률 기준으로 평가하여야 한다는 것이며, 투자자산처럼 실시장가치를 조기에 평가할 수 있어야 한다는 것이 근대 위험관리기법의 새로운 발전이었다.

파생상품의 혁신

파생상품의 원조는 1980년대 초에 등장한 이자율 스왑(interest rate swap)과 통화 스왑(currency swap)이었다. 고정금리와 변동금리의 조건을 서로 교환하는 이자율 스왑과 서로 상이한 통화조건을 교환하는 통화스왑은 기업의 차입구조에 대한 통화별 위험과 이자율 조건에 따른 위험을 방어(hedge)할 수 있는 위험관리기법이다.

이자율 스왑, 통화 스왑 등의 파생상품은 초기에는 거래당사자 매치의 어려움으로 인하여 시장의 성장이 지지부진하였다. 파생상품 거래에서 은행의 역할은 기업과 기업 간의 서로 다른 금융거래를 매치시키는 중개기관이다. 초기에는 어떤 특정거래의 수요자와 공급자의 방어거래 수요(hedge need)가 딱 매치되는 거래상대방의 발견이 쉽지 않았다. 그러다가 뱅커스트러스트가 자체의 RAROC 모델을 이용하여 거래상대방이 미처 매치가 되지 않는 일방적인 거래를 단기간 수용할 수 있게 됨으로써 파생상품시장은 폭발적인 성장을 가져올 수 있게 되어 1980년대 말에 이르러 뱅커스트러스트는 모든 파생상품의 영역에 있어서 선도적인 혁신은행이 되었다.

초기의 파생상품은 이자율파생 등 금융파생상품이 선도하였다. 때맞추어 컴퓨터의 지속적인 진화로 금융상품 가치평가기법이 눈부시게 발전하게 되었고 각종 복잡한 위험자산을 다시 하나의 상품으로 재구성하여 새로운 상품으로 만든 부채담보부증권(CDO)은 고수익을 추구하는 투자자들에게는 환상적인 상품이었다.

파생상품시장의 활성화는 각종 다양한 시장의 변동성이 초래하는 위험으로부터 고객을 보호하는 옵션을 포함하는 다양한 변종파생상품(exotic derivatives)[19]을 개발하게 된다. 주식파생, 통화파생, 상품파생, 보험파생 등 옵션이 꼬리에 꼬리를 물고 등장하게 된다. 소위 파생전성시대가 도래한 것이다.

파생상품 분야에 있어서 독보적인 위치를 점한 뱅커스트러스트는 고객과의 관계에 있어서도 유리한 입장에 서게 되고, 이런 상품을 이용하여 고객은 기업활동의 다양한 위험으로부터 기업을 보호할 수 있게 됨으로써 기업활동에 새로운 변화를 초래하였다.

다음 단계로 정말 은행업과 관련된 진검승부 영역은 신용파생이었다. 그러나 초기는 전통적인 lending에 오랜 시간 동안 익숙해졌기에 혁신적이라고 자부하던 금융인들에게도 이러한 혁신 신용파생상품은 쉽게 받아들여지지 않았다.

1991년 들어 샌포드는 뱅커스트러스트 런던에서 스왑, FX, commodity 등의 트레이딩을 담당하던 피터 프로이드에게 이러한 신용파생 개발에 대한 특명을 내린다. 각계 전문가를 동원한 팀이 구성이 되고 여기에 론 포트폴리오 부서장인 알렌 레빈슨이 가세하게 된다. 고객과의 거래관계를 계속 유지하면서도 대출자산의 증가가 조여오는 은행 전체 자본금의 부담을 줄여가며 추가대출여력을 창출하는 신용파생 영역에 도전장을 던진 것이다.

드디어 1991년 말경 뱅커스트러스트는 첫 신용파생을 성사시키게 되는데 한 일본계 은행에 대한 신용대출의 위험을 줄이는 credit default option이었고 또하나의 거래는 한 미국계 은행과 체결한 total return swap이었다.

초기시장이 미성숙단계에 있을 때 신용파생상품이 도약하기에는 당연히 여러 가지 어려움이 따랐다. 본 거래와 헤지거래 사이의 가격차이에서 발생하는 베이시스위험, 본 거래와 헤지거래간의 상관관계, 회계처리문제, 그리고 감독기관의 파생상품에 대한 감독기준 등이다. 그러나 무엇보다 큰 어려움은 대출부서(lending officer)들의 무관심이었다. 통상 여신을 승인하거나 관리하는 책임자들은 정교하게 측정된 여신의 위험에 대해서는 관심이 없었다. 그저 거래고객의 대출을 포함한 각종 여신에 있어서는 전혀 위험에 대한 헤지 같은 것은 생각하지 않는 전통적으로 완고한 생각에 머물러 있었다.

신용파생의 발전은 더디게 진행되었다. 뱅커스트러스트가 신용파생 영역에 있어서 지속적으로 주도적인 역할을 하였지만 제이피모간이 신용파생의 표준계약서를 개발하고 신용파생을 대출 포트폴리오의 신용위험을 줄이기 위한 상품으로 규격화함으로써 시장을 선도하기 시작하였다.

신용파생이 대출자산관리에 있어 일대 혁신을 가져와 여신관련 고려사항이 고객의 신용도와 담보에만 기초한 '빌려줄 것이냐, 말 것이냐'에서 '사고, 팔고, 쇼트(공매도), 차익거래'로 확대하게 되어 새로운 신용위험관리와 더불어서 새로운 투자기법으로까지 발전되고 오늘날의 국제신용시장의 지속적인 성장을 위한 새로운 창조를 가능하게 하였다.

이렇게 1970년대 초에 뱅커스트러스트에 의하여 은행의 자산운용을 위한 중요한 의사결정도구로 개발한 RAROC은 초기 채권트레이딩에서 시작하여 대출로 확대되고 나아가 뱅커스트러스트의 전략적인 재편, 자본의 재배정, 장기수익성 향상 등에 기여하게 되고 1980년대에 이르러서는 전사적 위험관리 기능을 갖춘 대규모 기업 위험관리도구로 발전되게 된다.

1980년 말에서 1990년대 초에 이르기까지 뱅커스트러스트는 RAROC의 상품화에 착수하였고, 이것은 미국금융기관들의 트레이딩부서에서 광범위하게 사용되었다. 1995년~1996년 사이에 바젤위원회에서 최초의 1988 협정에 추가하여 시장위험을 도입하기로 결정했고 당시 모간개런티트러스트에서 내부에서 사용하는 리스크모델을 채택하기로 결정하였다.

뱅커스트러스트의 초기 RAROC 리스크모델을 근거로 한 이러한 모간개런티트러스트의 리스크모델은 value-at-risk란 이름으로 공개하였다. 오늘날 광범위하게 사용되어지고 있는 VaR 개념이나 시장가격을 평가하는 시가평가 개념이 원래 뱅커스트러스트 RAROC의 개념에서 출발한 것이다.

샌포드의 이러한 금융혁신과 새로운 영역에의 과감한 도전을 위해서는 무엇보다도 다양한 인재가 필요하였고, 또한 조직이 기존의 전통적인 모델에서 탈피한 강력한 개혁 추진력이 필요하였다. 조직에 대한 대대적인 개편이 이루어졌고 만족할 수 있을 때까지 지속적인 조직의 조정이 계속되었다. 당시 3~6개월마다 조직이 개편되어 새로운 부서장이 미처 업무파악도 하기 전에 보따리를 싸야 하는 상황도 발생되었다.

조직의 개편과 더불어서 은행직원에 대한 대대적인 수술에 착수한 뱅커스트러스트는 당시로서는 파격적인 인력의 고급화와 전문화에 착수하였다. 소수 투자은행의 엘리트직원 위주의 전문가 양성을 염두에 둔 찰리 샌포드는 미국 최고의 명문대학원 출신들, 소위 아이비리그 출신 석박사들을 대규모로 뽑아 모으기 시작하였다.

이러한 머리 좋고 학벌 좋은 사람들뿐만 아니라 상대, 법대 출신의 전통적인 은행원 기준에 더하여 수학, 컴퓨터, 우주공학 등 각종 과학 분야의 전문인들도 대거 영입하였다. 획기적인 금융상품을 만들기 위한 준비를 착착 진행하였던 것이다. 은행의 금융상품이 금융공학으로 발전되기 시작하는 변화가 일어난 것이다.

뿐만 아니라 각종 장사에 있어서 동물적인 감각을 지닌 '꾼'들을 많이 뽑았다. 예를 들어서 뉴욕 맨해튼의 대표적인 어시장인 풀턴 수산시장에서 생선을 경매하는 수석경매인들도 금융상품 트레이딩룸에 영입하였다.

변종파생상품(Exotic derivatives)

파생상품의 배경에는 원래 이러한 금융상품이 필요한 실거래가 있다. 기업의 영업활동에서 발생하는 다양한 실물거래의 미래 결제일에서 발생할 수 있는 시장변동 가능성을 고려한 위험회피대책은 선물거래이다. 여기에 옵션의 개념을 추가한 것이 파생상품이며 이것에 더욱 다양한 복합적인 옵션을 고려한 것이 신종파생상품이라고 할 수 있다.

은행의 기본적인 상품은 네 가지의 단순한 거래구조이다. 빌리고(예금), 빌려주고(대출), 외환이나 다른 금융상품을 사거나, 혹은 파는 것이다. 이 네 가지의 기본적인 금융상품의 구조에 기간, 선물과 다양한 변동성에 대한 옵션 등의 여러 가지 기능을 추가한 것이 기본적인 파생상품이다.

사실 금융파생상품이 대단한 우주과학은 아니다. 수 세기를 거쳐서 그러한 상품은 존재했다. 파생상품에 있어서의 어려운 문제 중의 하나는 정확한 가치평가이다. 금융이론의 발전과 컴퓨터의 발전, 그리고 수학적인 평가방법의 발전과 더불어서 파생상품의 시장가격 산정이 훨씬 정교하게 발전이 된다.

파생상품의 첫 적용은 단순한 고정금리와 변동금리의 이자율위험관리에서부터 시작하였다. 초기에 이자율 스왑은 한 건의 거래를 성사시키기 위해서 수개월이 소요되곤 하였다. 시장참여자마다 다른 금리구조를 가지고 있는 상황에서 거래의 상대를 찾기 위해서는 상당한 시간이 걸리고 규모도 다르고 하여 거래의 복잡성으로 인하여 파생시장의 발전은 더디게 진전이 되었다.

뱅커스트러스트의 RAROC 모델은 이러한 파생상품의 당사자들이 확정되지 않은 경우에 상대를 찾을 때까지 단기적으로 뱅커스트러스트의 장부에 보유하는 것을 가능하게 하였다. 이러한 단기적 인수는 거래상대방 찾는 것을 훨씬 용이하게 하여 파생상품 거래가 활성화되는데 크게 기여하였다. 이러한 파생상품의 보유기관으로서 뱅커스트러스트는 각종 신종파생상품 구조를 만들어서 고객에게 제공하기 시작했으며, 통화파생, 상품파생, 보험파생, 신용파생 등의 파생상품이 쏟아져나오기 시작하였다.

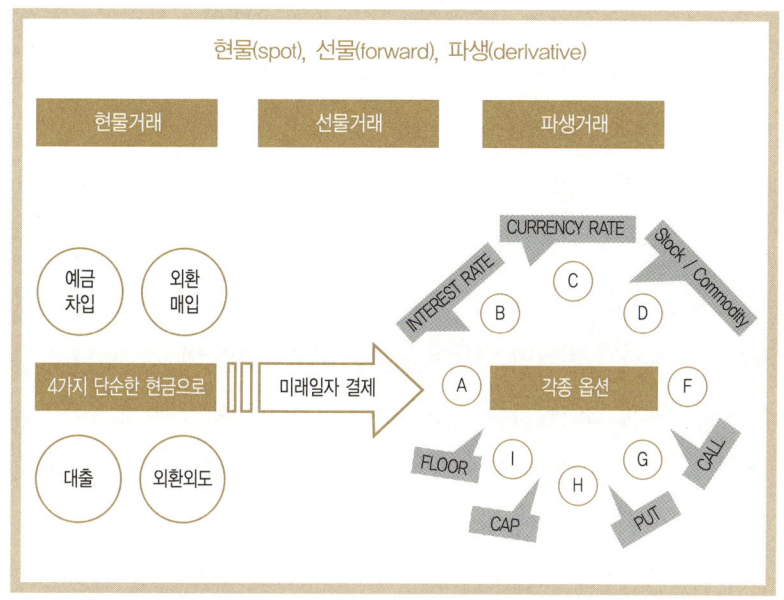

　1980년대 초반까지만 하여도 한국의 기업들은 외환이나 이자율 변동의 위험은 선물환거래로 헤지하고 있었다. 1980년대 중반부터 뱅커스트러스트를 비롯한 일부 미국은행들이 파생상품을 한국의 기업과 금융기관에 선보이기 시작하였다. 처음에는 비교적 단순한 이자율스왑(interest rate swap)과 통화스왑(currency swap)으로 출발한 파생상품은 각종 옵션이 추가됨으로써 점점 복잡하고 다양한 형태로 파생되기 시작하였다. floor, cap, put, call 등 인간의 두뇌로 상상할 수 있는 거의 모든 옵션이 더해져 끝도 없는 제품혁신이 진행되게 되었다. 소위 신종 파생상품의 등장이었다.

　뱅커스트러스트는 이렇게 고객의 다양한 현금흐름과 이에 따른 다양한 금융상황에 필요한 새로운 상품을 만들어내기 시작하였다. 신종

파생상품이라고 불리는 금융공학상품은 원래 은행의 기본적인 상품에서 파생된 부가적인 기능이 추가된 명품 금융상품이라고 할 수 있다. 문제는 그 구조의 난해함이며, 대형 마켓메이커[20]인 은행들에 의한 시장가격의 조작가능성이다.

머리가 좋아도 이해하기 어려운 상품들도 꽤 있었다. 파생상품의 원래 취지는 고객의 다양한 현금흐름욕구에 맞추어 각종 리스크로부터 회사를 보호하기 위하여 만들어진 고급 금융상품이었다. 그러나 본질적인 취지에서 벗어난 상품은 고객의 수요를 벗어나 단지 금융공학만을 위한 상품으로 변질된다. 파생상품에 있어서 옵션은 미래의 불확실한 가능성에 대한 안전장치이다. 그러나 파생상품의 거래에 있어서 옵션이라는 안전장치가 있으면 그 반대의 가능성에 대한 더 큰 위험도 있다. 이렇게 동전의 양면과도 같은 옵션으로 이루어진 파생상품의 장단점을 정확히 다 이해하고 거래하는 기업은 별로 없다. 이자율이나 환율, 주식가격 등의 시장변동성에 대한 과도한 옵션을 가정한 신종파생상품의 등장은 대부분 기업의 본질적인 시장위험에 대한 보험적인 상품에서 투기적인 상품으로 변질되게 된다. 그리하여 파생상품을 둘러싼 각종 분쟁이 발생되게 된다.

1990년 뱅커스트러스트는 위험관리자문그룹을 신설하여 고객의 업무에 내재한 각종 위험을 분석하고 해법을 제공하는 위험관리 회사의 영역을 개척하였다. 뱅커스트러스트의 파생상품에 대한 혁신과 우수성은 다소 취약하였던 대기업과의 거래관계 약점에 불구하고도 상품의 우수성을 내세워 미국 유수기업과의 거래를 추진할 수 있었던 길을 열어주었다.

파생상품, 금융감독의 사각지대

그러나 획기적인 금융상품이 억지로 짜깁기되고 고객의 금융수요와는 상관없이 팔기 위한 상품으로 둔갑됨으로써 여러 가지 부작용이 나타나기 시작하였다. 에스키모인에게 냉장고를 팔 수 있었던 것은 단순히 적절한 정도의 냉동이 아닌 냉장된 상태의 음식보관이 필요함을 강조함으로써 가능하게 된 것이었다. 그러나 각종 복잡한 기능이 갖추어진 첨단 전화기가 대부분의 사람들에게 있어서는 별로 필요 없는 기계이며 오히려 기본적인 기능을 혼란시키는 쓸모없는 기능이듯이 금융공학가들이 밤새워 연구실에서 만들어내는 획기적인 신상품이 고객에게 있어서는 별로 쓸모가 없는 경우가 많다.

파생상품도 마찬가지였다. 새로운 상품을 만들면 팔기 위해서 훌륭한 세일즈 테크닉이 필요하였던 것이다. 고객이 필요해서보다 내가 필요해서 판다는 식이다. 현란한 마케팅기법은 때론 고객을 혼란시킨다. 마케팅기법이 지나치다 보면 정당한 금융상품의 니즈에 따른 세일즈보다 각종 감언이설로 고객을 혼란시키고, 금융상품의 본질적인 순기능을 동시에 수반하고 있는 시장의 예외적인 변동에 따른 위험에 대해서는 고객에게 충분히 고지하지 않는 도덕적인 타락이 따르기 시작하였다. 소위 정보비대칭을 이용한 불완전판매가 일어나는 것이다.

1991년 엘런 위트(Allen Wheat)라는 유명한 뱅커스트러스트의 스왑 파생상품 총책임자가 샌포드 회장과의 불화로 수십 명의 전문가를 이끌고 크레디트스위스퍼스트보스턴(CSFB, Credit Swiss First Boston)으로 자리를 옮긴다. 그가 CSFB에 가자마자 채택한 광고내용 중에 이런 것이 있다.

"고객에게 우리의 상품을 떠안기기 보다는 고객의 문제를 해결해드리겠습니다."

그 광고는 역설적이게도 그를 비롯한 많은 파생상품 세일즈가 금융공학 팀이 찍어내는 새로운 파생상품을 고객의 필요에 상관없이 떠안기고 있었던 것을 스스로 드러낸 것이었다.

또한 각종 규정의 허점(틈새)을 이용한 '치고 빠지기 식'의 질 나쁜 상품도 등장하기 시작하였다. 워낙 수수료가 높아서 몇 건하고 고객의 수수료를 챙기면 영웅으로 대접받고 거액의 보너스가 보장이 되기 시작하니 우수한 인재인 금융인들이 사회책무를 망각하고 오직 자신의 보너스에만 몰두하는 도덕적인 해이가 생기기 시작하였다.

에스키모인들에게 냉장고를 판매했던 사람들이 냉장식품 보관의 필요성에 대해서는 입이 마르게 강조하였지만 냉장고 구입비용과 전기세, 감가상각비 등을 고려한 소비자의 합리적인 경제행위의 선택을 위한 장단점을 망라한 모든 의사결정 요인을 다 설명해주지는 않는다. 불량식품을 파는 비양심적인 기업인이나 밤거리에서 흉기로 서민의 돈을 강탈하는 강도나 다른 점이 무엇인가.

금융상품의 조작, 규정과 법의 회피

BTC는 이러한 파생상품의 선두에 있었다. 초기 파생상품은 거래량도 미미하고 시장가격도 제대로 형성이 되지 않고 있었기 때문에 파생상품의 시장가격과 관련된 다수의 변칙거래가 있었다. 이러한 변칙거래는 정상적인 가격구조를 조작하여 편법금융을 제공하는 방법으로 악용되었다.

초기 파생상품이 등장했을 때, 금리 스왑을 이용한 변칙 대출거래도 있었다. 금리 스왑의 경우 이자율과 선취, 후취, 고정, 변동금리 등의 조건은 얼마든지 합의하기 나름이었다. 금리 스왑의 원칙적인 재무적 위험관리 목적이 광범위하게 사용되기 이전에 이미 금리 스왑을 이용한 편법금융이 먼저 활용된 것이다.

여신에 대해서는 오랫동안 완벽하게 운영되어 온 금융감독에 관한 각종 규정의 제한이 있었다. 그러나 스왑 거래의 이자 지급과 수령에 관해서는 여신감독규정 적용이 되지 않고 있었다. 규정의 사각지대였다.

당시에 한국기업들의 과도한 차입율로 인하여 시중의 통화팽창이 위험수위에 이르러서 금융당국에서 여신관리를 철저하게 하여 신규여신이 상당히 제한받던 시대였다. 특히 해외부문 차입으로 인한 국내 통화팽창과 이로 인한 인플레이션 압력이 심각했던 때였다. 비록 외환관리규정에 구체적으로 명시된 것은 아닐지라도 이자율 스왑의 이자율을 시장가격과 다르게 조작하여 결과적으로 이자금액에 대한 실질적인 외화금융을 제공받고 그것을 원화로 환전하여 원화금융을 제공받는 효과를 가져온다면 그것으로 하여 금융상품의 정상적인 시장가격

구조를 왜곡하고 국내 통화팽창을 유발하게 되는 결과를 초래하고, 따라서 외환관리규정의 큰 틀과 기본적인 취지를 위반하는 것이라는 주장이 뱅커스트러스트 내부에서 조심스럽게 제기되었다.

이너서클(inner circle)

당연한 것이었다. 금융상품은 시장가격이 있는 것이다. 이러한 시장가격을 부당하게 왜곡하여 두 당사자 간에 이자율이나 환율을 조작한 거래를 하게 되면 거래상대에 따라서 부당한 수익구조가 생길 수 있는 것이다.

1990년대 초 한국은 국내 통화팽창과 기업들의 과도한 레브리지(차입)경영으로 인한 부작용을 우려하여 긴축정책을 시행하고 있었다. 그래서 돈줄이 막히게 된 대기업을 상대로 하여 몇몇 외국은행들의 원화자금을 공급할 수 있는 이자율 파생상품을 만들어서 몇몇 대기업을 위주로 한 알음알음 마케팅으로 편법금융을 제공하고 있었다. 기업들은 국내은행들이 하지 못하는 첨단 금융서비스를 제공받겠다고 외국은행으로 발길을 돌렸다.

외환관리규정에 이러한 파생상품을 거래해서는 안 된다는 규정이 없었다. 1980년대 초, 한국의 금융 당국이 미처 이러한 파생상품에 대한 충분한 파악이 부족하였고, 은행 재무제표의 난외계정(footnote transaction)에도 계리하지 않던 그러한 거래 하나하나를 감시·감독할 수 있는 준비가 되지 않았다. 그래서 이러한 편법을 도입하게 된 사람들은 법에 구체적으로 안 된다고 명시되어 있지 않으면 할 수 있다고 주장하는 것이었다.

그러나 모든 것은 기본적인 취지와 뜻이 있는 것이 아닌가. 법에 구체적으로 명시되어 있지 않다고 해서 금융상품의 정상적인 가격구조를 조작할 수 있는 것은 아니다. 구체적인 법이 없으면 상식, 관례, 기본이 있으며 양심이 있는 것이다. 국제통화의 이자율과 환율은 국제금융시장에서의 수요와 공급에 따라서 정해지는 시장가격이 있는 것이며 또한 각국에서는 자국통화와 경제의 보호를 위한 나름대로의 외환관리규정과 법이 있는 등 시장의 자율과 규제에 대한 원칙이 있는 것이다.

법은 정상적인 거래를 보호하기 위해서 있는 것이다. 이러한 변칙적인 거래가 법에 구체적으로 명시되어 있지는 않지만 외환관리규정의 기본적인 정신과 시장경제의 기본에 입각해서는 안 된다는 의견이 제기되었지만 며칠 후에 그 부서는 통제구역화되었다. 그 부서 전체를 통제구역화함으로써 다른 직원들의 출입을 차단하고 정보를 차단한 것이었다. 그 부서 사람들 자체로 이너서클이 된 것이었다.

이렇게 이너서클을 많이 만드는 조직일수록 회사의 투명성은 당연히 떨어진다. 이어서 조직 내의 탐욕과 모럴 해저드가 증가하게 되고 결국 조직은 부패하기 시작하는 것이다. 다른 부서와는 경계 높은 담을 쌓고 커튼을 쳐서 보이지 않게 하는 것이다. 금융에서도 투자금융, 자본시장 등 트레이딩 영역은 특히 흔히 말하는 비밀(confidentiality)이라는 이유로 정보의 공유가 상당히 폐쇄적이며 이러한 이너서클 풍토가 강한 곳이다. 정상적인 영업의 경우 경쟁력의 보호를 위한 비밀준수 원칙은 당연히 준수해야 할 직원의 의무이다. 그러나 그것이 가격조작과도 같은 범죄행위에 이르기까지 비밀준수 의무가 있다는 것은 아니다.

금융계에서 드러내길 꺼리는 주가연동 파생상품이나 신용연계 파생상품 등의 결과가 당사자들의 합의에 의하여 중재로 끝난 많은 파생상품 중에 이러한 이너서클에서 시장가격을 조작하여 결정된 것들이 많다. 그리하여 이러한 분야는 부침이 심하다. 뱅커스트러스트의 흥망사를 가만히 들여다보면 이러한 소수 이너서클 맴버에 의한 조직의 비범한 발전과 곧이어 따르는 탐욕, 그리고 또한 그곳에서 발생한 도덕 불감증으로 인한 부패로 말미암아 한 조직이 결국 망하게 되는 파란만장한 흥망사를 확인할 수 있다. 조직의 흥망사, 그 중심에 이너서클이 있다.

1990~1993년까지가 뱅커스트러스트의 전성기였다. 이익은 타 동종은행에 비하여 압도적이었다. 문제는 순이익의 3분의 1이 스왑 등 파생상품, 또 다른 3분의 1은 트레이딩에서 나온 것이다. ROE, 자본수익률이 항상 20%가 넘는 실로 엄청난 실적이었다. 순이자수익인(NIM, net interest margin)의 비중이 큰 대부분의 상업은행에 비하여 매매이익을 비롯한 수수료 등 비이자수익이 훨씬 큰 뱅커스트러스트의 수익구조는 너무도 달랐다.

그들은 스스로 은행이라는 용어보다 위험관리회사로 불려지는 것을 즐겼다. 그러나 시장의 애널리스트들은 뱅커스트러스트의 이러한 실적에 대하여 상당한 불신을 가지기 시작하였다. 뱅커스트러스트의 문화가 주주나 고객의 이익이 아닌 임직원, 그것도 소수 이너서클의 이익위주로 변하기 시작했기 때문이었다. 영업의 복잡성은 훨씬 증가된 반면, 통제력은 점점 상실되어갔다. 미국 금융계에서는 전통적인 상업은행업무로 잔뼈가 굵어져온 은행인(banker)들로부터 월스트리트 투자은행인(investment bankers), 판매중개인(salesmen and brokers), 그리고 채권거래인들(traders)로 구성이 된 일련의 거래인군단(trader group)으로 힘의 중심이 이동되기 시작하였다.

탐욕

보너스, 과도한 인센티브

2008년의 미국금융 위기에도 월스트리트 투자금융전문가들의 보너스를 둘러싼 탐욕이 많은 일반인들이 분노를 자아내고 있지만 1990년 당시에도 월스트리트은행 투자금융업분야 직원에 대한 과도한 보너스는 인간의 탐욕으로 인한 도덕적인 해이로 조직의 기본부터 붕괴시키는 원인을 많이 제공했다. 뱅커스트러스트가 이러한 금융파생상품의 선두에 있으면서 종합금융의 경지를 넘어 스스로 리스크관리회사라고 자부하면서부터 시장을 선도하자 소수 최고 엘리트 파생상품 세일즈직원들의 보너스를 둘러싼 황당한 사건들이 많이 나오기 시작했다.

월스트리트에서는 몇백만 불짜리 보너스 수표를 받은 직원이 금액을 확인하고는 수표를 갈기갈기 찢어서 상사의 얼굴에 던지며 "내가

이 정도로밖에 안 보이느냐"고 소리치고 바로 회사를 나갔다는 전설 같은 일들이 생기기 시작하였다.

실적에 따른 보너스의 배분은 은행의 자본금 등 자원의 사용을 놓고 이전투구(泥田鬪狗)의 싸움을 벌이기도 하였다. 1980년대 초 뱅커스트러스트는 한국 금융기관과의 전 세계적인 네트워크서비스 체제를 구축하고 있었다. 그러나 1980년대 중반부터 한국은행들의 해외계좌관리에 변화가 생겼다. 한국계 은행의 해외지점 지원이 소극적으로 되었고, 모든 은행의 신용한도나 마케팅자원을 서울에다 집중적으로 배정하기 시작했던 것이다.

여태까지 잘해왔던 한국금융기관 해외지점들과의 거래관계에 이상이 생긴 것이다. 조직의 상층부에서는 심지어 국내은행의 해외지점을 직접 방문하여 원수지지 말고 기술적으로 해외지점들과의 거래관계를 끊으라는 권유까지도 나왔다. 모든 자원을 서울에 배정해야 서울에 떨어지는 이익을 극대화하고 서울의 소수 이너서클이 분배할 수 있는 보너스를 극대화할 수 있기 때문이었다. 물론 이것이 뱅커스트러스트 뉴욕 본사에서 정해진 방침은 아니었다. 서울 매니지먼트의 보너스에 대한 탐욕으로 뱅커스트러스트의 글로벌 비즈니스모델이 무너지기 시작하였다.

시장 선도자(market makers)

유명한 외환딜러가 있었다. 뱅커스트러스트와 함께 전설적으로 남아 있는 통화옵션 트레이더 중에 앤디 크리그라는 직원이었다. 1987년 뱅커스트러스트는 여러 분야에서 실적이 저조하여 적자를 눈앞에 두고 있었으나 트레이딩 분야에서 5억 불의 엄청난 이익을 내어서 가까스로 전체 120만 불의 이익을 내었다.

문제는 3억 불을 앤디 크리그 혼자서 올린 것이다. 샌포드 회장과의 계약이 이익에 대한 5%를 성과급으로 받게 되어 있었으니 1,500만 불을 보너스로 지불해야 했다. 그러나 은행 전체가 120만 불밖에 벌지 못했다는 생각에 고민하다 300만 불을 지불하였더니 앤디는 미련 없이 뱅커스트러스트를 떠났다.

지금도 그렇지만 이러한 유명한 딜러가 가지고 있는 외환포지션이란 게 어마어마한 규모이다. 그런데 이 딜러가 나가고 난 후 그의 포지션을 당시 시장시세로 평가하니 엄청난 손실이 발생되었다. 그래서 다른 사람들이 그 유명한 딜러의 허상에 대해서 이야기를 하고 비난을 하였다. 이 소식을 접한 그는 바로 '멍청한 놈들'이라고 비난하며 자기는 마켓메이커라고 하였다.

마켓메이커! 즉, 그들이 외환시장의 시세를 이끌어가는 실세라는 것이다. 외환의 시세는 크게 보면 근본적으로 시장의 수급사정에 의하여 결정이 된다. 그러나 그러한 큰 커브 사이사이에 수많은 등락이 수반되게 된다. 이러한 마켓메이커라고 자부하는 친구들이 자기가 가진 포지션에 유리한 순간순간 작전으로 시장가격을 딜러들이 가진 포지션에 유리하게 움직일 수 있다는 것이다.

이들이 시장을 속이는 수법은 다양하다. 어떤 외환이나 채권, 주식들을 사야될 때 반드시 미끼를 푼다. 먼저 팔아서 가격을 내려놓고는 일격에 사는 것이다. 성동격서(聲東擊西), 또는 양다리 걸치기 수법은 딜링기법에 풋콜 패리티 기법으로 버젓이 자리 잡고 있다. 아마추어가 하다간 당하기 십상이다.

트레이딩룸[21]은 어디나 시장터처럼 시끄럽다. 천장과 책상, 어디에나 가득한 모니터에서 각종 뉴스가 쉴 새 없이 쏟아져 나오고 딜링하는 딜러들은 아귀처럼 소리치는 것이 정말 아수라장이다. 돈 놓고 돈 먹기 하는 판이니 분위기가 라스베이거스 도박장과 비슷할 것이다. 마치 서로를 속여가며 포커하는 분위기이다. 그러나 딜링룸은 라스베이거스가 아니다. 금융은 포커와 달라야 하지 않겠는가.

이러한 수법에 스스로가 당한 불량 트레이더(Rogue Trader)들이 많다. 뱅커스트러스트의 엔디 크리그(Andy Krieger), 베어링스 싱가폴(Barings-Singapore)에서 유서 깊은 영국의 베어링스은행을 말아먹은 닉 리슨(Nick Leeson)[22] 등이 그들이다. 최근 기록으로는 2007년 프랑스은행 소시에테제네랄이 무려 50억 유로(71억 5,000만 불)의 파생상품 매매 손실을 기록하였다. 제롬 케비엘(Jerome Kerviel)이라는 파생상품 트레이더가 입힌 손실이다. 서류 위조, 회사 컴퓨터에의 불법적인 접근, 판단 착오로 엄청난 손실을 가져왔다. 그에게는 5년 징역형과 최고 37만 5,000유로의 벌금에 처해질 것 같다. 그러나 그는 단지 은행을 위해, 돈을 벌기 위해 한 것이라고 변명하고 있다.

우리나라 금융사에도 규모의 차이는 있을지라도 크고 작은 사건들이 많이 있었다. 일부 외국은행과 국내은행 일류 트레이더들의 판단실수로 인하여 주로 환율이 예상과 반대로 움직일 때, 이러한 도박이 많이 나왔다. 포커 등의 도박에서도 더블로 판돈을 올리는 배판, 배배판,

이런 식으로 끌려가다 완전히 빈털터리가 되는 경우가 흔하다. 더욱이 공매(현물 보유 없이 선물로 매도, short-selling)하는 경우는 빈털터리 정도를 넘어서 엄청난 빚을 지게 되는 일이 벌어진다. 문제는 한결같이 최고경영진의 적절한 통제 없이 소수 실적우수 직원에 대한 총애, 실적에 대한 과도한 집착, 적절한 범위를 초과하는 예외적인 인정, 적절한 견제, 통제 조직의 미비, 감사의 부실이 원인이었다.

도덕적으로 타락하게 되면 끝도 없는 나락으로 추락하게 된다. 학문의 차이나 가문의 명예가 소용이 없게 된다. 금융상품이 그 정도의 차이가 조금 더 심하다. 머리가 좋은 사람에 의한 범죄가 더욱 악랄하고 비양심적이듯 고급두뇌가 타락하게 되면 범죄도 고급이며 지능적이다. 그러나 불량식품을 만드는 기업인이나 길거리에서 서민의 재산을 강탈하는 강도나 금융범죄가 무엇이 다르겠는가? 생계형 범죄에 비하여 배운 사람들의 부도덕한 범죄는 너무나 질이 나쁘지 않은가. 금융범죄는 탐욕에 몰입하여 본인이 범죄를 저지르고 있다는 생각을 못하는 것이 더욱 문제이다. 오히려 그들은 보통 사람들이 이해하지 못하는 상품이기에 상품에 대한 이해부족에서 생기는 일이지, 범죄의도는 전혀 없다고 변명이나 하면서 애써 자신들을 강변하는 것이다.

파생상품, 그 통제불능의 위험

파생상품은 금리나 환율의 정상적인 추세를 반영하여 만들어진 상품이다. 금리나 환율은 정상적인 시장요소에 의하여 일정한 추세를 유지하게 되는 것이다. 이것은 경제학의 기본적인 가정, 즉 모든 시장요소들이 정상적으로 움직일 때 가능한 일이다. 그러나 금융경제는 비정상적인 요소에 의하여 더 많은 변화와 위험을 가져왔다. 정상적인 시장 상황에서 무슨 예측 불가능한 위험이 그리 많이 있겠는가.

그러나 시장은 항상 정치, 종교 등의 갈등이나 전쟁과 천재지변 등 비정상적인 요소에 의하여 요동쳐왔다. 1980년대 초 오일쇼크가 세계 경제를 강타하고, 이것이 모든 이자율과 환율에 전혀 예상하지 못했던 변동을 초래했었다. 이자율과 환율이 예측과 반대로 움직일 때 많은 시장참여자들이 손해를 보게 된다. 물론 엄청난 예상 외의 대박을 터뜨리는 경우도 있지만 금융은 기본적으로 복권이 아니다. 통계학의 사례를 보면 외환이나 금융시장의 움직임은 정규분포도에서 팻 테일(두꺼운꼬리)의 성향을 가지고 있어 언젠가 극단적인 꼬리쪽으로 움직일 가능성이 크다는 것을 잘 말해주고 있다.

뱅커스트러스트 같은 전문적인 집단에서의 파생상품에 대한 위기관리가 통제불능이었던 것은 아이러니컬하다. 파생팀의 조직이 커지니 샌포드 회장도 통제하지 못하는 상황이 전개되기 시작한다. 조직은 온통 프론트(front), 프론트, 그리고 또 프론트, 즉 조직 최전선에서 트레이딩하는 딜러들뿐이었다. 은행의 건전한 견제와 균형이 이루어질 수 있는 미들, 그리고 백 오피스(후선업무)가 제 역할을 못하는 기형적인 상황이 전개되기 시작했다.[23] 닉 리슨이 베어링스은행을 속일 수 있었던 것은 작은 싱가포르지점에서 프론트, 미들, 백 오피스를 다 장악하고 있었기 때문이었고, 은행의 경영진이 이러한 업무분리에 대한 원칙을 지키지 않았기 때문이었다. 투자매매업무에 있어서는 거래를 성사하는 트레이딩 부서와 거래된 자금을 상호 확인하고 거래상대방의 한도를 점검하고 대금을 결제하는 결제업무 부서와 회계처리를 하는 회계부서는 모두 엄격히 구분되어 있어야 사고를 예방하고 오류를 방지할 수 있다. 이러한 부서들은 최고책임자는 물론 사무실도 엄격하게 구분되어 있어야 사고를 방지할 수 있다.

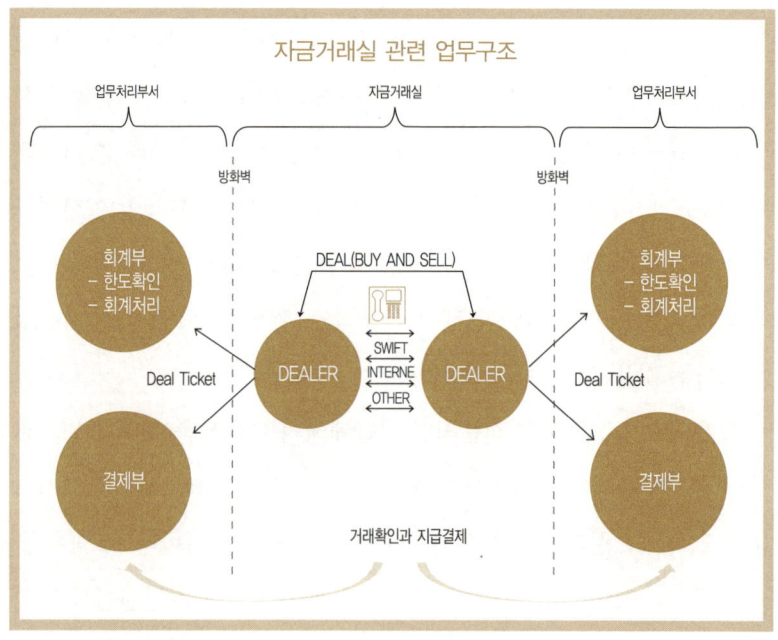

뱅커스트러스트의 20대, 30대 스타급 트레이더들이 활개치는 조직에서는 감사도 제대로 안 되고 법규조직도 작동되지 않아서 통제불능의 상태에 빠짐으로 인해 위험관리에 실패하는 지경에까지 이르게 되었다. 은행의 대차대조표도 파생상품 외에는 자산이 거의 없는 상태가 되므로 대차대조표에서 만들어지는 안정된 수익원이 거의 없는 상황

이 되어버렸다. 그린스펀 전 연방은행 의장도 고백했듯이 파생상품의 위험은 그 정확한 실상의 파악이 어렵기 때문에 파생위험을 적절히 통제할 수 없는 상황에 빠지기가 쉽다.

이렇게 파생상품의 노출이 증가되면서 정확한 리스크의 파악이 어려워지는 것이다. 2008년에 발생한 세계 신용위기의 원인도 이러한 파생상품의 리스크 파악이 불가능하여 통제불능의 상태에 빠짐으로써 금융기관들이 서로를 믿지 못하는 신용위기에 빠지게 된 것이다.

탐욕, 혁신위험, 평판위험

새로운 금융을 선도하는 뱅커스트러스트에게 있어서 혁신에 따른 위험도 상당하였다. 새로운 상품을 시장에 선보이기 이전에 혁신팀은 상품이 시장에서 제기할 수 있는 잠재적인 문제점에 대해 고려해야 한다. 따라서 혁신은 고독하고 위험하기도 하다. 혁신에 따른 모든 문제점이 충분히 받아들여질 때까지 혁신기업은 평판위험(reputation risk)을 안고 있는 것이다.

뱅커스트러스트는 1990년대 중반 깁슨그리팅(Gibson Greeting), 프록터앤갬블(Proctor&Gamble) 등 몇몇 기업과의 특이한 파생상품 거래로 인해 혁신위험과 평판위험에 부딪히게 된다. 고금리로 인한 채권가격의 폭락으로 손해를 본 고객들이 소송을 제기한 것이다. 이러한 일은 뱅커스트러스트뿐만이 아니라 메릴린치, CS 퍼스트보스톤도 소송에 휘말리고 제이피모간도 휩쓸리게 되었다. 대부분은 법원 밖에서 조용히 합의로 사건을 해결하였다.

뱅커스트러스트는 평범한 길을 거부한 은행이었다. 항상 새로운 상품과 시장을 개척해왔다. 상업은행의 대출을 '사거나 쥐고 있거나(buy&hold)'에서 '인수하거나 유통시키거나(underwrite&distribute)'로 변혁시켰으며, 은행법의 개정에 앞서 싸우고 경쟁을 촉진시켜왔으며, 수익성의 향상과 함께 고전하는 2류 상업은행에서 최고수준의 엘리트은행으로 변혁시켜왔다.

동종업계나 감독기관으로부터의 존경은 받았지만 통상적인 상업은행이 벤치마킹할 대상은 아니었다. 그래서 깁슨그리팅을 비롯한 거래기업들과의 신용차입을 동원한 파생상품(leveraged derivatives)과 관련된 문제가 불거지자 뱅커스트러스트는 순식간에 비난의 대상으로 따돌림을 받게 되었다.

1994년 연방은행의 인플레이션에 대한 선제적인 조치로 금융긴축과 함께 금리가 상승하자 채권값이 폭락하게 된다. 뱅커스트러스트 고객들도 예외일 수는 없었다. 손해를 본 고객들의 불만이 터져나왔다. 뱅커스트러스트에 대하여 네 개 감독기구(상품선물거래위원회, 뉴욕 연방준비은행, 뉴욕 주정부은행국, 증권거래위원회)가 지정한 기관에서도 함께 조사가 진행이 되었다. 18개월에 걸친 조사가 완료되어 1996년 6월 30일에 나온 결과보고서에서는 기관으로써 뱅커스트러스트가 고객에 대한 의무를 소홀히 하거나 무시한 경우는 없지만 일부 직원의 말과 행동은 비난의 여지가 있다고 결론내렸다. 뱅커스트러스트는 유죄에 대한 인정도 부정도 아닌 상태에서 증권거래위원회(SEC)에 1000만 불의 벌금을 지불하기로 합의하고 그 사건을 마무리하였다.

고객에게 바가지를 씌우다(Rip-off customers)

뱅커스트러스트의 타락한 일부 파생상품 세일즈팀이 파생상품이 지닌 장점만 강조하고 시장리스크에 대해서는 고지의무를 소홀히 하였다.

그 결과 오직 수익성에만 솔깃하여 투자한 고객들이 예상 외의 시장변동으로 인하여 엄청난 손해를 떠안게 되었다. 정보비대칭에 의한 불완전 판매이다. 여기에 한국의 고객도 예외는 아니었다.

미국의 유수한 기업들이 이러한 위험에 대하여 사전고지를 하지 않은 뱅커스트러스트를 상대로 불완전 판매로 소송을 제기하기 시작하였다. 깁슨그리팅, 프록터앤갬블 등의 대기업이 소송을 제기하였고 미국의 증권위원회에서는 뱅커스트러스트가 금융상품이 시장의 변동성이 지닌 위험에 대하여 기업에 충분히 설명하고 인지시키지 못한 점을 인정하여 기업의 손을 들어주었다.

이러한 소송과정에서 흥미 있는 자료가 하나의 증거물로 제시되기도 했다. 뱅커스트러스트 내부회의가 녹취된 자료로, 동행의 파생상품 세일즈팀이 회의내용 중에 고객을 적당히 바가지 씌워 거래를 많이 하도록 독려하는 내용이 녹음된 것이었다. 이것은 비밀리에 녹음을 한 것이 아니고 직원연수자료에 쓰인 비디오자료였다. 직원연수자료에 '바가지 씌운다'는 표현이 버젓이 사용된 것이다.

깁슨그리팅에 의하여 제시된 자료에 의하면 "깁슨그리팅의 멍청이들이 이 상품이 뭐 하는 것인지 잘 알지 못할테니 적절히 둘러대서 거래를 성사시킨 뒤 우리는 양쪽에서 수수료만 적당히 뜯으면(rip-off) 된다"라는 식이었다.

바가지 씌우는 것은 사기친다는 것이며 엄밀히는 도둑질, 사취, 횡령이다. 흔히 파생상품 거래에 있어 투자은행은 거래의 양 당사자가 아니라 중간은행(intermediary)이다. 유리한 것만 설명하고 이쪽저쪽의 위험은 둘러대거나 얼버무리고 사기 쳐서 바가지 씌우고 실적을 많이 올리라는 것이었다. 소위 정보의 비대칭을 이용한 불완전 판매라고 할 수 있다.

이 자료를 입수하게 된 기업은 경악을 금치 못했다. 그것은 기업에서뿐만 아니라 금융계에도 충격이었다. 이렇게 우수한 인재들이 모인 세계최고급 두뇌집단에서 이런 시정잡배와도 같은 고객기만이 이야기되다니, 프록터앤갬블과 깁슨그리팅 소송이 대부분의 미국 잡지에 대서특필되었다. 망신이었다. 뱅커스트러스트는 명예를 잃게 되었다.

10년 후 월스트리트 최고의 투자은행인 골드만삭스(Goldman Sachs)에서 유사한 사건이 재발되었다. 골드만삭스가 헤지펀드 폴슨엔컴퍼니와 함께 개발하여 ACA 매니지먼트라는 회사를 내세워 부동산 가격상승에 베팅한 Abacus 2007 AC1이란 상품이 사기라는 것이 드러나서 뉴욕증권거래소가 증권거래법상 사기(fraud)혐의로 골드만삭스를 제소한 것이다. 2006년에 만들어져서 출시된 이 상품은 부동산의 추가적인 가격상승에 베팅한 합성 CDO(synthetic CDO, 257페이지 용어설명 4 참조)이다. 그러나 2005년부터 이미 월스트리트 투자은행에서는 부동산 거품의 붕괴가 예견되고 있었다. 표면적으로는 AAA급의 모기지채권으로 구성된다고 선전한 이 상품은 당시 골드만삭스와 존 폴슨그룹이 가지고 있던 쓰레기채권으로 채워졌다. 이러한 상품을 골드만삭스의 명성을 믿고 네덜란드의 ABN Amro, 독일의 IKB은행 등이 집중적으로 사들였다. 그리고 존 폴슨과 골드만삭스는 이 상품과 반대되는 부동산가치의 하락에 연계된 신용파생상품(CDS)에 투자했다.

이것이야말로 파놓고 기다린 함정이었다. 2010년 5월에 가진 청문회에서 골드만삭스의 CEO인 블랭크페인(Lloyd Blankfein)은 이 투자상품이 누구를 망하게 하거나 고객을 오도하진 않았다라고 강변하고 있지만 이것은 선량한 금융소비자 누구를 위한 상품도 아니다. 이러한 상품이 가능하게 했던 것은 오로지 모두가 짜 맞춘 거짓말이다. 고객기만이며 야바위이다. 폴슨이 이 상품에 투자한다고 해놓고는 정작 반대로 부동산 하락에 베팅하고 신용파생에 투자했다. 결국 폴슨의 예상대로 부동산은 폭락하고 그 결과 투자자들이 10억 불을 잃고 폴슨이 10억 불을 벌었다. 골드만삭스는 미처 이 상품을 다 처분하지 못하여 9,000만 불의 손해를 보았다. 그러나 그들은 거액의 수수료를 챙겼다.

월스트리트에서 거대한 백상어(great white whale)라고 불리는 골드만삭스는 미국 최고의 투자은행이며 월스트리트 터줏대감이다. 누가 감히 하버드 법대출신인 블랭크페인이 고객기만에 연루되리라고 예상했겠는가? 10년 전 뱅커스트러스트가 고객기만으로 인해 신용을 잃고 나락으로 추락하며 위기를 극복하지 못하고 결국 도이치은행에 합병되는 운명을 맞았는데, 과연 골드만삭스는 월스트리트와 국제금융시장에서 생존할 수 있을지 궁금하다. 그런데 문제는 이러한 상품이 골드만삭스만의 문제가 아니고 다른 금융사들에서도 많이 나왔다는 것이며 소수의 이너서클 멤버 외에 거의 모든 투자자들이 덤터기를 쓴 것이다.

붕괴 crash

신용을 잃다

결국 깁슨그리팅 등이 제기한 소송사건은 법원의 중재로 하여 뱅커스트러스트가 기업고객의 손해에 대해 보상해주고 소송을 취하하는 선에서 합의하는 것으로 마무리되었다. 그러나 은행은 신용이 전부인데 고객을 기만하고 내부적, 도덕적으로 타락한 기업이 고객의 손실을 보상했다고 해서 잃어버린 명예와 신용이 회복되겠는가.

은행이 신용을 잃었다면 누가 그 은행에 돈을 맡기려 하겠는가. 상업은행이면 당연히 예금이탈(deposit run)이 발생될 것이다. 은행에서 예금이 빠지기 시작하면 걷잡을 수 없게 된다. 뱅커스트러스트가 투자은행이라고 하더라도 시장에서 신용을 잃으면 고객과의 거래에 있어서 여러 분야에서 타격을 받을 수밖에 없는 것이다.

이후 경영진의 잦은 교체 등 재기를 위해서 여러 가지 노력을 하고 시장의 실력 있는 인사를 최고경영진에 영입하는 등의 조치를 취해보지만 한번 꺾인 추세를 그렇게 쉽게 되돌릴 수 있는 게 아니었다. 경기는 사이클을 기다릴 수 있겠지만 잃어버린 신용과 명예는 회복할 수 없는 것이다. 조직문화가 쉽게 만들어지는 것도, 쉽게 바뀔 수 있는 것도 아니다. 신용을 잃은 금융기관이 명망 있는 몇 사람의 최고경영진을 영입한다고 하여 사회적으로 존경받는 기업으로 환골탈태할 수 있겠는가. 금융기관은 신용을 잃으면 모든 것을 잃는 것이다.

역사의 뒤안길로

샌포드가 36년간의 정든 뱅커스트러스트를 프랭크 뉴먼(Frank Newman)에게 물려주고 1996년 4월에 은퇴를 했다. 그의 은퇴는 1993년 여름에 이미 발표되었다. 후임자로서 프랭크 뉴먼이 1995년 여름 CFO로 합류하였다. 샌포드의 은퇴는 그러나 명예로운 마무리는 아니었다.

그가 은퇴하던 1995년 이전 무렵 터진 여러 가지 사건으로 하여 뱅커스트러스트가 시장에서 신뢰와 명예를 상실하고 주가가 곤두박질하자 이사회에서는 샌포드의 은퇴를 강하게 요구하였다.

뱅커스트러스트는 잃어버린 명예를 회복하고 조직의 재기를 위하여 많은 노력을 하게 된다. 샌포드가 물러나고 미국 금융계의 거물인 뉴먼을 영입하고 조직의 상층부에 대한 대대적인 수술도 단행한다. 그러나 한번 꺾인 기세를 회복하기란 쉽지가 않았다.

직원들의 강한 팀웍 사기는 회사가 도덕적으로 강할 때 생기는 것이다. 초기 뱅커스트러스트의 서울팀이 한 번도 줄다리기에 패하지 않았던 것은 패배를 몰랐던 당당함에서 비롯된 기세의 힘이었다. 명예와 신용을 잃었는데 무슨 힘으로 재기할 수 있는 기가 살아나겠는가.

뉴먼 취임 이후 뱅커스트러스트의 주가는 한동안 지속적으로 회복하였다. 1997년 법인세 세후 자기자본수익률이 15.6%로 전년동기 12.9%보다 향상하였고 주가도 130.37불로 기록을 경신하였다. 그러나 1998년 4월, 136.32불을 정점으로 추락하기 시작하였다. 1998년 3분기에 발생한 러시아와 아시아의 금융위기가 강타하자 전 세계 채권시장의 위축을 유발하게 되었고, 대출보다 채권자산을 많이 보유하고 있던 뱅커스트러스트의 주가는 보유채권의 실시장가격 폭락으로 인하여 120불에서 49불로 추락하고 결국 1998년 10월 23일 3분기 실적은 4억 8,100만 불 손실로 발표된다. 이것은 예상보다 훨씬 나쁜 결과였다. 결국 11월 30일 뉴먼은 도이치은행에 주당 93불에 매각하는 계약서에 서명하게 된다.

그렇게 뱅커스트러스트는 도이치은행에 합병당하여 역사의 뒤안길로 사라지게 되었다. 1980년대 초 획기적인 멕킨지컨설팅으로 영업에 대한 과감한 수술을 시도하여 평범한 상업은행에서 부티크 종합금융사로 전략의 혁신적인 변화를 시도하였고, 각종 파생상품 등 고객의 위험관리를 위주로 한 금융공학상품의 도입을 선도하여 화려하게 부상하였으며, 업계 선두를 달리던 은행이 일부 탐욕에 전염된 핵심인력의 도덕적인 해이로 인하여 고객을 기만하게 되었다. 따라서 명예와 신용을 잃은 금융기관이 망할 수밖에 없었던 파란만장한 흥망사에 한 페이지를 장식하고 뱅커스트러스트는 사라지게 되었다. 금융상품과 금융위험관리에 있어서 가장 혁신적인 발전을 도입하였던 최고의 엘리트 은행이 핵심직원의 탐욕과 도덕적인 해이로 인하여 망하게 된것은 참으로 안타까운 일이다.

뉴욕 금융시장의 진출을 호시탐탐 노리던 도이치은행은 시장에서의 신용에 다소 손상을 입었지만 뱅커스트러스트의 우수한 인력은 여전히 매력적이었다. 도이치은행의 강력한 상업은행 업무에 더하여 뱅커스트러스트의 투자은행을 합친 금융기관의 겸업화를 확대할 수 있는 절호의 기회를 맞은 것이다. 잃어버린 뱅커스트러스트의 신용은 간판을 바꿔 닮으로써 고객들의 뇌리에서 사라지는 것이다. 도이치은행은 뱅커스트러스트 주주에게는 구세주였다. 1999년 6월 4일 도이치은행의 인수는 확정되었다. 휴지조각이 될 뻔했으나 98억 불을 건진 것이었다.

뱅커스트러스트의 국제업무를 지휘했던 데이비드 사이어스(David K. Sias)는 그가 경험한 마지막 순간을 다음과 같이 회상한다.

Fundamentally, BTCo had been caught with their trader's hands in their customers pockets when tapes from the trading room became public revealing the traders both cruelly mocking the clients and clearly hugely ripping them off financially as well.

This brouhaha eventually led to Shanks, then President, being *fired some six or so months later. However, this did not staunch the flow as the clients continued to desert the bank, earnings continued to fall, and the share price continued its tumble down gravity's hill.*

So, as the author of the "win at any price" strategy, and the person where the buck had to eventually stop, Sanford was told by the Board to resign.

— 자료 : 데이비드 K. 사이언스

치명적인 문제는 뱅커스 내부연수 자료테이프가 공개되었을 때, 뱅커스트러스트 딜러들이 고객을 속이고 있었을 뿐 아니라 고객의 이익을 등치고 있었다는 사실이 만천하에 공개된 것이었다. 그래서 뱅커스트러스트 딜러들의 손이 고객의 주머니를 마음대로 유린하고 있었다는 사실이 광범위하게 확산되어버린 것이었다. 이러한 소동이 결국 당시 행장이었던 Gene Shanks를 해고하는 수순에서 마무리하려고 하였지만 이미 고객들이 은행을 떠나기 시작하고 수익은 계속 감소하고 주가도 속절없이 하락을 거듭하였다. "win at any price"라는 무모하리만치 저돌적인 영업전략으로 트레이더들을 몰아붙여 온 조직의 궁극적 최고책임자로서 샌포드는 결국 불명예스럽게 이사회에서 사직을 권고받게 된다.

샌포드에 이어서 뉴먼이 재무차관 등의 화려한 명성을 등에 업고 이 난파선에 올랐다. 그가 오른 것은 사실 아무도 그 난파선을 이끌려고 하는 선장이 없었기 때문이기도 했다. 그러나 뱅크오브아메리카의

CFO 정도 경력과 재무차관으로서의 명성 정도일뿐, 주가를 올리겠다든지 이러한 난파선을 침몰의 위기에서 즉시 복구해보겠다든지 하는 의지도 없었다. 어쩌면 당연한 수순이고 유일한 해결책이었을 수도 있지만, 보도되기로는 약간의 수고로 거금 5,000만 불의 개인 성과급을 챙기고 도이치은행에 뱅커스트러스트를 매각하는 손쉬운 방법을 택하게 된다.

여기저기 부서지고 망가진 집을 수리하라고 최고의 기술자를 채용했더니, 성가시게 이것저것 손보기보다는 소개비를 왕창 챙기고 헐값에 집을 팔아준 것이다. 그나마 그거라도 건져줬으니 고맙다고 해야 할지…… 참으로 황당하게 끝이 났다. 어차피 고객의 신용과 시장에서의 신뢰를 상실한 뱅커스트러스트가 재기하는 것이 불가능했다면 5,000만 불의 보너스를 챙기고 주주에게 98억 불을 건져준 것은 대단히 현명한 선택이었다고 할 수도 있다.

틈새위험관리와 붕괴의 조짐들

1990년대 후반의 뱅커스트러스트 손실과 매각은 상당한 의문을 갖게 한다. 그렇게 정교한 위험관리도구로 위험을 피하기보다는 위험을 감수하고 관리하는 은행이었고, 전략적으로 잘못된 파산 직전의 상업은행을 충실한 자본과 대단히 수익성이 뛰어난 도매금융사로 발전시켰던 은행이 무너진 것이다. 뱅커스트러스트처럼 우수한 은행이 그렇게 쉽게 무너진 이유는 무엇이었을까? 거기에는 몇 가지 커다란 갭이 있었다.

첫째, 1998년 3분기와 1999년 2분기 손실을 분석하면 채권포트폴리오의 실시장가격, 즉 시가평가제에서 많은 차이가 난다는 것이다. 채권시장은 일단 위축되거나 붕괴되기 시작하면 모든 투자자산의 시장가치는 단기간에 패닉상태로 빠지게 된다. 무엇보다도 1998년의 러시아 금융위기와 아시아 외환위기로 인해 곤두박질친 채권가격의 영향이 컸다.

둘째, 뱅커스트러스트의 다른 굵직한 손실들이 전 지역, 전 사업부문에 광범위하게 걸쳐서 발생되었다는 것이다. 굵직한 손실을 추려보면 인도네시아, 태국, 그리고 남미에서 발생한 파생상품관련 손실, 러시아 채권거래에서 발생된 손실, 미국에서 발생된 주식관련 파생, 그리고 미국과 유럽의 영향력 있는 대출에서 발생된 손실 등이 크게 작용하였다. 이러한 손실이 주로 신흥시장 거래에서 발생되었으며, 고수익채권 거래와 영향력 있는 대출에 집중되었다는 것은 주목할 만한 일이다.

또 하나의 중요한 이유는 당시에 뱅커스트러스트가 고객의 휴면계좌에서 잠자고 있던 연금 등의 돈을 빼돌려서 은행의 수익으로 전환한 사실이 발각되어 뉴욕 검찰에 의하여 기소가 됨으로써 거의 유죄가 인정된 상태였다. 소위 강력기소범이 된 것이다. 이렇게 되면 거래고객들도 내부규정에 의하여 기소상태에 있는 은행과는 거래를 못하도록 되어 있기 때문에 많은 기업들로부터의 거래가 중단되기 시작했다.

뱅커스트러스트의 손실에 대한 이유로 1998~1999년의 채권시장의 완벽한 붕괴를 이야기하지만 당시 상황이 세계 금융시장의 붕괴를 초래할 정도는 아니었다. 1998년 9월 FRB에 의하여 롱텀캐피털매니지먼트(Long-Term Capital Management)가 구제금융으로 인수되었고 많은 금융기관들이 손실을 기록하였지만 뱅커스트러스트처럼 치명적인 수준은 아니었다. 결국 뱅커스트러스트의 몰락에는 여러 가지 복합적인 이유가 있었다. 가장 획기적인 은행이 자체의 리스크 파악에 소홀했고 과도한 보너스에 대한 욕심으로 인하여 도덕적인 해이에 빠짐으로써 평판위험의 함정에 빠진 것이다. 1998년 10월 23일 〈USA 투데이〉는 뱅커스트러스트를 금융시장의 철부지로 매도하였다. 가장 혁신적인 금융산업의 선구자적인 은행에서 하루아침에 탐욕과 도덕적인 해이로 인한 금융의 철부지로 전락한 것이다.

> *"If Wall Street needs a poster child for everything that can go wrong in a financial crisis, it doesn't have to look much further than Bankers Trust."*
>
> – 자료 : USA 투데이

뱅커스트러스트는 1995~1996년 leveraged derivatives business로 인하여 평판위험을 입었으나 이후 18개월이나 계속된 금융당국의 조사과정에서도 이렇게 깊숙이 내재된 문제점을 발견하지 못하였으며 1995년 2분기에 손실을 기록하였으나 이후에도 세 개의 회사를 감독당국의 승인을 받아서 정당하게 인수하였으며(Wolfensohn & Company in 1996, Alex. Brown, Inc. in 1997, and NatWest Markets' Pan-European cash equities business in 1998), 1998년 7월에는 유러머니로부터 최고의 파생상품 거래은행과 최고의 위험관리은행(the Best Derivatives House and Best Risk Advisor)으로 선정되기도 하였다.

후에 뱅커스트러스트 직원들로부터 수집한 의견에 의하면 뱅커스트러스트의 몰락은 어떠한 일시적인 시장의 변화에 따른 몰락이라기 보다는 샌포드의 은퇴와 더불어서 1995년 이후 느슨해진 RAROC 기준과 호시탐탐 전통적인 상업은행으로 회귀하려는 소위 개혁피로증후군 경향으로 인하여 뱅커스트러스트라는 최첨단 이지스함이 서서히 침몰한 것이라고 한다. 개혁 초기의 단단한 직원복무규율과 도덕적인 기준 등의 가치관이 느슨해진 것은 회복할 수 없는 치명적인 약점으로 남게 되었다.

뱅커스트러스트 서울의 소수 인원들로 구성된 팀이 열 배나 많은 은행에서 선발한 팀과 한 번도 줄다리기에서 지지 않았던 것은 패배를 모르는 가치관이었기 때문이다. 지지 않는다는 신념, 팀에 대한 믿음이 없이는 절대로 가능하지 않았던 게임이었다.

한번 무너진 복무규율은 다시 리스크보다는 수익에 중점을 두는 분위기가 확산이 되고, 조직이 어수선해지니 단기적인 실적만을 근거하여 회사가 위기인데도 불구하고 일시적으로 뱅커스트러스트의 주가가 100불에 이르자 40명의 고위임원에 대한 2억 불의 보너스를 지불하는 도덕적인 해이가 발생하였다. 그리고 자산평가에 있어서도 공정한 가치평가에 기초한 회계(fair value accounting)보다는 전통적인 비용반영에 근거한 회계(historical cost accounting)에 의존하는 등의 원칙보다는 임기응변식의 편법이 동원되기도 하고 결국 고수익의 노예가 되어 고위험 거래에 많이 노출되기 시작하였다.

부패에 감염되는 조직문화

회사마다 독특한 문화가 있다. 이러한 문화에 따라 가치도 달라지고 직원들의 시각도 달라진다. 창의적이고 혁신과 경쟁을 선도하며 은행영업의 새로운 영역을 개발한 뱅커스트러스트 선구자들의 프런티어 정신은 조직 내의 이너서클 일부 엘리트 직원들의 탐욕에 의하여 그 도덕적인 가치가 무너지게 된 것이다. 이는 통화의 그래샴의 법칙이 조직관리에 전이된 것이다. 이러한 가치와 문화의 변화는 눈에 보이지 않게 조직 전체에 빠르게 확산되어 가치의 몰락을 초래하게 되고 기업의 각 분야에서 부패와 타락이 급속히 확대되는 것이다.

뱅커스트러스트의 자랑거리였던 엘리트 트레이더들이 파생상품을 이용하여 고객 등치기를 하자 이에 분개한 프록터앤갬블과 깁슨그리팅의 소송은 시장에서의 치명적인 망신이었다. 이렇게 명성에 금이 가는 사건이 발생되면서 전 회사차원의 도덕적인 해이가 만연되게 된다.

법과 규정을 회피하기 위한 금융상품의 조작(때로는 혁신이라는 탈을 쓰기도 하지만 금융상품의 혁신과 변칙은 분명히 다른 것이다), 보너스 조작을 비롯한 각종 추문, 거추장스러운 직원을 이너서클에서 왕따 시키고 쫓아내기, 직원퇴직금 등치기, 직원채용 특혜시비, 비자금계좌 관리 등의 비리가 여기저기서 자행되게 된다.

탐욕과 더불어 도덕적인 해이도 전염성이 있는 것이다.[24]

전설이 된 뱅커스트러스트 이야기

뱅커스트러스트 출신들은 독특한 동지애가 있다. 모두 "그때가 좋았지요"라고 그 시절을 생각한다. 그것은 무엇보다도 금융에 대한 혁신과 새로운 상품의 혁신, 리스크 매니지먼트 기술혁신에 대한 참여와 계속되는 혁신문화에 따르는 새로운 학습과 도전에 대한 추억일 것이다. 그것이 힘들지 않았다면 그때를 그리워하고 자부심을 가질 이유가 없을 것이다.

전설적인 이야기는 지금도 계속된다. 뱅커스트러스트 이야기는 두고두고 파생상품계의 교재로 활용되고 있다. 최고의 프로들이 모인 우수한 조직이 1980년대 중반 불꽃처럼 타올랐다 쓸쓸하게 사라진 전설이다. 이러한 전설을 들으며 우리는 리더십, 이너서클, 핵심인력의 탐욕, 도덕적인 해이, 과도한 성과급, 시스템의 불균형, 불완전판매, 조직의 투명성, 윤리지향시스템, 내부감사, 직원에 대한 비전, 정직의 기본적인 품성(integrity) 등 조직문화에 대하여 많은 생각을 하게 된다.

도덕적 해이, 이너서클에 의한 정보의 차단과 통제, 과도한 성과급에 따르는 무리한 마케팅을 방지하기 위한 실적과 평가제도의 공정성, 위험관리시스템이 제대로 작동되지 않으면 이러한 위험은 언제나 조직에서 발생할 수 있는 것이다. 어떠한 조직이 급성장하고 비범한 성과를 보일때 조직의 최상층부에서는 반드시 그 사업에 대한 여러 가지 측면에서의 위험을 제대로 평가하고 가능한 모든 탐욕과 도덕적인 해이에 대한 통제시스템을 미리 구축해야 하는 것이다.

조직의 위험관리는 수학적인 분석모델이나 복잡하게 얽힌 리스크

매트릭스 문제보다는 조직문화와 리더십의 문제이며 핵심상층부의 자질과 전 직원의 사회책무에 대한 인식의 문제이다. 사심 없는 리더가 이끄는 견제와 균형이 잘 이루어진 조직, 그리고 기본에 충실한 조직이 장기적으로 지속가능한 성장을 구가하는 이유이다.

전체가 비전을 공유하고 팀으로 발전하는 조직이 강한 조직이다. 일부 이너서클의 비범한 실적이 주도하는 조직, 정보와 지식의 공유가 제한적인 조직은 위험한 조직이다. 조직의 상층부는 훨씬 더 투명하고 강한 도덕적인 기준을 가지고 있어야 한다. 개인적인 욕심이나 끼리끼리의 이익추구에 앞장서는 이너서클은 언젠가는 조직을 붕괴시키는 흰개미(termite)들이다.

용어설명

1 국제결제은행(BIS, Bank for International Settlement)

스위스 바젤(Basel)에 본부를 두고 있는 전 세계 중앙은행의 결제은행. 중앙은행들과의 협의를 통하여 국제통화정책과 금융정책에 대한 결의와 권고사항을 채택하며 산하에 3개의 위원회를 운영하고 있다. 첫째가 은행감독에 대한 위원회인 바젤위원회(Basel Committee on Banking Supervision)이다. 전 세계 은행들의 적정자본금비율(capital adequacy ratio, CAR)과 위험자본(risk capital)에 대한 개념을 정립하고 있다. Tier 1 자본금은 주식의 장부가격과 이익적립금이며 Tier 2 자본금은 대손충당금과 후순위채(subordinated debt)를 포함하고 있다. 바젤위원회와 더불어서 전 세계 금융시스템의 안정에 관련된 CGFS(Committee on the Global Financial System), 그리고 지급결제제도 위원회인 CPSS(Committee on Payment and Settlement System)가 있다.

2 당좌예금계좌(checking account)와 보통예금계좌(savings account)

미국은행의 예금계좌는 당좌예금계좌와 보통예금계좌로 크게 구분된다. 당좌예금계좌는 개인이 수표(check)를 발행할 수 있는 계좌이며, 잔액에 대한 이자지급이 금지되어 있다. 보통예금계좌에 대해서는 잔액에 대한 이자를 지급하지만 수표를 발행할 수는 없다.

3 인플레이션(Inflation)

통화팽창으로 인한 화폐가치의 하락과 실물(상품, 부동산, 임금 등) 물가상승. 부동산 등 실물가격의 상승과 화폐가치의 하락으로 연결된다. 경제성장이 항상 화폐와 시장규모의 확장을 수반하기 때문에 적당한 인플레이션은 경제의 활력소 역할을 하지만 지나친 인플레이션은 소득의 극심한 양극화를 초래하는 등의 부작용이 많다.

4 브레튼 우즈(Bretton Woods) 체제

2차대전 중인 1944년 7월 미국 뉴햄프셔 주의 브레튼우즈에 있는 마운트 워싱턴 호텔에서 연합 44개국의 740명 대표들이 모여서 국제통화체제에 대한 합의를 하였다. IMF(International Monetary Fund)와 IBRD(international Bank for Reconstruction and Development)가 창설되고 세계 각국은 환율을 달러에 연동하여 상하 1% 범위 내에서 운영하며 달러에 대한 금 태환제도(달러를 금으로 교환해주는 제도)에 합의하였다. 그러나 1971년 8월 15일 미국이 달러의 금 태환제도의 일방적인 파기를 선언하면서 달러가 전 세계의 지불준비통화인 기축통화로 자리 잡게 되었다.

5 OPEC(Organization of the Petroleum Exporting Countries)

세계 석유수출국 기구로써 이란, 이라크, 쿠웨이트, 사우디아라비아, 베네수엘라가 창설멤버이다. 알제리아, 앙고라, 리비아, 카타르, 나이지리아, UAE, 에콰도르를 포함한 12개국의 산유국의 이익을 위한 카르텔이다. 1965년 이후 비엔나에 본부를 두고 있으며 회원이었던 인도네시아가 2008년에 석유 순수입국으로 전환되면서 OPEC에서 빠졌지만 순수출국이 되면 다시 가입하겠다고 밝혔다. 석유의 무기화까지도 고려할 수 있는 막강한 독점카르텔인 오펙은 전 세계 석유생산의 3분의 2를 담당하고 있다. 최근 들어 알래스카, 북해, 캐나다, 멕시코, 러시아 등의 유전개발과 석유생산 합리화를 통하여 오펙의 영향력이 많이 축소되었지만 여전히 강력한 석유가격 독점기구이다.

6 차관단대출(Syndication loan)

하나의 차주에 대한 은행대출의 규모가 너무 큰 경우에는 여러 개의 은행들이 연합하여 공동으로 대출규모를 짜고, 주선하고, 운영함으로써 대형 대출에 대한 위험을 분산한다. 주로 3년 이상 7년 만기의 장기자금으로 1980년대의 기업의 장기투자사업과 기업인수자금 등을 조달할 때 많이 사용하였다. 대출의 진행단계에서 각종 수수료를 부과할 수 있었으며 양도가능 대출형태로 구성하여 유통시장에서 매매가 가능하도록 하여 대출은행의 위험을 제거할 수 있도록 하였다.

7 변동금리부 증서(FRN/FRCD)

Floating Rate Noted와 Floating Rate Certificate of Deposit. 변동금리부로 어음과 증서형태로 발행하여 자금을 조달하는 방법. 대출보다 시장에서의 매매가 용이한 장점이 있었다. 발행규모도 크고 관련 비용도 많아서 주로 장기자금 조달에 많이 사용하고 있다.

8 신흥국 대출

세계적으로 고속성장과 산업화를 거치고 있는 국가에 대한 대출. 신흥국, 이머징마켓이란 1980년대부터 세계은행(World Bank)에 의하여 산업화를 거치고 있는 신흥개발국을 지칭하는 용어로 사용되어지기 시작하였다. 이러한 국가에 대한 대출 중 상당한 부분이 남미로 흘러가 나중에는 채무불능이 되었다. 후일, 당시 미국 재무장관인 니콜라스 브래디가 이렇게 지불불능이 된 채권의 만기일을 재조정(reschedule)하여 USD 통화 표시채권(bond)으로 발행하여 투자자에게 매출하였다. 미 국채담보부채권으로 명명되어 매매되었다. 1989년 3월부터 발행된 이 채권은 미국 상업은행들의 남미대출을 시장에서 매매할 수 있는 채권으로 전환함으로써 상업은행들의 대차대조표에서 떨어버릴 수 있는 길을 열어주어 남미에 대한 집중 리스크를 줄일 수 있게 하였다.

9 부동산투자신탁(REITs, real-estate investment trust)

부동산투자신탁 회사이다. 부동산투자자산에 대한 관리와 더불어 임대료 등 기타 수익을 관리하고 투자자 주주들에게 배당금 형태로 수익을 배분하는 회사.

10 머천트뱅킹(merchant banking)

일반고객을 상대하는 소매금융 상업은행과 달리, 기업과 부자고객을 상대로 금융상품과 투자상담 서비스를 제공하는 금융이다. 머천트뱅킹이 자본으로 고객에게 투자하는 것과 달리 당좌예금계좌는 고객의 자본금 증자와 관련된 증권의 인수와 매매를 담당하고 있다.

11 고정금리채권(fixed income bond)

투자금융에서 고정이자채권, 혹은 고정금리라고 하는것은 통상 이자금액이 확정된 채권을 일컫는 용어이다. 국채(government bond), 외국정부채(sovereign bond), 지방정부채(municipal bond), 정부기관이 발행하는 연방기관채(agency bond), 기업이 발행하는 기업채권(corporate bond) 등은 발행할 때 만기일까지 이자율이 고정되어 있는 채권을 트레이더들이 통상 고정이자채권(fixed income bond)이라 부른다.

12 실시장가치 평가기준(mark to market valuation)

mark to market은 자산의 실시장가격을 평가하는 회계처리방법이다. 평가하는 자산(예를 들어 상품, 채권, 외환, 파생상품 등)의 실시장가격을 반영하는 것이다. 자산의 실시장가격이 형성되는 경우는 실시장가격이 적용되고 실시장가격이 없는 경우에는 다른 자산가격의 가격을 감안한 공정한 가치평가(fair value)를 적용한다. 2008년 9월 미국 증권위원회에서는 투매(distressed sales)나 강압적 저당권 처분(forced foreclosure) 경우의 가격을 다른 자산의 가치평가에 사용하지 못하도록 하였다. 강압적인 요인에 의한 특정자산의 투매가격을 기준으로 한 채권평가 손실이 금융기관의 손실과 신용상실로 연결되는 것을 방지하기 위한 것이다.

13 리보(Libor)

런던은행 간 거래금리를 뜻한다. London Inter-bank Offered Rate를 뜻하는 LIBOR는 영국 은행협회(British bankers' Association)에서 8개에서 16개의 패널은행(Contributor Panel Banks)에서 런던시간 아침 11시 기준으로 하루짜리(over-night)에서 1년물(1 year) 금리를 받아서 표준하여 11시 45분경 발표한다. 영국 파운드, 미달러, 일본 엔화, 유로화 등 주요 10개국에 대한 자금공여(offer) 기준금리이며 자금인수(bid) 금리를 칭하는 LIBID(London Inter-bank Bid Rate)가 있다. 유로화를 위한 Euribor가 있으며 동경과 싱가포르에서 발표하는 TIBOR(Tokyo Inter-bank Offered Rate), SIBOR(Singapore Inter-bank Offered Rate)도 있다.

14 연방준비은행(FRB, Federal Reserve Bank)

미국의 연방은행은 12개의 지역 연방은행으로 구성되어 있다. 미국의 53개 주를 몇 개씩 묶어서 하나의 연방은행의 지휘를 받는 방식으로 12개의 연방은행이 있다. 2009년 말 현재로 미국의 M2 통화량은 8조 4,000억 불이며 12개의 연방은행과 연방은행별 자산은 다음과 같다.

New York	:	1조 200억 불
Boston	:	635억 불
Philadelphia	:	623억 불
Richmond	:	3,066억 불
Atlanta	:	1,577억 불
St. Louise	:	407억 불
Kansas City	:	560억 불
Dallas	:	691억 불
San Francisco	:	2,074억 불
Minneapolis	:	239억 불
Chicago	:	1,180억 불
Cleveland	:	602억 불

연방은행들의 역할은 미국 소매결제의 대부분을 차지하는 수표의 결제와 연방은행 결제 시스템을 통한 전자 자금결제, 그리고 상업은행에 대한 지원과 감독과 더불어 해당 지역에 대한 경제와 금융사안들을 관장하고 있다.

연방은행 이사회는 7명으로 구성되어 있으며, 의장포함 7명은 대통령이 임명하고 미국경제에 대한 관찰을 하며 의회와 대통령, 그리고 재무부에 필요한 사안에 대한 권고를 한다. 연방은행 의장의 임기는 4년이고, 이사의 임기는 14년이다. 14년을 채우는 이사는 거의 없다.

통화정책에 관한 사안은 연방공개시장위원회(Federal Open Market Committee)에서 의논하고 결정한다. FOMC는 12명으로 구성되어 있으며 연방은행 의장을 포함하는 7명의 연방은행 이사들과 5명의 연방은행장으로 구성되어 있다. 5명의 연방은행장 은 당연직인 뉴욕 연방은행장과 11개 연방은행에서 순차적으로 담당하고 있다. 1년에 약 8번의 FOMC 회의를 통하여 국채의 매도, 매입을 통한 통화량 조절과 Fed Target Rate라는 연방은행의 단기금리를 결정한다.

연방은행의 기본적인 책무는 물가의 안정과 고용의 창출이다. 금리정책과 통화량의 조정으로 경제의 활력을 유지하며 인플레이션을 방지하는 절묘한 균형이 요구되는 책무이다. FED의 통화량관리는 미국 국채의 매도와 매입을 통하여 시중에 통화량을 조절하는 공개시장 조작, 금융기관의 지불준비율을 조정하여 통화량을 조정하는 방법, 그리고 은행들이 보유한 채권자산의 재할인을 통하여 통화량을 조정하는 방법 등이 있다.

1970년대 인플레이션을 고금리 정책을 통하여 관리한 폴 볼커 의장, 1990년대의 닷컴(dot.com) 산업붕괴 등 경기후퇴를 저금리정책을 통하여 경기촉진책을 도모하여 최장기 경제의 호황기를 누리다가 지나친 저금리가 서브프라임 부동산자산의 붕괴로 이어져 2008년 신용위기를 초래하였다고 비난받은 알렌 그린스펀 의장에 이어서 2006년부터 벤자민 버냉키 의장이 미국의 통화정책을 총괄하고 있다. 2010년에 4년 연임에 성공하였다. 의장은 워싱턴에 사무실을 두고 있으며 뉴욕 연방은행이 통화정책의 집행을 담당하고 있다.

15 전자금융(electronic banking)

전자금융서비스로 통장과 예금신청서, 예금인출 신청서를 근거로 한 통장거래 서비스에서 컴퓨터와 첨단 통신시스템(전화, 휴대전화, 전용선, 인터넷, 금융기관 전용통신망) 등을 이용하여 은행에 나오지 않고 사무실이나 집에서 자금을 이체하고 입금과 출금을 확인하고 잔액을 확인하며 나아가서 조회까지도 가능하게 된 금융서비스로 현재에는 보편화되었다.

16 세계 금융기관 통신망(SWIFT)

현재 전 세계 금융기관 간 거래에 대한 전신 네트워크는 SWIFT(Society for Worldwide Inter Financial Telecommunication System)이다. 1973년에 탄생되어 1977년부터 운영되기 시작한 SWIFT, 즉 SWIFT는 전 세계 가맹금융기관들로 의해서 운영되는 금융기관 간 통신 네트워크이다. 현재 전 세계 208개국의 8,300개 이상의 은행, 증권사, 기업 등이 참여하여 규격화된 금융전문을 교환하고 있다. 금융기관 간 주고받는 전문의 형태를 mt100에서 mt900에 이르는 타입별로 분류하고 개인 자금이체, 은행간 자금이체, 채권결제, 신용장거래, 일반통신 등으로 분류하여 전 세계 가맹은행 간의 통신을 규격화된 시스템이다. 매년 SIBOS란 행사를 통하여 전자금융의 제품혁신을 지속하고 있는 SWIFT는 최근 세계의 대기업도 네트워크에 포함시켰다. 아시아에서는 홍콩이 1980년에 처음 가입하였으며 우리나라 금융기관들도 1980년대 초부터 시작하여 거의 다 가입하고 있다.

17 CHIPS(Clearing House Inter-bank Payment System)

CHIPS는 뉴욕 소재 미국은행과 외국은행 현지법인들이 가입하고 있는 결제기구이며 주로 국제간 자금결제에 사용되어진다. 가맹은행들의 숫자는 외국은행들을 포함하여 한때 200개까지도 확산이 되었으나 결제시스템의 혁신과 거래의 집중화현상을 통하여 현재는 40여 개로 줄었다. 가맹은행을 통한 국제간 지급결제를 담당하고 있다.

18 FEDWIRE
FEDWIRE는 미국에 소재하고 있는 모든 은행(외국은행까지도 포함하는) 간의 미국의 국내용 결제제도이다. 2009년 3월 현재 9,200여 은행이 가입하고 있다. 미국을 12개의 Federal District로 구분하고 있으며 이 12개의 district마다 지역 연방은행이 있다. FedWire는 미 전역을 이러한 연방은행 결제시스템으로 연결하고 있으며 미국 내 결제의 대부분이 Fed-wire로 결제되고 있다.

19 변종파생상품(exotic derivatives)
주로 option, future, arbitrage, hedging 등의 기법을 수학과 통계학적인 모델로 정교하게 조합한 파생상품. 일반적인 소비자에게 난해한 이런 신종 파생상품의 개발은 기업의 본질적인 위험으로부터 방어하는 개념에서 좀 더 투기적인 요소가 강한 상품으로 이용되어져서 시장의 혼돈을 초래하는 결과를 가져왔다.

20 마켓메이커(market maker)
마켓메이커(market maker)란 개념은 원래 통화 등 실물시장에 있어서 bid 가격과 offer 가격을 동시에 quote 하는, 즉 시장가격을 만들어가는 은행 등 참여자를 일컫는 말로 마켓테이커(market taker) 혹은 고객과 대비되는 말이다. 주로 시장을 주도하는 대형 금융기관을 일컫는 용어이다. 2 way quotation, 즉 bid(buy)와 offer(sell) price를 동시에 quote해야 한다. 예를 들어 Euro/USD rate 를 1.4778~1.4780 으로 quote 하는 경우 1 유로를 1.4778달러에 사고 1.4780달러에 팔겠다는 것이며 quote한 가격에 따른 거래 상대방 혹은 고객의 요구에 응해야 하는 것이 마켓메이커이다.

21 트레이딩룸 거래통화별 애칭
딜러들 간에 통상 부르는 통화별 애칭이 있다. GBP/USD 거래는 케이블이다. 초기 런던과 뉴욕 간에 telex cable로 영국의 파운드화와 미국 달러가 거래된 유래에서 비롯되었다.

AUD(호주 달러)	Ozzie	SGD(싱가포르 달러)	Sing Dollar
NJD(뉴질랜드 달러)	Kiwi	DKK(덴마크 크로네)	Danish
SHF(스위스 프랑)	Swissie	NOK(노르웨이 크로네)	Nockie
HKD(홍콩 달러)	Honkie	SEK(스웨덴 크로네)	Stockie

《The Rogue Trader, Nick Leeson》

22 닉 리슨(Nick Leeson)

닉 리슨(Nick Leeson)은 Barings Singapore 지점의 front line(dealing room)과 back office(settlement unit)를 함께 장악했다. 리슨이 지점의 경영진은 물론 본점의 회계, 감사, 경영진까지 따돌리며 손실을 감추어 오다 결국 발각되어 은행을 파멸시켰다. 처음부터 의도한 것은 아니었다. Nikei 225에 주로 투자하고 있던 그가 시장예측에 실패하고 판돈을 키워가다 계속 손실금액을 눈덩이처럼 키워나간 것이다.

23 프론트, 미들, 백 오피스(front, middle, back office)

트레이딩 업무는 front, middle, back office가 반드시 분리되고, 서로 check and balance가 이루어져야 한다. 금융상품의 트레이더에 의한 dealing(front), accounting (middle), 그리고 자금의 결제, 즉 settlement(back)가 반드시 구분되어 임무를 수행해야 서로 실수를 방지할 수도 있고 내부에서 생길 수 있는 부정도 방지할 수 있는 것이다.

24 《전염성 탐욕(Infectious Greed)》

프랭크 파트노이(Frank Partnoy)가 1980년대 파생상품으로 인한 월스트리트의 위기를 그린 책이다. infectious greed란 용어는 앨런 그린스펀(Alan Greenspan)이 2002년 7월 의회에서 한 연설에서 사용하였다. 기업과 금융계에 만연된 탐욕이 전염이 되어 퍼지고 있는 것을 경고한 그린스펀의 말은 당시 금융계와 정계에 많은 시비를 불러왔다.

PART 3

와코비아 이야기
Wachovia

모기지은행들과 모기지대출자산으로 유동화된 채권거래로 시장에 또 다른 유동성 거품을 조장했던 투자은행들의 몰락은 예견한 대로였다. 그러나 이러한 쓰나미의 와중에 초대형 상업은행인 와코비아가 유탄을 맞고 쓰러졌다.

송충이는 솔잎을 먹어야 하고 호랑이는 굶어도 풀을 먹지 않는다.

안 그러면 죽기 때문이라는 너무도 단순한 이유에서다. 매사에 원칙은 쉽다. 단순한 원칙을 지키고 기본에 충실해야 하는 것은 쉬운 것 같으면서도 어렵다. 지속가능한 성장(sustainable growth)의 강약과 균형을 유지하는 것은 외부에 대한 강박관념에 시달리지 않고 흔들리지 않는 강한 기준이 있어야 가능한 일이다.

어떤 기업이든 닥쳐올 수 있는 위기의 순간에는 하나의 선택이 성공과 실패를 좌우한다. 머뭇거리고 있다가는 꼼짝없이 함정에 빠지고 만다. 위기의 순간에 과감히 결단을 내리는 리더십이 조직을 구할 수 있다.

2008년에 들어서 미국의 서브프라임 저당대출에서 비롯된 금융쓰나미가 전 세계의 금융을 뒤죽박죽으로 만들고 있었다. 위기의 조짐은 진작부터 감지되어왔다. 2006년부터 이미 과열된 부동산 경기에 대한 경고는 여기저기서 조심스레 나오고 있었다. 그러나 한창 흥이 오른 축제에 찬물을 끼얹는 이러한 경고는 항상 시장의 주도세력에 의하여 무시되어왔다. 그러나 그것은 어차피 터지게 되어 있었던 시한폭탄이었다.

2008년 3월 베어스턴즈(Bear Sterns)가 매일같이 돌려 막던 단기 자금줄이 봉쇄되자 제이피모간체이스은행에 헐값에 넘어가버렸다. 9월이 되자 위기는 무르익고 급기야 미국식 금융자본주의의 선두에서 금융파생상품에 대한 엄청난 거품으로 전 세계 자본시장을 쥐락펴락하던 미국의 5대 투자은행들이 채권시장의 몰락으로 초토화되기 시작하였다.

과열된 주택대출에 열을 올리던 컨트리와이드에 이어 워싱턴무추얼(Washington Mutual)이 부동산 거품이 붕괴되면서 담보주택의 가치하락으로 손실을 보고 넘어갔다. 모기지은행들과 모기지대출자산으로 유동화된 채권거래로 시장에 또 다른 유동성 거품을 조장했던 투자은행들의 몰락은 예견한 대로였다. 그러나 이러한 쓰나미의 와중에 초대형 상업은행인 와코비아가 유탄을 맞고 쓰러졌다.

미국에서 자산기준 4위의 대형 은행이었다. 왜 송충이가 솔잎을 먹어야 하는지를 보여준 충격적인 사건이었다.

합병의 성장과 전략적 전환

와코비아은행은 미국의 대표적인 상업은행 중의 하나로써 2007년 말 기준으로 미국에서 자산기준 4위 은행이었다. 씨티은행, 뱅크오브아메리카, 제이피모간체이스에 이어 랭킹 4위의 은행으로써 2008년 6월 말 기준으로 8,124억 불(1,150원 환율기준으로 934조 원)의 자산을 보유하고 미국 동남부의 14개 주에 3,300개 이상의 지점을 보유한 대표적인 상업은행이었다. 2000년 이래 8년 연속 고객만족 서비스 분야에 있어서 1등을 놓친 적이 없는 우수한 은행이었다.

 와코비아은행의 강점은 전통적인 상업금융서비스에 있었다. 오래된 고객과의 전통적인 좋은 거래관계에 기반을 둔 평범하지만 보수적이고 건전한 영업전략에 의한 전통적인 상업은행이었다. 중견기업시장(middle market) 전략으로 소위 '포춘 500'에 오른 미국의 500대 기업과는 거리를 두고 지역적인 바탕을 가지고 있는 강한 중소기업, 중견 대기업 등과 좋은 거래관계를 오래 유지해왔으며 이러한 실속적인 거래관계를 중시하는 은행이었다.

　소비자금융과 상업은행업무를 담당하는 일반은행업무(General Bank), 자본시장 및 국제업무를 담당하는 기업 및 투자은행업무(Corporate & Investment Banking), 자산관리와 증권중개업무를 담당하는 자산관리업무(Capital Management), 그리고 부유고객층에 대한 재산관리업무(Wealth Management), 이렇게 네 분야로 비즈니스가 균형 있게 적절히 분포된 국제신용도 평가기준 'AA' 등급의 상업은행이다. 2000년대 전만 하더라도 국제금융이나 자본시장업무의 비중이 전체 자산의 1%도 되지 않던 보수적인 미국 내 국내금융 위주의 은행이었다.

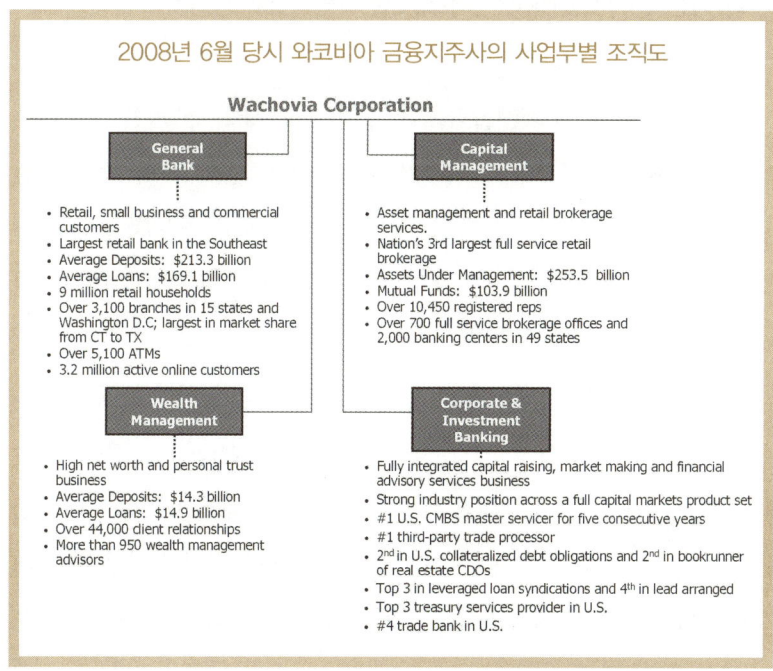

자료 : 와코비아은행 연차보고서

2001년 4월 16일 미국 노스캐롤라이나 주 샤롯(Charlotte)에 본점을 둔 퍼스트유니언내셔널은행(이하 퍼스트유니언)[1]과 같은 노스캐롤라이나 주 윈스턴 샐럼(Winston Salem)에 본점을 둔 와코비아은행이 1대 1 합병을 발표하였다. 퍼스트유니언이 당시 자산랭킹 7위였다. 새로운 은행명은 기업브랜드 가치가 높고 고급은행으로 알려진 와코비아로 쓰기로 하였다. 합병 후에는 캘리포니아 주 샌프란시스코에 본점을 두고 있는 서부의 유서 깊은 강호 웰스파고은행과 4, 5위를 두고 자산과 자본금 기준으로 엎치락뒤치락하게 된다.

네이션즈(Nations)와 퍼스트유니언(First Union)

1990년대 미국 노스캐롤라이나 주의 주도(state capital)인 샤롯에는 미국의 대형 금융기관이 두 개 있었다. 네이션즈은행과 퍼스트유니언내셔널은행이 그것이다. 샤롯의 시내 중심지 도로를 가운데 놓고 마주보고 있는 두 은행 모두 인근에 크고 작은 은행을 무수히 합병하면서 경쟁적으로 자산을 키워왔다.

그리하여 두 은행 모두 100여 건 이상의 합병을 통하여 뉴욕의 금융센터은행(money center bank)과 버금가는 지방은행으로 자산기준 미국 10위 이내의 규모로 성장해왔다. 이것이 소위 미국의 초대형 지방은행(super-regional bank)의 탄생이다. 사실 미국은 땅덩어리가 너무 커 우리나라 시중은행처럼 전국 방방곡곡에 지점을 가지고 있는 전국은행은 많지 않다. 2010년 현재, 뱅크오브아메리카(1998년 네이션즈와 합병)와 웰스파고(2008년 10월 와코비아은행 인수) 두 은행이 합병을 통하여 동서부를 연결하는 거의 6,000개를 넘는 전국적인 점포망을 가진 은행이 되었다. 또한 제이피모간체이스은행이 2008년 금융위기의 와중에서 워싱턴무추얼을 인수함으로써 약 5,000개의 점포망을 확보하게 되어 세 은행이 미국의 동서부를 연결하는 사실상의 전국 영업망을 확보하게 되었다.

네이션즈, 뱅크오브아메리카와 합병

1998년 아시아의 외환위기에 이어 전 세계 채권시장에 미친 영향으로 미국 유수의 은행 뱅크오브아메리카가 경영의 어려움에 처하게 되었다. 1998년, 너무 큰 은행규모에 대한 부담은 물론 있었으나 합병의 선수인 네이션즈가 냉큼 뱅크오브아메리카를 삼켰다. 당시 네이션즈은행은 미 국내 소매금융에 치중하고 있어서 전 세계 채권시장의 위축에 따른 영향이 적었다. 그래서 뱅크오브아메리카라는 공룡을 인수할 수 있었으나 은행의 이름은 브랜드가치가 높은 뱅크오브아메리카를 쓰기로 하였다. 그리고는 통합은행 본점은 샤롯으로 하였다. 이로 인하여 미국의 변두리 소도시 샤롯은 금융자산 기준으로 뉴욕에 이어 미국 제2의 금융도시가 되었다.

네이션즈가 뱅크오브아메리카를 인수하여 퍼스트유니언과의 덩치를 현격하게 벌리자 노스캐롤라이나의 주도인 샤롯에서 치열하게 덩치 경쟁을 해온 퍼스트유니언내셔널은행에서는 조바심이 났다. 당시 퍼스트유니언은 필라델피아에 본점을 둔, 미국에서 가장 오래된 역사를 가지고 있는 은행의 하나인 필라델피아내셔널은행(Philadelphia National Bank)을 인수하여 적당히 배가 불러 있을 때였다. 도토리 키재기 식의 경쟁을 해왔던 네이션즈가 과감히 뱅크오브아메리카를 삼키다니, 바로 길 건너 창문 너머로 네이션즈은행을 빤히 들여다보고 있던 퍼스트유니언의 경영진이 다시 바빠지기 시작하였다.

퍼스트유니언과 와코비아의 합병

적당한 물건이 없을까. 결국 그들은 그리 멀지 않은 곳, 윈스턴 셀럼에 본점을 두고 있는 와코비아은행을 찾게 되었다. 와코비아은행은 '남부의 모간은행(JP Morgan of the South)'이라는 별명이 있을 정도로 고급은행이었다. 퍼스트유니언도 네이션즈와 마찬가지로 새로운 은행이름을 가지고 고심하다 브랜드가치가 고급인 와코비아를 선택하게 되었고, 대부분의 미국 사람들도 와초비아라고 발음하는 와코비아은행을 홍보하기 위하여 초창기에는 와코비아(wa-ko-via)라는 경비행기 베너광고를 와코비아의 영업구역인 동부지역에 집중적으로 띄우기도 하였다.

와코비아라는 어원은 유럽의 다뉴브강 상류의 아름다운 와카우(Wachau) 계곡에서 비롯되었다고 한다. 1753년 유럽에서 모라비아인이 이민와서 노스캐롤라이나의 베사바라(Bethabara)에 정착하였을 때, 이 지역이 고향인 와카우 지역과 흡사한 경치를 보고 land라는 뜻의 접미사인 via를 뒤에 붙여서 '와코-비아' 라고 부르게 되었다 한다.

3년에 걸친 통합

와코비아은행을 인수하기 전 퍼스트유니온은 필라델피아내셔널은행을 보유하고 있던 코아스테이츠금융(CoreStates Financial)이라는 금융지주회사를 인수하였다. 코아스테이츠 인수 당시 6개월 만에 법적인 통합을 완수하고 1년 만에 두 은행의 시스템을 통합하는 빠듯한 일정으로 인해 두 은행의 고객 모두에게 상당한 불편을 안겨주었고 내부적으로도 엄청난 혼란을 경험하게 되었다.

이러한 코아스테이츠 합병의 쓰라린 경험을 가지고 있는 퍼스트유니언은 와코비아 합병을 서두르지 않았다. 충분하게 준비하여 2년 동안 합병 절차를 완수한 퍼스트유니언은 지점 통합과 와코비아의 로고 변경을 한 달에 한 주(state)씩 추진하는 거북이 전략으로 1년에 걸쳐서 열두 개 주에 3,500여 개 지점을 이루어냈고 합병에 따른 충격을 최소화하여 3년 만에 성공적인 통합을 이루게 되었다.

퍼스트유니언내셔널은행과 와코비아은행이 합병하여 새로운 로고를 만들었다. 와코비아의 상징적인 색깔인 파란색과 퍼스트유니언의 상징인 초록색의 물결이 만나서 통합하는 정신을 나타내었다.

와코비아의 도약

퍼스트유니언의 와코비아 합병은 대단한 성공이었다. 와코비아라는 이름을 채택한 후 퍼스트유니언은 대중적인 이미지에서 탈피하여 한층 더 품격 있는 은행으로의 도약을 하게 되었다. 합병 후에도 와코비아은행의 기본적인 전략이 크게 달라진 것은 없었다. 합병 전의 와코비아은행이나 퍼스트유니언 모두 전략적으로 큰 차이가 없는 지역과 규모의 통합이었다. 통합은행은 합병 전부터 지속된 중견기업시장(middle market) 고객과 개인 등 소매 고객들에게 광범위한 금융상품과 서비스를 제공하는 한편 고객기반을 더욱 확대하는 다양화된 금융회사를 구축하는 것이었다.

그러나 이러한 와코비아은행이 자산기준으로 미국랭킹 4~5위의 위치에 다가서게 되자 바로 눈앞에 보이는 3대 은행(뱅크오브아메리카, 체이스, 씨티)이 무척이나 신경 쓰이게 되었다. 와코비아의 자산이 6,000억불에 이를 때 이 세 은행은 모두 자산이 1조 불을 넘었다. 소위 조불클럽(Trillion $ Club) 은행들이었다.

와코비아는 이러한 상위 3대 은행의 영업을 벤치마킹하여 경쟁체제를 구축하기 시작하였다. 자산증대를 위한 전략에 돌입하는 한편 투자 및 기업금융을 전략적으로 키우기로 결정하였다. 바로 그 다음의 랭킹 4위 은행으로써 자산규모에 신경이 쓰이지 않을 수 없다. 합병을 통한 자산규모의 확장과 더불어 새로운 성장동력으로 여태껏 별로 집중하지 않던 자본시장업무와 국제업무 확장에서 찾기로 한 것이다.

좀 더 구체적인 내용은 합병을 통한 영업지역과 고객의 증대와 와코비아증권을 통한 자본시장업무의 확장, 그리고 자본시장업무의 국제화이다. 국제간 자금이체와 무역업무 수준에 머물고 있었던 국제업무부도 함께 주로 경쟁 코레스폰던트 뱅킹업무를 인수하는 방식으로의 확장을 과감하게 추진하기 시작하였다.

와코비아증권의 미국 내 증권중개(brokerage)업무 확장을 위한 프루덴셜의 소매중개업무를 비롯 증권 자회사를 인수하여 증권 중개업무를 확보하기 시작하였고 금융상품의 채권화를 통한 투자상품을 만들기 위하여 당시 최고의 각광을 받던 주택대출 확장에 나서게 되었다. 주택대출은 그 이자수익보다는 대출자산의 채권화를 통하여 유동화함으로써 새로운 파생상품, 투자상품인 CDO 채권을 만들어내는 공급루트로 주택 및 상업용 부동산대출에서 비롯되는 저당권자산이 필요해서였다.

주택저당대출을 채권화하는 과정은 여러 개의 금융기관을 거친다. 미국의 주택구입자가 대출을 받기 위해서는 일반 상업은행이나 주택대출 전문기관인 주택대부조합은행(savings & loan association)이라 불리는 담보대출 은행에 가서 대출을 받는다. 여기에 대출 브로커가 개입하여 이루어진 대출은 페니매(Fannie Mae), 그리고 프레디맥(Freddie Mac)[2]이라는 기관에서 매입해준다. 은행들의 추가적인 담보대출 여력을 늘려주기 위함이다. 페니매와 프레디맥은 매입한 저당대출을 가지고 저당담보부채권(mortgage backed securities)[3]을 만들어서 투자자들에게 매출하게 된다.

미국의 월스트리트 투자은행들과 대형 상업은행들은 이런 주거용 부동산담보부대출(residential mortgage loan)과 상업용 부동산 저당대출

(commercial mortgage loan)을 가지고, 주거용 부동산담보부채권(RMBS, residential mortgage backed securities)과 상업용 부동산담보부채권(CMBS, commercial mortgage backed securities)을 만들고 또 이런 RMBS, CMBS 등을 기초자산으로 하는 부채담보부증권(CDO, collateralized debt obligation)[4]을 만들어서 월스트리트 투자자들에게 매매한다.

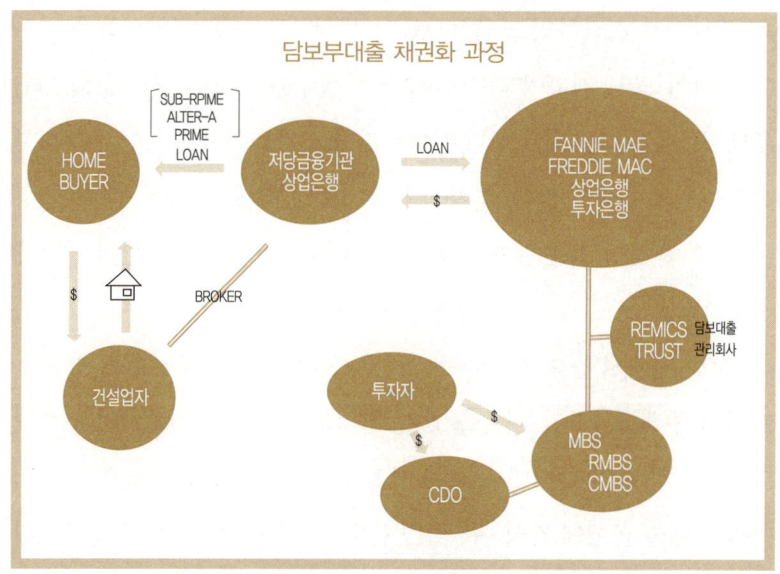

Leader-board complex

2005년 말 미국금융지주사의 자산규모 순위를 보면 와코비아가 상위 3사와 현격한 차이를 보이게 된다. 소위 빅 3로 재편된 씨티, 체이스, 뱅크오브아메리카 세 은행의 총자산이 각 1조 불 이상으로 5,200

억 불 수준대의 와코비아은행에 비하여 최소 두 배 이상 격차를 벌려놓았다. 와코비아의 5,200억 불 자산이 소위 조불클럽과의 현격한 덩치 차이가 나기 시작한 것이었다.

US banks – as of 12/31/2005			
Asset Size of Banks (Dollars in Billions)		**Market Capitalization of Banks** (Dollars in Billions)	
Citigroup	$1,494.0	Citigroup	$241.7
Bank of America	1,291.8	Bank of America	184.6
J.P. Morgan Chase	1,198.9	J.P. Morgan Chase	138.4
Wachovia	**520.8**	Wells Fargo	105.4
Wells Fargo	481.2	**Wachovia**	**82.3**
U.S. Bancorp	209.5	U.S. Bancorp	54.3
SunTrust	179.7	SunTrust	26.3
National City	142.4	Bank of New York	24.6
BB&T	109.2	BB&T	22.8
Fifth Third Bancorp	105.2	Fifth Third Bancorp	21.0
Bank of New York	102.1	National City	20.6
KeyCorp	93.1	PNC Bank	18.1
PNC	92.0	Regions Financial	15.6
Regions Financial	84.8	KeyCorp	13.4

2005년 말 기준으로 본 미국 15대 은행의 자산과 자본금 순위. 와코비아가 골든웨스트파이넌을 인수하기 직전인 2005년 말의 자산과 자본금기준 순위이다.

와코비아는 일종의 덩치 강박관념(size complex)에 빠지게 되었다. 금융기관이 자산으로 서열을 매기는 서열 강박관념(leader-board complex)이다. 컴플렉스는 강박관념이다. 열등감하고는 다른 개념이다. 무언가 집요하게 해야 한다는 정신적인 얽매임이며, 심리적인 압박이다. 미국금융의 시장 관행으로 볼 때, 언제 빅 3 중 하나가 와코비아를 삼킬지 모른다는 두려움에 와코비아는 자산을 불리기 위해서 여러 가지 노력을 하게 된다.

단기간에 자체성장은 더디니 합병을 통한 덩치 불리기가 더 효과적이다. 2003년 7월에 푸르덴셜의 리테일 부로우커리지를 인수하고, 10월에 메트로폴리탄웨스트증권을 인수, 2004년에는 애틀랜타의 사우스트러스트은행을 인수하였으며, 2005년 웨스터코프를 인수, 2006년에 문제의 골든웨스트파이낸셜을 인수한 후에도 2007년에 또 에이지에드워드(AG Edward)라는 부로우커리지 회사를 인수하는 등 2년 사이 와코비아의 자산을 6,000억 불에서 8,000억 불로 증가시켰다.

전 세계 금융기관의 USD 계좌에 대한 자금이체, 무역어음과 외화수표에 대한 추심 위주의 코레스폰던트뱅킹(correspondent banking) 영업을 해온 국제부에서도 해리스은행(Harris International), 캘리포니아유니언은행(Union bank of California)의 국제업무를 인수하며 신용한도와 국별여신한도를 늘려 자산을 불리는 등 은행의 외형을 키우기 위한 각종 노력이 진행되었다. 와코비아 국제업무의 원조인 필라델피아내셔널은행의 자금결제업무는 원래 미국은행 중 독특한 경쟁력을 가진 작지만 강력한 조직이었다. 무역업무와 은행간 자금결제에 고유의 비교우위를 가지고 있는 이 업무는 은행의 대출을 기반으로 하지 않는, 위험이 매우 적은 안전한 장사였으나 은행 전체에 불어 닥친 외형을 키우기 위한 합병 중독에 함께 감염이 되어 자산 늘리기가 시작되었다.

캘리포니아유니언은행의 국제업무는 미국의 금융감독 당국으로부터 많은 부분에 있어서 규정이나 법적인 요건의 미비점이 지적되어 시정명령을 받은 상태였다. 신흥시장국가의 금융기관과의 거래개설을 위한 미국의 각종 금융법규상 지켜야 하는 기본적인 실사요건 등의 준수의무를 소홀히 하여 보완과 조직의 정비에 대한 시정명령을 받은 상태였던 것이다. 그렇기 때문에 대주주인 도쿄 미츠비시은행(Bank of

Tokyo Mitsubishi UFJ)에서는 국제업무의 포기를 선택하였고 이 업무를 인수할 상대를 찾고 있었다. 법규준수업무의 보완은 엄청난 비용을 수반하였기 때문에 업무개선을 포기한 것이다. 그런데 마침 확장을 도모하던 와코비아가 상당한 웃돈과 직원 인수 등의 조건에 합의하고 인수하였다.

이렇게 전통적으로 상업은행 위주의 경영에서 투자은행의 비중이 높아진 반면 상대적으로 와코비아의 최상층 경영진은 와코비아의 전통적인 상업은행가들이 지속적으로 은행을 운영하고 있었다.

월스트리트 콤플렉스

자산규모 이외에도 상위 세 은행과의 또 다른 뚜렷한 격차는 자본시장영업, 투자은행영업과 국제업무 비중에 있었다. 전 세계의 금융기관과 다국적기업, 국제기업을 상대로 하는 무역과 투자, 대출, 자금이체 등을 담당하고 있는 국제업무 비중에 있어서는 현격한 차이가 났다. 국제업무가 차지하는 비중이 각각 씨티가 50% 이상, 체이스가 30%, 뱅크오브아메리카가 15%인데 비하여 와코비아는 2~3%에 그치고 있었다. 상위 세 은행 모두가 일찍부터 해외에 진출하여 국제업무에 잔뼈가 굵은 은행들이었다. 세계의 금융기관 중에서 은행들의 자금결제업무에만 치중하고 있던 필라델피아내셔널은행의 국제업무가 주력부대인 와코비아가 상위 3사와 차이가 나는 것은 너무도 당연했다.

그러나 은행 전체에 광범위하게 몸집을 불려야 한다는 강박관념이 퍼져 있었다. 국제부가 생존하기 위해서는 국제부에서 벌어들이는 수익이 더 늘어나야 한다고 생각하였다. 당시 국제부문에서 벌어들이는 총이익이 1년에 6~7억 불이었을 때 국제부의 생존을 위하여 10억 불을 넘겨야 한다는 강박관념에 모두 빠져 있었다. 시장점유율의 확대를 위하여 자체업무의 증가보다는 경쟁은행의 국제업무를 사들이는 방법을 선택하고 또한 자산을 늘리기 위해서는 거래은행에 대출을 늘리는 빠르고 손쉬운 방법을 택했다. 국가별 여신한도(country limit)와 거래처별 여신한도(counterparty credit line)의 운영이 지나치게 엄격하진 않았다.

투자은행업무 부분에 있어서도 상위 세 은행의 업무는 월스트리트 시장점유율이 높았다. 골드만삭스, 메릴린치 등 5대 투자은행 등과 용호상박의 경쟁을 해온 은행들이다. 와코비아는 이러한 세 은행의 투자은행 업무모델을 벤치마킹하여 CDO 등 채권매매업무를 강화하였다. 강화된 채권업무 부서에서 당시에 위험을 무릅쓰고 각종 CDO관련 상품을 만들어내기 위한 기초자산을 공급하기 위하여 골든웨스트파이낸셜이라는 모기지전문 은행을 인수하도록 추진한다. 당시의 부동산 거품을 타고 서부 캘리포니아에서 만든 서브프라임 모기지자산으로 CDO채권을 만들고 전 세계 투자가들에게 매매하여 엄청난 수익을 올리며 보너스를 챙기던 월스트리트 투자은행들의 업무를 벤치마킹하기 시작한 것이다.

합병, 합병, 합병!

미국 은행에 있어서 인수와 합병은 병적일 정도로 심하다. 1980~1998년까지 미국에서는 약 8,000개의 은행이 합병을 하였다. 특히 1990~1999년 사이 10년은 규모면에서 기록적인 대형 합병들이 줄을 이었다. 미국의 지방은행과 소위 커뮤니티뱅크라 불리는 지역은행은 규모가 아주 작을 뿐 아니라 점포도 달랑 하나뿐인 은행들이 많다. 그래서 거의 1만 개 이상의 은행이 합병으로 사라졌어도 여전히 7,000개 이상의 은행이 영업을 하고 있다. 합병은 두 은행의 경영지배구조와 조직, 그리고 시스템의 통합을 통하여 경비절감에 비중을 두는 수평합병(horizontal)과 두 은행의 영업지역을 통합하여 시장지분을 늘리는 시장영토확장 합병으로 구분할 수 있다. 두 가지 모두 궁극적으로 구조조정을 통하여 집중과 경쟁력 강화, 경영의 능률을 도모하게 되어 있다.

초기 미국금융은 다른 주에 영업을 확대하는 주간영업(inter-state banking)을 과열된 경쟁으로부터 은행을 보호하기 위하여 금지해왔다. 그래서 일부 주에서는 상호 호혜적인 차원의 계약인 소위 지역협약(regional compact)을 맺어서 주간영업 확장을 허용해왔다. 1980년 초부터 이러한 제한을 주 당국차원에서 해제 하였다.

1994년에 리겔 닐 주간영업과 점포확장에 관한 법률(Riegle-Neal Interstate Banking and Branching Efficiency Act)이 만들어지고 1995년부터 시행되면서 은행의 주간영업과 합병이 활성화되기 시작했다. 뒤이어 1999년에 만들어진 그람리치브릴리법(Graham Leach Bliley Act)이라고 불려진 금융산업근대화법에서는 다른 금융산업간 합병을 허용함으로써 금융지주사의 설립을 통하여 대형 상업은행과 보험, 혹은 채권 인수회사 등 이종 금융산업간의 합병이 이루어지기 시작하였다.

최소 두 배 이상의 차이가 나는 상위 세 개의 초대형 은행 뒤에 바로 붙은 4위의 와코비아 직원들은 체이스와의 합병설에 많이 시달렸다. 당시 체이스는 상대적으로 취약한 미국 내의 영업으로 인하여 와코비아를 합병할 때 그 시너지 효과가 막대하였다. 반면 와코비아는 항상 웰스파고와의 합병을 꿈꾸어왔다. 웰스파고는 와코비아에 이어 미국 자산기준 5위의 은행이었다. 오랫동안 이 두 은행의 합병은 뱅크오브아메리카가 네이션즈와의 합병을 통하여 이룬 미국의 동부와 중서부를 연결하는 전국적인 점포망을 구축하는 가장 환상적인 합병으로 이야기되어왔다. 그러나 두 은행 모두 규모가 비슷하여 난형난제의 상황이라 합병시도가 쉽지 않아 항상 피합병설에 시달리기 시작한 것이다. 결과적으로 보면 와코비아는 체이스에게든 웰스파고에게든 매력적인 대상이었다.

와코비아는 이후 오히려 합병에 열중하게 된다. 피합병을 극복하기 위한 자산 불리기 전략으로 합병이란 자전거를 타기 시작한 것이다. 2003년 7월에 프루덴셜증권 소매부문 인수, 10월에 메트로폴리탄웨스트증권, 2004년 11월에는 사우스트러스트은행, 2006년 1월에 웨스트콥(West Corp) 인수, 2006년 6월 골든웨스트, 2007년 5월엔 에이지 에드워즈를 인수하는 등 합병에 합병이 줄을 이었다.

투자은행업무를 담당하고 있었던 기업 및 투자금융부(Corporate & Investment Banking)에서는 와코비아 랭킹에 어울리는 투자은행업무를 벤치마킹하기 시작하여 리먼(Lehman) 등 투자은행에서 많은 사람들을 스카우트하였다. 그리고 CDO업무를 집중적으로 키우기 시작하였다. 약간은 어수룩하지만 순박하던 전통적인 상업은행에 투자은행 사람들이 섞이기 시작했다. 2005년 당시 CDO는 투자금융에 있어서 한참 황금알을 낳는 거위였다. 부동산 경기의 과열로 인한 은행들의 부동산대출(주택과 상업용 부동산 공통)자산을 기초로 만든 CDO채권에 대한 투자열기로 전 세계 투자은행들이 달아 있을 때였다.

와코비아는 원래 동부 뉴욕에서 플로리다에 이르는 12개 주에서 3,500개의 점포를 운영하며 고객들에게 부동산담보대출을 제공하는 강력한 소매금융을 하고 있었다. 따라서 일반 소매금융에서 비롯된 주택모기지와 상업용부동산 모기지대출에서 비롯된 CDO업무에 있어서 미국의 큰손이었다. CDO시장이 승승장구하자 이 팀은 지속적으로 CDO채권을 만들어낼 수 있는 공급루트로 좀 더 강력한 모기지자산의 창출이 필요해졌다. 당시는 부동산이 붐이었다. 와코비아 자본시장팀은 CDO상품을 지속적으로 만들어낼 수 있는 지속적인 대출자산이 필요했던 것이었다. 그러한 자산을 계속 창출해내는 대형 금융기관의 인수가 필요해진 것이었다.

합병의 위기

2006년 6월, 와코비아의 시장자본이 약 860억 불이었을 때 논란 끝에 캘리포니아 오클랜드에 있는 골든웨스트파이낸셜(이하 골든웨스트)이라는 중소규모 주택담보대출에 치중하는 모기지전문 금융기관을 인수하게 된다. 당시에 인수금액은 255억 불이었다. 와코비아의 자산이 약 5,530억 불이었을 때, 골든웨스트의 약 1,200억 불에 이르는 주택담보대출자산이 합쳐지게 된다. 대부분 자산이 금리조정부 주택담보대출(option ARM, adjustable rate mortgages)[5]이었는데 이것이 2008년 부동산 폭락과 더불어서 닥쳐온 전 세계적인 신용위기 때 대부분 부실화되게 된다.

골든웨스트는 월드세이빙스뱅크(World Savings Bank)라는 이름으로 영업하는, 미국에서 두 번째로 큰 저축은행(Savings & Loan Association)이었다. 1963년에 허버트와 마리온 샌들러(Herbert & Marion Sandler) 부부가 단돈 400만 불을 주고 인수하였다. 이후 꾸준한 성장을 보인 회사는 2000년 초부터 불어 닥친 부동산 경기의 상승으로 지속적인 성장을 구가한다. 2006년 〈포춘〉지는 골든웨스트를 주택대출 분야에 있어서 가장 존경스런 기업으로 선정하였다. 주택시장이 계속 활황을 보일 때 골든웨스트의 영업은 수많은 저소득층과 중산층의 주택금융을 제공하여 주택보급과 주거안정에 커다란 기여를 하였으며 업무실적 또한 대단한 성과를 보였다.

골든웨스트의 시장가치가 가장 높았을 때인 2005년 초, 샌들러 부부는 이제 은퇴해서 자선사업에 전념하겠다며 회사를 시장에 내놓았다. 동물적인 감각으로 이미 부동산시장이 꼭지임을 파악한 것이다. 시장가치가 최고였던 2006년 6월 와코비아가 인수를 결정하고, 2006년 10월 2일 합병계약이 성사되었다. 당시 골든웨스트는 1,250억 불의 모기지자산과 11,600명의 직원을 보유하고 있었다. 인수가격 255억 불은 샌들러 부부가 1963년에 투자한 400만 불 종자돈을 43년 만에 6,375배로 키운 것이다.

와코비아의 골든웨스트 인수는 너무 급히 이루어졌다. 당시 와코비아의 많은 책임자들이 제대로 재무구조와 대출자산에 대한 정밀한 실사도 하지 못했다고 한결같이 불평할 정도로 급히 서둔 합병이었다. 그러나 골든웨스트의 합병을 완료한 2006년 10월은 이미 부동산의 거품이 문제화되기 시작한 때였다. 차입자들의 신용은 점점 떨어지고 있었으며 많은 대출이 원금상환

은 고사하고 이자율의 증가로 이자납입이 부담이 되자 최소한의 이자만 상환하고 원금에 이자를 가산해나가면서 부동산대출을 힘겹게 연장해가고 있었다. 〈뉴욕타임즈〉에서는 와코비아의 골든웨스트를 언젠가는 반드시 터지게 되어 있는 시한폭탄이라고 표현하였다.

2005년은 부동산이 그야말로 붐이었다. 특히 캘리포니아를 비롯한 서부지역의 부동산에 거품이 많이 낀 상태였다. 부동산시장의 과열에 대한 우려도 있고 하여 당시 시장에서의 반응이 매우 비관적이었지만 와코비아은행은 서부 캘리포니아에서의 교두보 확보를 위해 골든웨스트의 방대한 점포망과 고객을 신규로 확보하여 미국의 동서부를 연결하고 싶었다. 특히 투자금융 담당자들이 월스트리트에서 거래할 채권담보부증권(CDO)의 지속적인 창출을 위해 한결같이 입을 모아 강력히 추진한 합병이었다. 와코비아는 부동산 붐이 가장 과열되었을 때인 2006년 덥석 골든웨스트를 물게 된다. 운명이 다한 것일까.

이것은 명백한 패착이었다. 2006년 10월 금리조정부 주택대출(option-ARM)에 전념하는 골든웨스트를 255억 불에 인수한 것은 상투에서 잡은 패착이었다. 샌들러 부부는 부동산시장이 최고로 과열되어 있을 때 회사를 매각하여 240억 불을 간단히 챙긴다. 와코비아의 켄 톰슨(Ken Thomson) 행장은 골든웨스트를 인수하면서 그것을 '왕관의 보석(crown jewel)' 이라고 하였지만 그 보석은 싸구려 가짜였다.

시장이 과열되었을 때 기업인수는 상투를 잡을 가능성이 너무나 높은 위험한 도박이다. 이 한 번의 결정적인 패착으로 하여 불과 2년 후에 와코비아는 2008년 10월 웰스파고은행에 151억 불에 인수되는 운명을 맞게 된다. 255억 불에 1,200억 불의 골든웨스트 자산을 인수한 와코비아가 8,000억 불의 자산을 151억 불에 통째로 내주는 운명을 맞게 된다.

　와코비아은행의 행장인 켄 톰슨은 전통적인 상업은행가 출신이었다. 그는 대단히 신중하고 보수적인 은행가였다. 2006년 1월 와코비아은행의 연례 주주총회에서 그는 이미 미국 부동산시장의 과열과 붕괴가능성, 그리고 부동산시장 붕괴에 따른 금리조정부대출(option-ARM)에 대한 위험성을 경고하였다. 그러나 불과 4개월 후 그는 골든웨스트 인수를 승인하게 된다. 사실 당시의 내부에서 반대의 소리가 높았고 시장에서의 여론도 부정적이었지만, 자산순위 콤플렉스와 투자금융 콤플렉스에 빠진 성장론자들의 주장에 밀려서 골든웨스트 인수에 동의하게 된다.

　와코비아의 몸집을 불리기 위하여 1,200억이라는 골든웨스트의 자산도 필요하였지만 부동산담보대출을 기초자산으로 하여 자본시장에 유통시킬 수 있는 주거용 부동산담보부채권과 각종 담보부채권 등 투자금융팀 시장거래인들이 월스트리트에서 매매할 수 있는 각종 채권자산을 만들어내기 위한 원천이다. 채권자산의 공급루트로써 골든웨스트는 대단히 매력적인 부동산대출 은행임을 강조한 자본시장 CDO팀이 강력하게 추천하였다. 그는 이러한 결정에 대한 결과로 2008년 7월 불명예스럽게도 이사회에서 해고되는 수모를 겪게 된다.

　골든웨스트를 인수하고 난 와코비아은행은 그 후에도 몇 건의 합병을 성사시켜 2008년 3월말 기준으로 8,000억 불의 자산으로 미국 4위 은행의 자리를 굳세게 지켰다.

US banks – as of 3/31/2008

Asset Size of Banks ($ in Billions)	
Citigroup Inc.	$2,199.8
Bank of America Corp.	1,736.5
JPMorgan Chase & Co	1,642.8
Wachovia Corp.	**808.9**
Wells Fargo & Co.	595.2
Washington Mutual Inc.	319.7
US Bancorp	241.8
SunTrust Banks Inc.	179.0
National City Corp.	155.0
Capital One Financial Corp.	150.4

Source: Capital IQ (As of 3/31/08)

Market Capitalization of Banks ($ in Billions)	
Bank of America Corp.	$167.2
JPMorgan Chase & Co	162.0
Citigroup Inc.	128.5
Wells Fargo & Co.	98.1
Wachovia Corp.	**63.0**
US Bancorp	58.7
Capital One Financial Corp.	19.9
SunTrust Banks Inc.	19.5
Regions Financial Corp.	15.2
Washington Mutual Inc.	12.9

Source: Capital IQ (As of 3/31/08)

2008년 미국의 금융쓰나미가 휩쓸기 이전의 자산과 시장가치로 본 미국은행들의 순위를 나타내는 순위표, leader boader이다. 와코비아는 합병을 통하여 8,000억 불로 자산은 키울 수 있었지만 자본금은 오히려 줄어서 부실해지기 시작했다.

그러나 골든웨스트 인수 직후부터 불행하게도 부동산의 거품이 붕괴되기 시작하였고 골든웨스트의 대부분 자산이 부실화되기 시작하면서 와코비아의 미래에 암울한 먹구름이 끼기 시작하였다. 2007년 초부터 시작되어 2008년 말까지 2년에 걸쳐 진행된 미국의 금융쓰나미 진행과정은 엄청난 충격이었다. 내실 있는 경영으로 승승장구하던 와코비아은행이 부동산 꼭지의 위기에서 조심스런 부동산 거품 붕괴가능성의 경고를 무시하고 골든웨스트를 인수한 것은 치명적인 순간의 실수였다. 악화되기 시작한 거시환경의 변화를 슬기롭게 제때에 대처하지 못하고 2년 내내 계속 내리막길을 걷다 결국 2008년 9월 세계 신용위기의 직격탄을 맞고 침몰하고 만 것은 금융기관의 틈새위험관리 실패이다. 미국 투자은행의 몰락과 전 세계적인 신용위기를 몰고온 당시에 전개된 시장의 상황은 숨 쉴 틈 없는 긴장의 연속이었다. 와코비아가 골든웨스트를 인수하여 외형을 늘리는 데 몰두하고 있을 때 미국의 금융시장은 살얼음 같은 긴장이 계속되며 엄청난 세계 신용위기의 쓰나미가 다가오고 있었다.

서브프라임 쓰나미와 세계 신용위기

1997년의 대부분 아시아 국가의 통화가치 폭락을 시작으로 한 외환위기에 이어 10년 만에 다시 전 세계 금융시장에 대재앙이 닥쳐왔다. 이번에는 미국발 금융위기의 시작이었다. 2008년에 미국의 투자은행과 주택자금대출 금융기관인 저축은행(savings and loan institutions)을 초토화시킨 신용위기의 대재앙은 서브프라임이 방아쇠를 당긴 것이다. 그린스펀 연방은행 의장의 저금리정책의 덕을 톡톡히 누리던 미국경제에 수년간 거품이 잔뜩 끼기 시작한 것이다. 여기에 편승하여 미국 월스트리트 금융인들의 도덕적인 해이는 금융시장의 유동성을 과도하게 부풀리며 신용을 재창출(leverage)하여 신용시장에 주체할 수 없는 거품을 형성하였다. 불과 4~5년 사이에 부동산이 두 배로 올랐다. 모든 부동산 소유자들이 지나치게 가파른 상승세를 불안해 하면서도 파티를 즐기고 있었다.

과도한 거품에 불안해진 그린스펀의 황급한 정책금리 인상으로 주택소유자를 비롯한 부동산투자자들의 이자부담이 증가하자 거품이 붕괴되기 시작하였고 부동산담보대출을 기초자산으로 한 많은 채권 파생상품들의 시장가격 폭락을 불러왔다. 시장가격의 폭락은 은행과 투자자들에게 많은 손실을 초래하고 이러한 손실이 금융기관의 부실로 이어지게 되자 급기야 시장에서 금융기관들이 서로의 신용을 믿지 못하고 자금의 융통을 꺼리는 신용의 위기가 초래되었다.

서브프라임대출은 미국 주택구입자들 중 신용점수가 가장 떨어지는 소비자에게 부여하는 대출이다. 미국 소비자금융의 개인적인 신용평가 기준을 평가하는 기관이 몇 군데 있다. 그중에서 가장 많이 이용되어지고 있는 파이코 점수(FICO Score, 300점에서 850점까지) 기준으로 하여 프라임(Prime), 알트 에이(Alt-A), 그리고 서브프라임(sub-Prime) 순으로 신용의 차이에 의한 주택금융 종류와 이자율이 정해지게 된다.

소비자 신용구분	파이코(FICO) 점수
프라임	740 이상
알트-에이	640 ~ 739
서브프라임	640 ~ 620 이하

서브프라임은 신용도가 620점 이하의 가장 떨어지는 차입자에 대한 대출이다. 아직 신용기록의 기간이 짧아서 충분한 신용점수가 쌓이지 않은 이민자, 소득이 충분하지 않은 저소득층, 신용기록이 신통찮은 사람 등 사연은 가지가지다. 대부분의 서브프라임 신용자들은 주택자금 대출에 있어 원금과 이자를 같이 상환하는 대출보다는, 이자만 상환하면서 3년 후에 신용이 나아지면 나아진 신용점수에 근거한 장기주택대출로 전환하는 금리조정부대출을 선호한다. 원래 주택구입자의 수입에서 대출상환액이 차지하는 비율인 DTI(debt to income)가 소득의

45%를 초과하지 않아야 하고 대출금액 대 집값의 비율인 LTV(loan to value)가 90% 이하로 최소한 10%의 자기자금 다운페이먼트가 있어야 하나 2000년대 초부터 불어 닥친 부동산 열풍으로 이러한 최소조건들이 많이 무시되어 부동산의 거품을 조장하였다. 1996~2004년까지 평균 9%에 머물던 총 주택대출에 대한 서브프라임 대출비율이 2004년~2006년에는 21%로 증가하였다.

파이코(Fico)의 홈페이지. 미국에서 파이코 신용점수 없이는 은행 이용이 거의 불가능하다.

서브프라임이 방아쇠를 당긴 2008년 금융대재앙의 절정은 2008년 9월이었다. 3월부터 시작된 시장의 위기가 9월에 가서는 폭발한 것이다. 3월의 베어스턴즈 몰락을 필두로 하여 아슬아슬하게 이어가던 미국금융이 9월에 이르러 대형 금융기관들이 줄줄이 무너지는 위기가 닥쳤다. 세 개의 투자은행들이 사라졌으며 두 개의 초대형 저축은행이 침몰하고 수많은 상업은행들이 문을 닫았지만 미국 자산기준 4위의 상업은행인 와코비아은행이 무너진 것이다. 미국에 8,000개가 넘는 은행이 있지만 자산기준 20대 이상에 들어가는 대형 은행으로서는 와코비아가 유일하게 무너졌다. 대형 상업은행에 대해서는 대마불사(too-big-to-fail)에 대한 논란이 있었지 이렇게 자산서열 4위의 은행이 무너진다는 것은 누구도 상상하지 못한 하나의 이변이었다. 승승장구해왔던 와코비아은행이 무너진 것은 충격적인 사건이었다. 와코비아은행의 몰락은 2006년에서부터 시작하여 2008년 9월에 정점에 이르렀던 세계 신용위기가 치명적이었다. 2006년부터 시작된 신용위기는 2006년의 서막과 2007년 위기의 고조, 그리고 2008년 9월의 대재앙을 거쳐 2009년 말에 가서야 조금씩 안정되기 시작하였다.

격동의 시장,
2006~2008년 신용위기

2005~2006년 당시 캘리포니아의 모기지은행인 뉴센추리파이낸셜(New Century Financial)은 월 50억 불의 새로운 담보대출자산을 쏟아내고 있었다. 뉴센추리파이낸셜, 워싱턴무추얼, 골든웨스트 등 크고 작은 모기지은행들과 일반 상업은행들이 엄청난 양의 부동산 모기지 대출을 쏟아내고 있었다. 대부분 잘생긴 깍두기 머리의 모기지은행 브로커들은 명품양복과 '벤트리', '포르셰' 같은 고급차를 타고 다니며 피자로 끼니를 때우고도 100불짜리 팁을 뿌리고 다닐 정도였다.

이렇게 쏟아내는 모기지금융기관의 새로운 모기지대출의 43%가 제로다운페이먼트였다. 즉, 계약금이나 자기자금 한 푼 없이 집을 구입할 수 있었던 것이다. 2003년만 하더라도 27%에 불과했으나 부동산의 거품이 꼭지에 이르게 되어서는 43%나 되는 신규주택자금대출이 구입자가 자기 돈을 한 푼도 내지 않고 전액 융자를 받는 지경에 이르렀다.

이렇게 마구잡이로 부동산의 담보비율(LTV, loan to value)이나 채무자 상환능력(DTI, debt to income) 비율을 고려하지 않은 마구잡이 부동산대출은 다시 리먼 브라더스(Lehman Brothers)[6] 같은 투자은행으로 팔려나가고 있었다. 부동산가격의 상승에 편승하여 큰돈을 벌 수 있다고 꼬드기는 브로커들이 소득증명은커녕 직업 여부도 확인하지 않고 마구 신규 부동산대출을 만들어내고 있었다.

투자은행은 이러한 기초자산을 근거로 한 담보부채권을 만들어서 월스트리트에서 거래하면서 막대한 이익을 남기고 있었다. 2000년대 초 부동산 호경기의 함정에 빠진 투자은행들의 자금거래실은 탐욕스런 거래인들의 돈에 대한 욕심으로 이성을 상실한 지 오래이다. 많은 사람들이 월스트리트를 라스베이거스 자본주의, 또는 공인된 금융도박장이라고 비난하고 있었다.

각종 모니터와 거래용 통신기기로 가득 찬 매매부서는 마치 전쟁터 같다. 작전이라도 할 때는 가만 앉아 있지 못하고 대부분 서서 고함을 질러댄다. 바쁘고 긴박할 땐 이렇게 서서 서로 간의 작전명령을 내리고 확인하느라 야단법석이다. 사무실은 항상 냉장고처럼 서늘하다. 온도를 차갑게 유지하여 나태해지지 않게 하는 것이다. 대부분이 상당히 좋은 구내식당을 유지하고 있는데 그 이유는 점심 먹으러 나가서 한 시간이고 두 시간이고 시간낭비를 하지 말라는 배려이다. 탐욕과 밀실경영, 독주의 풍토가 지배하는 월스트리트 투자은행 내부에서는 이미 2005년 말부터 서브프라임 붕괴의 가능성에 대한 경고가 나오고 있었다.

붕괴의 조짐 - 위기의 서막(2007년 3월)

사실 본격적인 시장의 붕괴에 대한 조짐이 이미 2007년 3월부터 시작되었다. 이미 5년 이상 과열을 보이는 미국의 부동산 경기에 대해서 "더 오른다", "아니다, 이제 상투다"라는 한가한 입씨름을 하고 있던 2007년 3월, 영국은행인 홍콩상하이은행(HSBC, Hong Kong & Shanghai Bank)이 정직하게 서브프라임대출에 대한 손실을 최초로 고백했다. 그리고 이어서 대표적 모기지전문 은행인 뉴센추리파이낸셜이 파산한다.

곧이어, 2007년 7월 서브프라임관련 CDO 채권부실이 부각되기 시작하고, 이어서 베어스턴즈 산하의 헤지펀드(hedge fund)[7] 부실화가 부각되면서 프랑스의 비엔피파리바(BNP Paribas)은행이 헤지펀드 환매중단을 선언하는 사태가 발생했다. 비엔피파리바 같은 세계적인 은행이 부동산 거품의 붕괴에 따른 채권시장의 위기를 직감하고 몰려드는 투자자들의 환매요청에 백기를 든 것이다. 이것이 위기의 서막이었다. 이때만 하여도 미국금융기관의 시가총액이 $8.5조이며 서브프라임으로 인한 피해는 670억 불(시가총액의 0.8%)에 그치고 있었다.

거대한 타이타닉 호가 빙산에 충돌하여 약간의 균열이 생겼다 해도 손실은 경미하였고 바로 수리할 수 있을 것 같았다. 아직도 선실의 구석구석에서는 각종 무도회를 즐기고 있었다. 월스트리트의 미국 투자은행들은 비엔피파리바 같은 촌뜨기들이 지레 겁먹고 파티의 흥을 깨는 정도로 비웃고 있었으며, 투자은행들은 여전히 엄청난 액수의 보너스 파티를 즐기고 있었다. 뉴욕 맨해튼의 부동산 시세는 항상 월스트리트 투자은행가들의 보너스 수준에 달려 있다.

베어스턴즈의 몰락 - 2008년 3월, 마비되는 자금시장

미국 투자은행 초토화의 신호탄을 쏜 것은 베어 스턴즈였다. 단기자금인 RP자금으로 매일을 아슬아슬하게 연명하던 베어스턴즈가 채권시장의 위축과 전 세계 금융기관에 번진 신용위기로 인한 자금조달의 어려움을 견디지 못하고 2008년 3월 16일, 일요일 제이피모간체이스에 1주당 단돈 2불에 인수되는 것이 발표됐다. 파산이냐, 정부의 구제금융 투입이냐를 놓고 엎치락뒤치락하던 베어스턴즈가 주당 2불에 인수되는 결과가 발표되자 월스트리트는 경악을 금치 못했다. 주당 2불이면 베어스턴즈가 보유하고 있던 맨해튼 본점 건물가격의 4분의 1 가격이었다.

베어스턴즈의 결제은행이었던 체이스가 매일의 자금사정을 훤히 들여다보고 있다가 궁지에 몰린 곰을 주당 2불에 인수하자 비난의 여론이 거세졌다. 후에 주당 10불로 다시 조정되어 거래가 마무리되었지만 일단 미국 5대 투자은행 중에서 처음으로 베어스턴즈가 간판을 내린 것이다. 베어스턴즈 구제를 놓고 줄다리기를 하던 연방은행이 체이스에게 베어스턴즈 인수를 허용하였다.

베어스턴즈는 1923년에 설립되어 대공황, 2차대전, 1970년대의 경기후퇴, 1987년 주식시장 붕괴와 기술주의 붕괴로 인한 소위 닷컴 위기도 잘 극복한 저력 있는 회사이다. 100만 불도 안 되는 자본과 7명의 직원으로 출발한 베어스턴즈는 남들이 하는 대로 따라 하길 거부한 것으로 유명하다. 대공황의 와중에서도 직원을 해고하지 않고 다른 회사에서 내부적인 정치게임에 밀려 해고된 직원도 채용하는 등 업계의 파격으로 유명했다. 알란 그린버그(Alan Greenberg) 회장은 비행기 출장시에 일반석을 타고 다니고 서류집게도 아껴 쓰기를 지시하는 등 절약하는 것으로 유명했다. 그러나 알란 그린버그와는 전혀 스타일이 다른 지미 케인(Jimmy Cayne)이 회장자리를 차지하자 당시 때맞춰 도래한 부동산 경기 과열에 힘입어 방만한 경영을 하게 된다. 서브프라임에 투자금액과 자본의 부풀리기(leverage)가 너무 컸다. 투자은행 중 가장 많이 부풀린 것(30배까지)으로 알려졌으며 단기자금을 환매 조건부채권 매매, 즉 환매 거래시장에서 많이 조달하였다.

《Street Fighters》
베어스턴즈의 마지막 3일. 〈월스트리트 저널〉 기자이며 〈타임〉지 와 〈New York Observer〉의 기자였던 Kate Kelly가 월스트리트에서 가장 깐깐한 조직문화를 가졌던 베어스턴즈의 마지막 72시간의 이야기를 책으로 썼다. Street Fighters, Kate Kelly 작, Fortfolio 출판.

단기자금 차입시장인 환매조건부 채권매매[8](RP거래)는 차입자와 대여자, 그리고 채권수탁자 간의 3자거래이다. 차입자가 예탁한 채권의 현재 시장가치에 단기차입 금리를 반영한 환매가격을 정하여 환매조건부 채권매매를 하는 것은 월스트리트 은행 간의 단기자금시장으로 이용되어 왔다. 그러나 담보로 제시한 채권가격의 폭락으로 인하여 차입금액이 점점 축소되게 되자 RP거래가 위축이 되고 동일한 금액의 단기자금차입이 불가능해지는 사태가 발생한 것이다.

결국 베어스턴즈가 채권시장의 붕괴로 채권의 담보가액이 급락하기 시작하여 매일 도래하는 100~200억 불의 하루짜리 자금을 환매시장에서 조달할 수 없는 막다른 길에 몰리자 주거래은행인 체이스에 넘어가고 말았다. 베어스턴즈은행의 자금사정을 빤히 들여다보고 있던 체이스가 처음에 주당 2불에 삼키려고 하다가 거센 반발에 밀려 주당 10불에 인수하였다.

그러나 이후 투자은행들의 손실이 점점 더 크게 그 모습을 드러내게 되었다. 이때 미국 은행의 전체 시가총액은 14%가 줄어 \$7.3조로 줄어들게 되고 손실규모도 5,040억 불(시가총액의 7%)로 눈덩이처럼 불어나게 되었다. 투자은행의 부실화는 지나치게 부풀린 투자상품의 부담이었기 때문이었다. 기본적으로 하나의 실물자산을 놓고 각종 투자파생상품을 찍고, 찍고, 또 찍어내어 몇 배씩 부풀렸으니 그 기본적인 실물이 부실화되고 각종 채권시장이 붕괴되면서 그 연쇄적인 파급이 금융시장 전체를 무너뜨린 것이다.

그러나 미국 금융시장의 붕괴는 더 본격적으로 전 세계에 파급되기 시작하였다. 미국에서 발생한 채권시장의 붕괴는 급기야 파생상품의 투자로 재무제표를 과도하게 부풀린 선진국 은행에 영향을 미치고 세계적으로 외화자금시장을 강타하기 시작하였다. 점점 사태가 심각해지고 미국의 투자은행들이 초토화되기 시작하여 전 세계적으로 은행들이 불신에 빠지게 되고 자금을 서로 빌려주지 않는, 세계 신용위기가 발생하게 되었다. 유럽과 아시아에서는 서브프라임이 미국의 문제라고 강 건너 불구경하고 있다 보니 어느새 신용위기로 인한 전 세계 금융시장의 마비가 홍수되어 밀려왔다. 인터넷처럼 빠른 속도로 확대된 세계화의 덫이다. 세계화의 정도가 심하고 국제무역 의존도가 높은 한국 같은 국가는 더 치명적인 영향을 받게 된다. 국제금융시장이 마비되니 은행간 자금차입 비용이 엄청나게 상승해버렸기 때문이다.

투자은행들의 종말 - 2008년 9월

채권시장의 마비에 이어 이러한 신용위기의 영향으로 베어스턴즈가 간판을 내린 2008년 3월부터 9월까지 6개월 동안 미국의 투자은행과 크고 작은 상업은행들이 줄지어 넘어갔다. 우선 신용위기와 더불어 채권시장의 마비로 붕괴되는 주택금융시스템을 지원하기 위하여 9월 7일 미국은 주택대출 인수에 시달리던 준 국가보증기관(GSE, government sponsorded enterprise)인 페니매와 프레디맥에 대한 정부관리를 선언한다. 9월 14일 자금압박과 투자자 이탈에 계속 시달리던 메릴린치를 뱅크오브아메리카에 떠넘긴 폴슨(Paulson) 재무장관과 가이트너(Geithner) 뉴욕 연방은행장은 바로 다음 날 리먼을 파산시켰다. 그러나 AIG(American International Group)에는 850억 불을 투입하여 구제하고 그린버그 회장을 파면시키고, AIG의 지분 80%를 정부가 인수하였다. 리먼의 파산조치는 핵폭탄이었다. 금융시스템의 안정이 우선순위인 재무부에서 5대 투자은행 중 하나를 파산시킨 것은 누구도 예상하지 못했던 충격이었다. 1980년대 미국의 금융기관들이 남미의 외채지불 유예 선언으로 인한 채권시장의 몰락으로 위기에 처했을 때, 미국 정부는 금융기관의 채권평가손실 상각을 유보하게 하여 단기간에 은행수익에 미치는 영향을 차단하였다. 이렇게 유보했던 채권평가손실을 금융기관이 정상을 회복한 1989년에야 상각하도록 조치했다. 금융시장의 변동이 금융기관에 미치는 영향을 최소화하여 시스템을 보호했던 정부가 2008년 9월에 취한 리먼의 파산조치는 누구도 예상 못한 충격이었다.

    5대 투자은행 중에서 3개가 초토화되고 남은 모간스텐리(Morgan Stanley)와 골드만삭스는 투자자들의 투자은행에 대한 불신이 극도로 증가하자 9월 21일 은행지주회사로 변신함으로써 미국의 5대 투자은행시대를 마감하게 된다. 은행지주회사가 되지 않으면 연방은행의 지원을 받을 수가 없었기 때문이었다. 9월 19일 미 재무부가 금융시장펀드예금에 대한 보증조치를 발표하였다. 그러나 일주일 후에 미국 최대 모기지은행 중의 하나인 워싱턴무추얼이 신용등급 하향에 따라서 불안해진 예금자들의 예금인출사태로 인하여 10일 동안 167억 불의 예금이 빠져나가면서 지불불능사태에 빠졌다. 다급해진 예금보험공사가 비밀입찰을 통하여 제이피모간체이스에 단돈 19억 불에 워싱턴무추얼의 1,180억 불 예금과 2,239개 지점, 4932개의 예금 자동인출기, 43,198명의 직원을 넘긴다. 심리적인 공황이 전 세계적으로 확산이 되게 된다.

    압권은 9월 30일 연방예금보험공사(FDIC, Federal Deposit Insurance Corporation, 이후 예금보험공사)에 의하여 발표된 씨티은행의 와코비아은행 합병이었다. 시장은 그야말로 경악에 빠졌다. 그러나 바로 1주일 후 예금보험공사는 씨티와의 계약을 파기하고 웰스파고은행에게 와코비아를 인수하도록 함으로써 또다시 시장을 놀라게 하였다. 그러나 씨티은행의 인수가 부실은행에 의한 부실은행 인수라는 비난을 받았음에 비하여 웰스파고에 의한 인수는 비교적 긍정적인 반응을 보였다.

3단계는 각국정부의 공조에 의한 구제금융 투입이었다. 2008년 9월, 리먼을 파산시킨 미국 연방은행은 세계 최대의 보험사인 AIG에 850억 불의 공자금 투입하기 시작으로 미국의 대형 은행들에게 공자금을 투입하기 시작하였다. 금융기관의 도덕적 해이를 비난하며 승인을 미루었던 의회에서 사정이 급박하게 돌아가자 10월 3일 드디어 7,000억 불의 부실자산 안정계획(TARP, Troubled Asset Relief Program)이 핵심내용인 긴급 경제안정법(Emergency Economic Stabilization Act)을 승인했다.

미국이 2,650억 불의 공자금을 부실자산 안정계획(TARP)이란 명목으로 공자금에서 지원하고 영국도 600억 파운드의 구제금융을 은행에 투입했다. 미국은 10월 14일 우선적으로 1,250억 불의 TARP자금을 투입하여 9개 대형 은행의 우선주를 매입하여 긴급자금을 수혈했다. 우선주에 8%의 배당금을 지불하는 조건이었다. 예금보험공사는 이어서 대부분 예금에 대한 보증한도를 구좌당 10만 불에서 25만 불로 인상하여 불안한 예금자를 안심시키기 시작하였다.

미국금융기관의 시가총액은 30%가 줄어 $5.9조로 줄어들고 손실 규모는 시가총액의 15.6%인 9,190억 불에 이르게 되었다. 시장에서 3조 불의 경제적인 가치가 사라진 것이다. 극도로 혼란한 시장상황에서 산 자와 죽은 자의 희비가 엇갈린다. 리먼을 파산시켰지만 AIG는 살렸으며 와코비아를 웰스파고에 넘긴 후 바로 웰스파고를 비롯한 대형 금융기관에 250억 불씩의 구제금융을 투입하였다. TARP 구제금융의 기준에 대한 시비와 리먼 파산조치 적절성에 대한 시비가 전개되기 시작했다.

FED의 금리만능정책

경제대통령인 그린스펀 연방은행 의장은 과거 정보통신산업 거품으로 인한 닷컴위기 등 수차례 미국경제의 하강 국면의 고비 때마다 금리인하를 통하여 시장에 유동성을 공급함으로써 위기를 극복해오고 있었다. 이렇게 저금리로 지나치게 거품이 낀 시장유동성이 부동산에까지 영향을 미치자 거품붕괴에 대한 시장참여자의 우려가 확장되기 시작했다.

그러나 부동산 쪽에 종사하고 있는 분석가들은 과거 30년의 인플레이션 비율과 부동산 가격상승의 비율분석결과를 내세웠다. 여전히 부동산이 인플레이션 곡선보다 아래에 있다는 것을 강조하며 거품붕괴에 대한 냉소적인 반응을 보냈다. 사실 미국 부동산가격은 세계 주요 선진국가의 부동산가격에 비교해볼 때 비교적 싼 편이었다. 특히 신흥시장국가에 비해서 대단히 안정되고 싼 편이다. 그러나 대부분 신흥시장국가들이 토지난과 개발경제의 인플레이션에 상시 시달리는 상황과 미 대륙의 광활한 가용영토를 고려하면 그 이유가 명백해진다.

2000년대에 들어서 5년 내내 지속되고 있는 부동산의 지나친 가격상승(거의 두 배에 이르는)은 당시 그린스펀 의장과 미국 정부에게 있어서 곤혹스런 현상이었다. 일단 부동산가격의 진정을 위하여 금리정책의 일대 전환을 가져오게 되었다. 저금리정책의 방향을 꺾어 고금리정책으로 전환함으로써 부동산가격의 진정을 도모하려고 하였으나, 일시적으로 너무 단기간에 과도하게 진행된 고금리정책으로 인한 부담으로 부동산가격 거품의 급격한 붕괴가 진행되기 시작하였고 따라서 부동산대출을 기초자산으로 한 각종 투자상품들의 가격이 급락하기 시작하여 채권시장을 압박하였으며 급기야 채권시장의 마비로 인하여 전체 금융시장에 위기가 초래되기 시작했다.

　단기간에 걸쳐 두 배, 세 배로 오른 이자율을 충분히 흡수할 수 있는 능력을, 저금리에 오랫동안 길들여진 미국의 주택소유자들이 가지고 있는 것은 아니었다. 바로 주택소유자들의 이자연체와 주택가격으로 인한 주택의 포기, 압류, 경매물건의 증가 등으로 인하여 주택금융시장이 붕괴되기 시작한 것이다. 금리정책이 단기간에 너무 지나치게 온탕, 냉탕을 거듭한 것이다. 저금리에 취한 미국의 주택소유자들과 저금리에 길들여진 미국 기업들에게 있어서 이러한 고금리는 엄청난 이자부담을 가져오는 충격이었다.

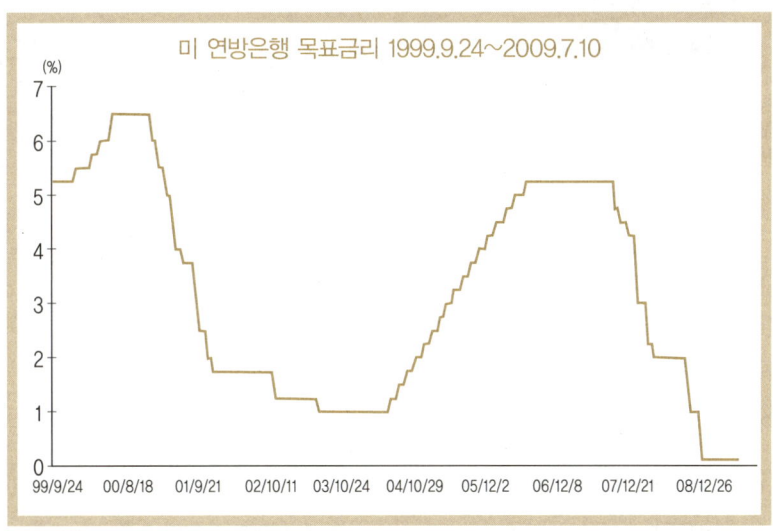

2000년 8월부터 시작된 금리인하는 2003년 10월에 바닥을 치고 저금리에 편승한 부동산의 거품을 조장하기 시작한다. 2005년에 이르러 부동산이 2000년 대비 거의 두 배나 오르자 금리를 2004년 10월에서 2005년 12월까지 1년 사이에 1%에서 5.25%까지 수직 상승시킨다. 시장이 견딜 리가 없다. 이것이 몰고 온 위기는 미국금융을 초토화시키고 세계적인 신용위기를 가져왔다.

2008년 9월, 리먼 파산이라는 충격적인 조치가 단행되자 미국 경제가 급격하게 흔들리기 시작한다. 시장의 위기가 전체 금융시스템의 위기로 번지는 것을 방지하기 위하여 미국 주택금융을 주도하고 있는 준정부기관인 페니매와 프레디맥에 공자금이 투입되고 세계 최대 보험사인 AIG에도 공자금이 투입된다. 일부에서 리먼에 대한 성급하고 가혹한 파산조치에 대한 볼멘소리가 나왔다. 리먼에도 공자금을 투입하지, 왜 파산시켜 지나치게 시장심리를 얼어붙게 하였냐는 불만이었다.

《A Colossal Failure of Common Sense》
(the inside story of the collapse of Lehman Brothers)
리먼의 채권영업부서에서 4년간 근무한 저자가 서브프라임으로 야기된 위기의 시작과 진행, 월스트리트 인베스트먼트 뱅커들의 탐욕과 실수, 그리고 리먼의 몰락과정을 실감나게 써내었다. Lawrence McDonald with Patrick Robinson, Crown Business, NewYork, 2009

그러나 연방은행 등 은행감독기관과 재무부의 입장이 약간씩 다른 것이다. 은행감독기관들의 입장은 금융시스템의 안전이 최우선인 반면 재무부의 입장은 보다 정치적이다. 3월의 베어스턴즈 위기 때도 폴슨 재무장관은 발 벗고 나서지는 않았다. 소극적인 자세를 유지하며 금융권 내에서 해결책을 찾도록 떠밀고 있었다. 그러나 7월의 남부 캘리포니아 소재 인디맥페더럴은행(IndiMac Federal Bank)이 부동산 부실로 인한 손실로 넘어가고, 이어 정부가 후원하고 있는 페니매와 프레디맥이 추가 채출자원의 압박을 받게 되자 즉각 나서서 개입을 하게 되었다.

정치적인 뚜렷한 하나의 기준이 있었다. 개인고객, 즉 최종 소비자 고객 보호기준이었다. 페니매, 프레디맥, AIG 모두의 최종 고객은 개인소비자이다. 반면 리먼의 고객은 기관투자자들이다. 프로들끼리 돈 놓고 돈 먹기를 하다가 망한 것까지 공자금으로 구제하지 않는다는 것이다. 도덕적 해이에 관한 문제이기 때문이다.

미국의 투자은행 실적이 악화되고 CDO채권을 선두로 채권시장이 마비되며 금융시장이 경색되자 이것이 전 세계의 대형 은행으로 확산이 되었다. 이어서 금융기관끼리도 서로 거래상대방이 언제 유동성의 위기에 빠질지에 대한 믿음의 상실로 인하여 거래상대방위험(counterparty risk)이 부각되자 전 세계 금융기관들이 서로서로 대출을 기피하는 세계 신용위기가 시작되었다.

10여 년 전인 1997년에 아시아의 신흥국가들의 통화가치 몰락에서 발생한 외환위기는 10년 후 전 세계 금융기관들의 거래상대방 리스크의 부각으로 인한 신용경색으로 인하여 다시 전 세계에 금융위기를 몰고 왔다. 미국과 유럽 등 선진국의 투자금융 쪽에 영향을 미칠 것 같았던 이러한 채권시장의 붕괴는 세계 금융시장에 신용위기를 몰고왔고 결국 한국 같은 국제무역과 국제금융시장에서의 차입이 많은 국가들에게 고스란히 그 피해가 덮쳐왔다.

1997년 아시아 신흥시장국가에 대한 외환위기는 헤지펀드들의 신흥시장 통화에 대한 공격으로 발생이 된 반면, 2008년의 신용위기는 미국의 금리정책 전환으로 인하여 서브프라임 거품이 붕괴되면서 시작되었다. 저금리로 오랫동안 과열된 부동산가치가 고금리로 인하여 하락하기 시작하였고 이것이 서브프라임관련 부동산채권시장의 마비를 초래하였다. 과도한 부풀리기로 시장을 지나치게 팽창시킨 채권시장에 치명타를 날리자 채권시장이 붕괴되면서 전 세계 금융기관에게 채권평가 손실을 초래하였다. 부실금융기관에 대한 신용위기로 확산되었고 이것이 실물경제에 전이되어 전 세계가 경기후퇴의 함정에 빠지게 된 것이었다.

TARP(Troubled Asset Relief Program) – 공자금의 투입

2008년의 신용위기가 미국의 서브프라임자산과 CDO, CDS 등 금융파생상품이 어우러져서 불거진 소동이었다면 TARP는 미국이 선택한 금융위기와의 진검승부를 하기 위해 던진 핵심 정책수단이었다. 시장의 신용상실로 인하여 위축된 유동성을 위하여 일단의 케인즈 이론 신봉자들이 선택한 통화정책이었다.

TARP의 법적인 근거는 미국의회에서 263대 171로 2008년 10월 3일에 승인된 긴급 경제안정법(Emergency Economic Stabilization Act)이다. 폴슨 재무장관이 신청한 이 법안은 각계의 논란을 불러 일으켰다. 특히 월스트리트의 도덕적인 해이에 대한 강한 거부감으로 인하여 처음 표결을 시도한 9월 28일 의회에서 205대 228로 부결되었다. 다음날 주식시장은 777포인트 폭락하여 하루 만에 1조 2,000억 불의 가치가 증권시장에서 날아갔다. 미국의 금융시장(월스트리트로 대변)뿐만 아니라 산업시장(메인스트리트라 불린다)까지도 일대 위기에 빠지게 되었다. 10월 1일 황급히 상원이 나서서 74대 25로 수정안을 통과시키고 10월 3일 다시 하원에서 263 대 171로 통과되었다.

　7,000억 불 TARP자금과 함께 금융시장 안정을 위하여 지출된 총 1조 불의 자금은 미국의 14조 불 GDP의 7.1%에 달하는 금액이다. 법안을 신청한 폴슨 재무는 전직 골드만삭스의 회장으로서 그의 개인적인 이해관계에 대한 논란과 더불어 대중과 정치계, 금융계, 학계, 언론 등으로 부터 찬반논란이 높았다. 이러한 7,000억 불에 대하여 2,500억 불은 즉시 집행할 수 있도록 하였으며 1,000억 불은 대통령의 승인으로, 나머지 3,500억 불은 대통령이 의회에 통보하면 의회가 15일 이내에 의결하도록 하였다. 첫 3,500억 불이 2008년 10월 3일 집행이 되었고 나머지 3,500억 불이 2009년 1월 15일 의회의 승인을 받았다.

　TARP의 집행주체는 미 재무부이다. 최고 7,000억 불까지 부실자산(troubled asset)을 사들일 수 있도록 하였다. 부실자산은 2008년 3월 14일 이전(3월 14일은 미국투자은행의 몰락을 선도한 베어스턴즈가 붕괴된 날이다)에 발생된 미국의 상업용과 주거용 부동산 담보대출관련 자산을 매수하여 금융시장의 안정을 도모하고 더불어서 재무장관이 연방은행 의장과 의논하여 금융시장의 안정에 필요한 금융자산을 매입할 수 있도록 하였다. 그리고 이런 경우에 서면으로 의회에게 통보하도록 하였다.

　TARP는 금융기관의 손실을 보상해주는 것은 아니다. 신용위기의 핵심은 부동산 거품의 붕괴로 인하여 부동산 자산으로 구조화한 금융파생상품인 CDO채권 등의 매매시장이 붕괴되었기 때문이다. 채권시장의 붕괴는 금융기관이 보유한 엄청난 채권자산의 가격폭락을 초래하였고 또한 보유채권의 실시장가격의 혼란을 초래하였다. 시장에서 매수세력이 실종됨으로써 실제 기초자산의 부실여부와 상관없이 거래가격이 형성되지 않는 혼란이 초래된 것이다.

TARP는 이렇게 실종된 매수세력 대신에 재무부에서 채권을 매입함으로써 채권시장에 유동성을 불어넣어서 채권시장을 안정시키고 금융시장의 안정을 도모하기 위한 것이었다. TARP가 매입하는 금융기관 주식에 대해서는 우선주 형태로 매입하고 8%의 배당금을 보장함으로써 미국의 납세자들이 혜택을 볼 수 있게 하면서 재무부가 의결권은 행사하지 못하도록 하였다. 더불어서 금융기관들이 대출을 재개할 수 있도록 독려하는 것도 중요한 목적이었다.

10월 14일 발표된 개정안에 의하면 재무부가 필요한 은행에 구제금융을 실시하는 형태는 의결권은 없는 상환우선주를 취득하는 것으로 하며 수혜받는 은행은 임직원에 대한 급여와 상여금에 대한 재무부의 지도안을 따르도록 하였다.

원래 폴슨 재무장관의 계획은 부실화된 채권을 은행으로부터 직접 매입하는 안이었다. 이렇게 매입된 채권을 채권시장이 안정되면 시장에서 경매로 다시 매출함으로써 시장안정 후에 매출차익을 볼 수 있도록 계획하였으나 영국의 고든 브라운 수상과의 만남 후에 계획이 수정되었다. 영국은 위기의 해결을 위하여 단지 은행에 자본을 투입함으로써 부분 국유화하는 간단한 방법을 선택하였다. 폴슨도 이러한 방법이 더욱 간단하며 또한 은행이 대출을 재개하도록 압박하는 데도 더 효과적이라고 생각하여 원래의 계획을 바꾸게 되었다.

2008년 12월 19일 부시 대통령은 직권으로 법안 102조에 대한 의무 해제를 선언했다. 이러한 조치로 TARP 자금을 미국의 자동차 산업구제에도 투입할 수 있는 근거를 마련하여 월스트리트만 보호하느냐는

산업계의 불만을 달랬다.

　2009년 2월 10일 새로운 오바마 정부에 의하여 임명된 팀 가이트너 (Timothy Geithner) 재무는 나머지 3,000억 불의 TARP자금 집행계획을 발표했다. 500억 불은 부동산 차압 유예조치에 충당하고 나머지는 미국의 투자자들이 은행의 부실자산을 매입할 수 있도록 보조하는 데 사용하겠다고 발표했지만, 이런 방안이 현실적이지 못하다고 생각한 주식시장에서는 강한 실망매물이 쏟아졌다.

　3월 23일 가이트너 재무는 다시 공공과 민간의 합작 투자계획 (Public-Private Investment Program) 설립을 발표했다. PPIP는 자산운용사, 개인 투자자 등 민간자본과 TARP자금 등 공공자금으로 구성된 펀드에서 금융기관의 부실자산을 매입하도록 한 프로그램이다. 금융기관의 부실자산에 대한 개인 투자자들의 투자도 가능하게 한 이러한 민관합작 투자계획 방안은 원래 대형 금융기관들이 보유하고 있는 부실채권을 처분하게 하여 기업에 추가로 대출할 수 있는 여력을 마련하기 위한 방안이었지만 원래의 목적과 달리 대형 은행들은 오히려 이러한 채권을 매수하고 있었다. 대부분이 정부의 보증을 받고 있는 이러한 채권을 뱅크오브아메리카, 씨티 등 대형금융기관이 2009년 2/4분기에 오히려 13%나 증가보유한 것으로 되어 있다. 정부의 여러 가지 정책들은 상업은행들의 대출여력을 확장시켜줘서 상업은행이 기업에 대출을 활발하게 재개하는 데 초점이 맞춰진 반면, 정작 상업은행들은 이러한 와중에 정부의 보증이 첨부된 채권을 오히려 매입하면서 실속을 챙기고 있었다.

　TARP 긴급자금 수혈은 2008년 말을 지나 2009년 들어서도 계속되었다. 2008년 11월 23일 와코비아은행 인수에 실패하여 휘청대던 씨티에 200억 불의 추가자금을 투입하였다. 11월 25일 연방은행은 채권시장의 마비로 인하여 기능이 마비된 채권시장을 부활하기 위하여 자산담보부채권 대여제도(Term Asset-Backed Securities Lending Facility)를 마련하여 패니매와 프레디맥이 보증하는 담보부채권(mortgage backed securities)을 매입하기 시작하였다. 12월 19일에는 미국 자동차 3사 중 GM과 크라이슬러, 두 자동차회사에 구제금융으로 134억 불과 40억 불의 TARP자금을 지원함으로써 금융계에 이어 산업계에 대한 구제금융도 집행했다.

2009년 1월 16일 메릴린치(Merrill Linch)[9]를 인수한 미국 최대의 은행인 뱅크오브아메리카가 예상보다 큰 인수부담에 연방은행에 200억 불의 추가자금을 지원받는다. 2008년 4/4분기에만 83억 불의 손실을 기록하고도 공자금 따위는 필요 없다고 큰소리쳤던 도이치은행도 엄청난 적자를 기록했다. 영국의 영란은행이 500억 파운드를 로얄뱅크오브스코틀랜드(RBS)에 투입하여 지분의 70%를 인수했다. RBS는 2008년도에 ABN Amro은행 인수에 대한 부담이 커서 엄청난 손실을 기록하였다.

3월 18일 연방은행은 국고가 바닥난 재무부에 재무성증권을 매입하는 방법으로 3,000억 불의 채권을 6개월 동안 매입하기로 결정했다. 4월 30일 TARP 지원을 받은 크라이슬러가 파산구조조정을 신청하고 피아트에 넘어갔다.

금융권에 투입된 TARP자금으로 미 정부가 크게 손해를 보진 않았다. 2009년 11월 말 현재로 보면 총 690개 은행에 투입된 2,046억 불 중에서 40개 은행이 708억 불을 상환하고 101억 불의 배당금을 지불하였다. 123개 은행이 실패하여 51억 불의 손실을 가져왔다. 12월 들어 뱅크오브아메리카(450억 불), 씨티(450억 불), 웰스파고(250억 불) 등 굵직굵직한 자금들이 상환되었다. 세 은행 모두 시장에서 보통주를 발행하여 상환자금을 무난히 조달하였다. 큰 은행들은 TARP자금 수령으로 인하여 사사건건 재무부의 간섭을 받는 것도 문제지만 8%의 배당금 부담이 만만치 않다. 당장 금고가 바닥이 났을 때는 고리의 급전이라도 받았지만 유동성이 개선되고 나니 그 고율의 이자부담이 은행의 자금차입 코스트에 미치는 영향이 큰 것이다.

감독기관 자본평가(SCAP, Supervisory Capital Assessment Program) – 시장 신용의 회복

다음 4단계는 주요은행에 대한 스트레스테스트와 추가자본 확충명령이었다. 더 가야 한다면 아마도 마지막 단계는 금융자본주의의 붕괴이거나 은행의 국유화일 것이다. 결국 은행의 국유화가 끝인가? 미국식의 금융자본주의를 앞세운 자본주의 경제체제는 막시스트가 주장하는 대로 자본주의 본연의 모순으로 인하여 붕괴되고 말 것인가.

2009년 2월, 미국 정부는 은행의 부실이 금융과 경제시스템 전체에 파급되는 것을 방지하고 신용시장의 회복을 도모하기 위하여 미국 주요 금융지주사 19개에 대한 스트레스테스트를 실시하였다. 미국의 주요 19개 은행소유 금융지주사에 대한 스트레스테스트를 실시하였는데 이 프로그램이 감독기관 자본평가(SCAP)이다. 2009년 2월에 시작하여

2009년 5월 8일에 발표한 SCAP의 결과에 대하여 버냉키 연방은행 의장은 별도의 성명[10]을 발표하여 SCAP프로그램에 대한 불안감을 잠재우기 위해 노력하였다. 즉, 미국의 금융기관이 TARP자금 투입으로 인하여 이제 충분한 안정이 되었으나 그래도 2010년 말까지 최악의 시나리오를 상정한 추가적인 대책으로 SCAP을 실시하여 제2차 방어선을 강구하였음을 강조하며 시장의 신뢰를 얻기 위해 노력하였다.

SCAP은 흔히 스트레스테스트라고 부르는 일회성의 미래대비 감독평가이다. 현재의 재무상태에 근거한 안정성 평가나 합격, 불합격의 평가가 아닌 2010년까지의 시장상황이 최악으로 진행될 것을 가정으로 한 충분한 여유를 확보하기 위한 미래의 자본금 필요액에 대한 평가였다. 대상은행은 자본구매계획(CPP, Capital Purchase Program)에 의거한 TARP자금을 수령한 은행 중 주요 19개 금융지주사였다. 2009년 2월에서 5월까지 3개월에 걸쳐 통화감독청(OCC, Office of the Comptroller of the Currency), 재무부(Department of Treasury), 연방은행(Federal Reserve Bank), 그리고 연방예금보험공사(Federal Deposit Insurance Corporation)가 합동으로 평가를 실시하였다.

스트레스테스트 결과는 미국의 경제가 지속적인 하강국면을 상당기간 계속할 경우 19개 금융지주회사들의 2009년과 2010년의 누적손실이 6,000억 불에 이를 수도 있다는 것이었다. 4,550억 불의 손실이 주택금융과 소비자 금융부문에서 발생되는 대손충당금으로 인한 것이며 1,350억 불의 예상손실이 금융기관이 보유하고 있는 투자채권의 평가와 매매손실에 관련된 것이었다.

2008년 말 19개 금융지주사들의 tier 1 자본금은 8,350억 불로 모두가 최소자본금을 초과하고 있었다. 따라서 6,000억 불의 최악의 가상상황를 가정한 예상손실을 충분히 흡수할 여유는 이미 보유하고 있었다. 그러나 연방은행은 더욱 가혹한 시나리오를 근거로 한 결과, 2010년 말까지의 예상손실을 흡수할 수 있는 1,850억 불의 추가 tier 1 자본금의 확충이 필요하다고 판단하였다. 19개 은행 중 10개 은행의 자본금이 보통주 자본금이 아닌 기타 보완자본에 지나치게 의존하고 있다고 판단하여 tier 1 자본금의 보완을 6개월 이내(2009년 11월 9일까지) 마쳐야 한다고 판단하였다. 그러나 2008년 말 숫자를 기준으로 한 스트레스테스트 이후 이미 많은 은행들이 보통주 자본금을 확충하였고 또한 2009년 1분기에 예상보다도 200억 불이 많은 이익을 시현하여 최종적인 추가 자본확충요구액은 19개 시험 대상은행 중 9개 은행에 대한 746억 불로 결정되었다.

단위 : 억불

SCAP test 대상금융사	기초자본 보완요구액
Bank of America	339
Wells Fargo	137
GMAC	115
Citi	55
Regions Financial Corp	25
Suntrust	22
Morgan Stanley	18
Fifth Third Bankcorp	11
PNC Financial Services	6
State Street	0
American Express	0
Bank of NewYork Mellon	0
Capital One Financial	0

Goldman Sachs	0
BB&T Corp	0
MPMorgan Chase	0
US Bancorp	0
Metlife	0
합계	746

뱅크오브아메리카, 웰스파고, 피엔씨파이낸셜 등이 이러한 보완요구액의 상당금액을 자체 이익잉여금으로 충당할 수 있다고 계획서를 제출하였다. 그러나 연방은행의 입장은 단호했다. 요구금액의 5% 이내로만 자체 이익잉여금에서 충당하는 계획을 인정해주겠다는 것이다. 기본적으로 보통주, TCE(tangible common equity)를 통한 자본확충으로 4% TCE ratio를 달성하여야 한다는 것이다. 이러한 대상은행들이 추가 기초자본의 확충에 실패할 경우는 자산매각을 통하여 보통주를 확충하거나 보유하고 있는 우선주를 보통주로 전환, 혹은 연방은행이 이미 투입한 자금을 보통주로 전환하는 부분 국유화가 진행될 것이다. 대부분의 은행이 보통주 발행으로 기간 내에 자본증가를 성공적으로 달성할 수 있을 것 같다.

이렇게 하여 성공적으로 기초자본을 확충하고 충분한 이익잉여금을 확보할 경우 TARP자금을 일부, 혹은 전부 상환할 수 있게 될 것이다. 금융기관에서 상환받는 자금으로 미국의 실물경제 회복을 위한 대규모 기간산업투자에 투입할 계획을 수립하고 있다. 미국은 현재 국가 전체 기간시설(도로, 항만, 철도, 발전 등)이 너무 노후화되어 대규모 투자가 예정되어 있다. 또한 풍력, 태양열 등 그린 에너지에 대한 대규모, 장기 투자가 예정되어 있다. TARP자금은 대상 미국은행들도 썩 달가워 하지는 않고 있다. 자금의 코스트가 연 8%의 이자를 수반하고 있기 때문이다. 지금과 같은 저금리시대에 8%는 상당히 비싸다. 다만 2009년 현재의 금융시장과 세계의 실물경제가 확실한 전환점을 보이고 있지 않아 어쩔 수 없이 비싼 자금을 수용하고 있었다. 그러나 2009년 말에 이르러 대형 은행이 대부분 TARP자금을 상환하였다.

2009년 하반기는 주로 위기극복의 마무리에 치중하고 있다. 6월 1일 결국 파산 구조조정에 들어가기로 한 GM의 60% 지분을 인수했다. 6월 17일 TARP자금을 받은 금융기관 중 제이피모간체이스, 모간스탠리, 골드만삭스와 7개 은행이 TARP자금을 상환하였다. 9월 18일 재무부는 금융시장 보증을 중단하였다.

10월 22일 일명 급여황제(Pay Czar)로 불리는 TARP 급여담당자(TARP자금 수혜은행에 대한 임직원 급여와 상여금에 대한 권한을 가짐)인 켄 파인버그(Ken Feinberg)가 7개 금융기관 25명의 임원에 대한 급여와 보너스에 대한 제한을 가했다. 12월 9일 재무부와 연방은행의 간섭에 시달리던 뱅크오브아메리카가 450억 불의 TARP자금을 상환하였다. 이어서 12월 14일 씨티와 웰스파고가 TARP자금 상환을 결정하였다. 12월 24일 재무부는 페니매와 프레디맥에 대한 손실에 대해서 2012년까지 무제한 손실보전을 발표하였다. 이것이 2008년 초에서 2009년 말까지 숨 가쁘게 달려온 미국판 신용위기 전개와 그 극복과정의 역사이다.

위험관리 틈새

아수라장 금융소동에서 2008년 9월 마지막 주말, 미국 4위의 상업은행인 와코비아은행이 불행하게도 쓰러진 것이다. 비록 고객들에게 직접적인 피해는 없이 업무가 정상적으로 진행되었지만 미국 동부 14개 주에 3,500개 이상의 지점망을 가지고 2000만이 넘는 기업과 소비자 고객을 가지고 예금과 대출에 있어서 미국 상업은행 중 3~4위의 시장을 점유하고 있던 와코비아은행의 몰락은 미국금융계의 엄청난 충격이었다. 와코비아은행의 몰락은 서브프라임 거품 붕괴로 인한 부동산담보대출이 초래한 손실과 허약해진 자본금비율이 직격탄이었다.

2008년 초부터 서브프라임이 촉발한 전 세계 신용위기가 본격적으로 미국의 금융기관을 압박하기 시작하자 와코비아에 검은 먹구름이 몰려오기 시작하였다. 2006년 10월에 인수한 골든웨스트가 가지고 있는 1,220억 불의 금리조정부대출은 와코비아 총자산의 20%에 육박하는 큰 금액이었다. 이러한 대규모 자산의 부실화는 와코비아의 시장자본을 엄청나게 위축시켰다.

부동산 경기가 한참 정점에 이르렀을 때인 2005년 말과 신용위기로 인하여 베어스턴즈가 쓰러지며 신용위기의 시작을 알린 2008년 3월 말을 비교해보면 흥미로운 사실을 알 수 있다. 와코비아와 씨티가 각각 55%와 47%의 엄청난 자산의 증가를 가져왔음에도 불구하고 시장자본금은 오히려 각각 23%와 47%로 줄어들어 있는 위기상태였음을 알 수 있다. 이렇게 악화된 재무구조 상황에서 무시무시한 세계 신용위기는 다가오고 있었다.

미국 5대 은행 금융위기 전 자본/자산 변동내역

단위 : 10억불(USD in billion)

은행명	내용	2005.12.31	2008.3.31	증감	증감%
와코비아 은행	총자산 총자본 자본금 비율	520.80 82.30 15.8%	809.90 63.00 7.8%	289.10 (19.30)	+55.5% −23.5%
웰스파고	총자산 총자본 자본금 비율	481.20 105.40 21.9%	595.20 98.10 16.5%	114.00 (7.30)	+23.7% −6.9%
씨티	총자산 총자본 자본금 비율	1,494.00 241.70 16.2%	2,199.80 128.50 5.8%	705.80 (113.20)	+47.2% −46.8%
체이스	총자산 총자본 자본금 비율	1,198.90 138.40 11.54%	1,642.80 162.00 9.86%	443.90 23.60	+37.0% +17.1%
뱅크오브 아메리카	총자산 총자본 자본금 비율	1,291.80 184.60 14.3%	1,736.50 167.20 9.6%	444.70 (17.40)	+34.4% −9.4%

대출업무 위험관리(lending risk management)

와코비아는 RAROC을 뉴욕금융센터 은행들에 비하여 상당히 늦게 도입하였다. 미국 5대 은행 중의 하나로서 여신관리기법의 중요성을 감안할 때 지나치게 늦은 것이다. 원래 뱅커스트러스트가 RAROC 혁신으로 은행의 위험관리에 대한 새로운 문화를 만들어나가고 있을 때, 미국의 전통적인 대출위주의 업무에 치중하던 상업은행들은 RAROC에 대해서 시큰둥하였다.

그러나 이렇게 늦게 도입하고도 막상 RAROC의 정확한 개념을 실행함에 있어서 철저하지 못했다. RAROC에 대한 기본적인 개념이 전 직원에게 적절히 교육되지 않았으며 따라서 대출자산의 증가가 자본금에 미치는 영향에 따른 적절한 비용의 배분과 자본금 사용에 대한 업무기준 등의 운영지침이 충분하지 못했다. RAROC이 업무 전반에 걸쳐 철저하게 적용되진 않았다.

대출자산은 분야별 전문팀(채권화, 포트폴리오 매니지먼트 등)이 없었기에 유동화하지 못하고 대개 만기까지 그냥 안고 있었다. 부동산 거품 붕괴로 자산이 부실화되어 BIS 자본금비율이 떨어지고 있는 중에도 마케팅 매니저들은 계속 신규대출을 늘려나갔다. 자본금비율이 떨어지면 자본을 늘리든지, 자산을 줄이든지 즉시 행동을 취해야 하는데도 시정되지 않았고 위험관리팀은 신용위험관리와 자본위험관리에 소극적이었다. 미국 4위의 은행으로서는 어울리지 않게 RAROC 관리에 체계적이지 못하였다. RAROC 관리가 중요한 것은 그것이 자본금비율과 밀접하게 연결되어 있기 때문이다.

신용위기의 쓰나미가 와서 와코비아은행에 대한 시장의 자금줄이 막혀가고 있는 와중에도 자산을 늘리는 팀은 항상 있었다. 최고경영진과 영업라인 간에 은행자산의 위험관리 상황 인식이 따로 놀고 있었다. 전 세계 신용위기가 확산되고 와코비아가 침몰하자 드디어 RAROC 기준이 강화되기 시작하였다.

은행의 영업 라인별 수익성에 대한 경영평가자료인 MIS(management information system), 즉 관리회계자료가 제대로 정비가 안 되어 이자수익이 그대로 마케팅 책임자의 실적으로 감안되는 상황이었다. 이렇게 되면 고객담당 책임자(relationship manager)들이 어떻게 하든지 자산을 많이 써서 이자수익의 증대에 열을 올리게 된다. 절대수익으로 판정되는 은행의 업적평가시스템이 RAROC에 철저한 RM보다 수익의 절대금액이 큰 RM을 더욱 평가해주는 오류에 빠지게 되고, 무슨 수를 쓰든지 내 실적만 올리면 된다는 게임의 법칙이 용인되는 것이다. 조직 깊숙이 침투되지 못한 위험관리문화는 이렇게 구석구석에서 조직의 붕괴에 기여하게 된다.

금융시장이 위기에 빠지니 순이자수익률(net interest margin)이 더욱 증가하게 된다. 당장 달콤한 대출이자에 빠져 지속적으로 대출자산을 증가시키게 되고 또한 이러한 절대수익 금액에 대한 실적을 인질로 하여 더욱 더 자산을 증대시키는 행태가 받아들여진다. 실적을 인질로 한 지속적인 자원배분의 요구에 빠지면 정책전환을 쉽게 할 수가 없다. 결국 이러한 대출자산의 증대가 와코비아가 유동성의 함정에 빠진 치명적인 10주간을 수렁에서 꼼짝하지 못하고 강제적인 합병을 당하게 만드는 결정적인 원인을 제공한 것이다.

시장에서는 와코비아의 골든웨스트 잠재부실에 대한 흉흉한 소문이 나돌기 시작했다. 7월에 골든웨스트 인수의 책임을 물어 오랫동안 와코비아를 이끌었던 상업은행가 출신의 톰슨 회장을 축출하고 골드만 삭스 출신이며 폴슨 재무장관과 함께 일했던 밥 스틸을 소방수로 영입했으나 새로운 CEO와 소수의 새로운 참모진으로 바로잡기에는 고질적인 문제가 너무 방대하고 또한 시간도 턱없이 부족하였다. 금융시장의 상황은 하루가 다르게 악화되고 있었다. 와코비아라는 호화여객선 선박의 밑바닥에서 균열이 생겼지만 더 큰 문제는 엄청난 쓰나미 재앙이 닥쳐오고 있었던 것이다. 균열을 메우는 것도 바쁜데 무정하게도 시장에서 엎친 데 덮치는 식의 무시무시한 충격이 다가오고 있었던 것이다.

밥 스틸이 부임하여 와코비아의 독자생존을 위한 몸부림이 시작되었다. 그는 골드만삭스 출신으로서 소위 투자금융 출신이었다. 폴슨재무의 차관으로써 베어스턴즈 처리에서부터 폴슨의 오른팔 역할을 충실히 수행해왔다. 그의 급선무는 무엇보다도 자본확충과 와코비아를 수렁에 빠뜨린 골든웨스트의 위험을 최소화하는 것이었다. 시장에서의 신용회복이 급선무였다. 그는 일단 60억 불의 자본금확충을 목표로 삼았다. 그리하여 일련의 비상조치를 통하여 60억 불의 자본금을 확보하려고 시도하였다. 그는 와코비아은행의 자본금 확충의 필요성에 대해서도 인지하고 있었으나, 그것의 타이밍이 주는 중요성을 간과하였다. 즉시 필요한 직접적인 시장에서의 자본금 증자보다도 약간 시간이 더 걸리는 우회적인 방법으로 자본금을 확충하려고 노력하였다.

총 60억 불에 달하는 자본여력을 창출하기 위하여 인원절감 등을 통해 경비를 절감하여 10억 불의 자본금을 확충하고, 증권업무와 대출업무분야에서 만기도래하는 채권상환, 정부보증 투자기관의 우선주 매각, 저수익성 대출자산의 감소 등 200억 불의 자산을 줄여서 2008년 말까지 15억 불의 자본을 확충하며, 매 분기 주주배당금을 주당 5센트씩 깎아서 2009년까지 40억 불의 자본금 부담을 줄인다는 유동성 확보 계획이었다.

불행하게도 스틸이 수리해야 할 호화유람선의 선박은 그 자체결함보다도 시장에 닥친 쓰나미 해일이 더 위급한 상황이었다. 운명은 그의 편이 아니었다. 시장에서는 불안한 예금자와 투자자들이 부실한 은행에서 안전한 은행으로 예금을 옮기는 예금인출(deposit run)이 점점 증가되기 시작하였고, 전 세계 금융기관에 만연된 신용위기로 인하여 조그마한 소문에도 자금을 빌려주지 않는 자금시장의 왜곡현상이 심화되어가고 있었다. 자산기준 미국 4위와 신용평가 기준 AA급인 미국 와코비아은행에 은행들이 자금 빌려주기를 꺼려하는 현상이 발생되고 있었다.

냉정한 시장의 진단

당장 치명적인 것은 3년 전에 인수한 골든웨스트의 1,220억 불에 이르는 저당채권의 부실이었다. 2008년 2분기 기준으로 448,000건의 평균 271,000불에 이르는 대출의 5.7%에 이르는 70억 불의 대출이 이미 부실화되어 있었다. 이러한 대출은 대출금액이 담보가치대비 비율인 LTV(loan to value)가 거의 100%에 이르렀다. 거의 자기자금 없이 부동산에 투자한 것이다.

　미국의 부동산 저당대출제도는 특이하다. 집주인이 건질게 없을 때 집 열쇠를 은행에 반납하면 끝이다. 물론 당사자의 신용에 영향을 받겠지만, 우리나라처럼 다른 자산을 차압하고 끝까지 밤낮 없이 전화로 대출상환을 요구하는 것이 아니다. 한창 부동산이 붐이었을 때, 100% 이상 LTV가 관행인 점을 감안하고 잠재부실까지 감안하면 와코비아는 이미 엄청난 자본금을 까먹어서 BIS 자본금비율이 이미 부실은행화되었던 것이었다.

　한편 유동성 확보에도 비상이 걸렸다. 은행은 현금유동성의 유연성을 확보하기 위하여 총력체제로 들어가게 된다. 당장 필요한 현금을 확보하기 위하여 주주배당금을 줄여서 현금을 확보하고, 자산의 과도한 증가를 줄이고, 13억 불에 달하는 ARS증권을 제3자에게 매각하고, CD와 소매증권예탁계좌의 잔액을 증가시키는 등의 가용 현금확보를 위하여 모든 수단을 강구하게 된다.

　그러나 이러한 비상대책들은 시장이 제대로 작동할 때 가능한 일이다. 단기자금을 조달하던 경매부 채권매매(ARS, Aution Rate Securities) 시장이 마비되었다. CDO시장의 마비와 더불어서 채권시장 등 각종 단기금융시장이 마비되었기 때문이다. 한편 연방은행은 ARS시장의 마비로 인하여 자금이 묶이게 된 소비자들의 손해의 해결을 위하여 은행들에게 즉시 투자자들에 대해 환매를 해줄 것을 지시한다. 연방은행은 시장의 일시적인 마비로 인한 위기의 상황에서 소비자 고객의 권익을 우선하는 정책을 택했다. 은행의 불이익을 초래하는 이러한 결정은 소비자의 혼돈이 금융시스템 전체의 위기로 파급되는 것을 차단하기 위한 것이었다. 와코비아는 이래저래 추가적인 유동성의 부담이 생긴 것이다.

2008년 9월 들어 미국 5대 투자은행 중의 하나인 리먼이 무너지자 놀란 메릴린치가 얼른 BOA에 투항하고, 엄청난 규모의 변동금리부 주택대출로 인하여 부도설에 항상 시달리던 워싱턴무추얼이 일주일에 160억 불의 예금인출사태가 일어나자 그 다음 주에 바로 체이스에 안긴다. 이제 시장에서는 루머에 시달리던 2W(W로 시작하는 2개의 금융기관) 중 워싱턴무추얼에 이어 와코비아에 대하여 시선을 집중하게 된다.

배가 기울기 시작했다. 드디어 상황의 심각성을 깨닫게 된 모두가 우왕좌왕하고 있는 사이 거시경제환경은 냉정하게 쓰나미되어 덮쳐오기 시작하였다. 문제는 시간이 없었다. 항상 최후의 순간에 가서는 시간이 아쉬운 것이다. 그 많은 여유 있는 시간을 다 무엇 하면서 보냈나.

타이밍

은행의 유동성 위기는 생각보다 훨씬 심각하고 또한 빨리 진행이 된다. 따라서 위기에 대한 대처 또한 빨라야 한다. 비 오는 날, 은행 앞에서 우산을 쓰고 버스를 기다리고 있는 일군의 사람들을 보고 놀란 사람들의 입으로 통하여 홍콩 어느 은행의 예금인출사태가 일시적으로나마 있었다는 웃지 못 할 이야기가 있을 정도로 돈에 대한 사람들의 정보의 속도와 탐욕은 상상을 초월한다. 아무리 지체 높으신 분도 내 돈이 날아가는 데 뛰지 않을 사람은 없다.

와코비아 자산의 20%에 육박하는 1,220억 불에 이르는 변동금리부 주택자금대출이 타격을 받는다면 이미 엄청난 자본금을 까먹었다고 봐야 했다. 스틸 행장은 내부적으로 비용절감이나 배당금을 줄임으로써 자본금을 연말까지 확충하고 유동성을 개선하겠다고 하였지만 그것은 시간을 고려하지 못했던 한가한 생각이었다.

시장은 이미 와코비아가 자본금을 엄청 까먹었다고 빤하게 보고 있었다. 바깥에서는 안을 훤히 들여다보고 있었지만 안에서는 두터운 커텐을 쳐놓았기에 아무도 모른다고 생각하고 있었다. 스틸은 자본증자를 할 기회가 있었으나 그것의 중요성을 인식하지 못함으로 인하여 와코비아를 살릴 수 있을지도 모르는 시간을 놓쳤다. 스틸은 와코비아의 부채 중 향후 3년 반에 걸쳐 도래하는 모든 부채를 상환할 수 있는 현금을 보유하고 있다고 생각했다. 이것은 치명적인 착각이었다. 현금화할 수 있다고 생각했던 채권 등의 자산이 이미 아무도 담보로 받아주지 않는 휴지조각이 된 것이었다. 은행의 유동성에 대한 문제는 확실하고 선제적으로 투명하게 적시에 대처해야 진정시킬 수 있는 문제이다. 미적미적하고 우회적인 방법으로 대응하다가는 시간을 놓친다.

결국 소방수 스틸 행장은 주주의 신임을 회복하겠다고 맹세한 지 80일만에 와코비아의 소매금융업무를 씨티에 주당 1불에 넘기는 데 동의하게 된다. 부임 후 밤낮으로 열심히 와코비아의 회생을 위하여 노력하였지만 감독당국이 충분한 시간을 주지 않았다. 미국 최대의 저축대부은행(Savings & Loan association)인 워싱턴무추얼이 금리조정부대출(option adjustable-rate mortgages)의 손실로 인하여 제이피모간체이스에 강제로 인수당하자 1,220억 불의 ARM을 보유하고 있는 와코비아에 관심이 집중된 것은 너무도 당연한 것이었다. 시장에서는 모두 와코비아를 의심의 눈초리로 쳐다보고 있었지만 정작 와코비아 내부에서는 뒤에서 덮쳐오는 쓰나미를 모르고 있었다.

밥 스틸은 골드만삭스 시절과 재무부 근무를 통하여 헨리 폴슨 재무장관의 오른팔로서의 경력으로 워싱턴 정가와 월스트리트의 명성을 동원하여 와코비아를 구할 수 있다고 믿었지만 거시적인 환경이 그의 편이 아니었다. 스틸은 그가 부임한 후 은행이 매각되기까지의 격동의 10주 동안 자본금을 확충하기 위한 긴급한 노력을 최대한 한다. 주당 배당금 93센트 감축으로 15억 불을 절감하고 대출과 채권투자 자산을 200억 불 감축하는 등 자본금비율을 확충하기 위한 노력을 하였으나 자본금 증자의 타이밍을 놓친 것이 치명적이었다.

실질적으로 와코비아는 9월 초 시장이 다소 안정되기 시작하였을 때 증자를 추진하고 있었다. 그러나 스틸 행장은 증자보다 현금 유동성을 확보하는 데 더 열중하고 있으면서 증자의 타이밍을 놓치고 만다. 스틸이 믿고 있었던 와코비아의 향후 3년 이상 도래하는 부채에 대한 상환능력은 바로 다음 주에 금융시장이 악화되면서 전혀 유동성이 없거나 채권시장이 마비됨으로써 휴지조각이 되어 실질적으로 동원할 수 있는 유동성이 하나도 없게 된 것이다. 시장이 붕괴되고 있는데 스틸의 대책은 연말까지 3개월에 걸쳐 200억의 자본금을 확충한다는 계획이었다.

여기에 약간의 의문점이 남는다. 그는 이미 3월에 베어스턴즈 처리에 깊숙이 관여하면서 베어스턴즈의 CEO인 알란 수와츠(Alan Schwartz)가 시장에서 증자를 하거나 합작 파트너를 충분히 구할 수 있었음에도 불구하고 한가한 자체자본 확충계획에 집착하다 타이밍을 놓치고 체이스에 꼼짝없이 당하는 것을 보아 왔었다. 그런 그가 와코비아의 급박한 자본확충 필요성을 간과하여 베어스턴즈의 전철을 되풀이한 것은 이해하기 어렵다.

대혼란의 주말

와코비아은행이 웰스파고은행으로 합병됨에 있어서는 미국의 예금보험공사의 영향력이 컸다. 와코비아은행은 최후까지 독자생존을 위하여 몸부림쳤다. 아수라장이 되어버린 은행 정리과정에 있어서의 공자금 투입기준에 대해서 여기저기서 폴슨 재무장관의 잣대에 불만이 있었다. 7,000억 불 규모의 구제금융을 집행하다 보면 어찌 불만이 없을 수 있겠는가.

후에 미국 정부는 은행의 지원을 위한 명분으로 책정한 7,000억 불 금융구제자금, TARP자금 중에서 2,500억 불의 자금으로 미국 대형 은행의 지분인수에 나서게 된다. 와코비아는 웰스파고로 인수된 후에 발표된 2,500억 불의 은행자본금 투입계획이 일주일만이라도 빨리 나왔으면 충분히 독자생존이 가능하였다고 아쉬워하고 있었다. 대형 은행마다 250억 불 규모의 자본금을 투입하였으니 그 돈이 있었으면 와코비아는 당연히 독자생존할 수도 있었을 것이다. 그러나 그렇게 할 수가 없었다. 은행 고객의 불안이 금융시스템 전체의 안정을 위협할 수도 있기 때문이었다. 운명은 시간과의 싸움이다.

후일 와코비아은행의 주주총회에 웰스파고은행과의 합병승인제안서에 보고된 마지막 2주일간의 이야기는 그 짧은 기간 동안 미국 4위의 은행이 예금인출사태라는 치명적인 사태를 맞이하여 독자생존을 위한 몸부림을 치다 결국 금융시스템의 붕괴를 방지하기 위한 예금보험공사와 연방은행, 재무부의 조치에 따라서 자산기준 5위은행인 웰스파고에 인수당하게 되는 드라마를 생생하게 보여줬다.

예금 인출(deposit run)

2008년 9월 중순 그야말로 미국금융이 초토화되고 있을 때 와코비아 경영진은 여러 가지 자구책을 강구하는 한편 2~3개의 파트너와 합병딜을 추진하고 있었다. 시장에서는 끊임없이 와코비아에 대한 관심을 곤두세우고 있었다. 거대한 호화여객선인 와코비아에 생긴 균열을 수리하기 위한 시간도 충분하지 않은데 세계 신용위기의 와중에서 월스트리트 투자은행들이 초토화되면서 모기지대출에 전념하던 은행들이 계속 쓰러지고 있었다. 독자생존을 위하여 와코비아는 9월 16일 임시회장 랜티 스미스(Lanty Smith)가 악화되는 금융여건과 와코비아의 경영전반에 대한 다양한 대책을 수립하였다. 7월에 이미 수립한 위험자산 감축과 비핵심 자산의 매각 등을 통하여 자본과 유동성을 확보하고 핵심 사업부와 보유 대출자산 등 가용한 모든 자산을 매각하여 100~150억의 자본금 조성하는 한편, 와코비아 의결권 20~40%에 해당하는 전략적 투자자를 확보하거나 다른 금융기관과의 통합도 모색하기로 하였다.

9월 17일 와코비아는 하나의 파트너와의 대등통합에 대한 논의를 시작하여 9월 18일부터 실사작업에 착수하였다. 계약의 세부적인 내용과 경영구조까지도 논의한 통합논의는 와코비아 측의 입장에서 시장과 투자자의 반응에 대한 우려로 논의하기 시작한 다음 주에 상호합의하여 취소하고 말았다(참고로 당시 와코비아은행은 씨티그룹, 웰스파고, 산탄데르(Santander)) 등에 인수타진을 하였다는 보도가 있었으며 모간스탠리와의 합병이 보도되기도 하였다).

그 주에 와코비아 경영진은 씨티은행의 비크람 판디트(Vikram Pandit) 행장과 2명의 다른 임원으로부터 와코비아와의 통합에 대한 협상제안을 받았다. 협상은 그 다음 주까지도 계속되었다. 9월 20일 와코비아은행은 정부로부터의 권고에 따라 또 다른 금융기관이 와코비아은행을 인수하는 안에 대하여 9월 21일 비밀준수 약정에 동의하고 실사작업을 착수하였으나 9월 21일 오후 늦게 양측은 이 계약을 추진하지 않기로 합의하였다. 인수은행은 와코비아은행 부실자산과 손실에 대한 한도를 정하여 일종의 안전장치를 요구하였으나 연방감독기구에서 거절하여 무산된 것이다. 9월 21일 오후 경영진과 법무, 재무고문 등이 이사회에 그간 두 건의 잠재합병안에 대한 내역을 보고함과 동시에 증자, 자산매각, 전략적 투자자에게 20~40%의 지분매각하는 대안에 대해서도 보고하였다.

와코비아가 독자생존을 위하여 다양한 대책을 강구하고 있는 그때, 미 금융시장의 거시적 환경은 계속 살얼음판 같은 위기가 계속되고 있었다. 9월 19, 20일 주말, 미행정부에서는 7,000억 불 구제금융계획과 500억 불에 달하는 손실까지 흡수하는 강화된 예금자보호 조치와 1,800억 불에 이르는 통화 스왑 등의 경제지원안을 발표하였다. 와코비아은행의 증자를 위한 호의적인 여건이 마련되기 시작하여 9월 22일 주중에는 단일 혹은 소수의 개인투자자와 사모방식에 대한 협의를 시작하였다. 9월 21일 모간스텐리와 골드만삭스가 은행금융지주사 전환으로 인가받고 연방은행이 예상보다 큰 AIG 구제금융안 확정을 승인하는 등 시장의 분위기가 약간 호전되는 국면을 맞이했다. 그러나 미 재무부의 야심찬 7,000억 불 구제금융안을 포함한 긴급 경제안정안이 미 하원에서 부결되면서 시장이 급격하게 악화되기 시작한다. 미 하원에서 은행의 도덕적인 해이에 대한 분노로 긴급 경제안정안에 반대하고 나선 것이다. 와코비아은행이 더욱 불안한 상황을 맞이하게 되었다. 9월 24일 스틸 행장은 판디트 씨티그룹 행장에게 협상안 협의를 독려하였다. 그러나 판디트 행장이 출장 중이라서 9월 26일 오전 4시 27분 연락이 닿아 늦게 협의를 재개하였다.

9월 25일 저축기관감독국(Office of Thrift Supervision)이 예금인출사태로 위기에 빠진 워싱턴무추얼은행(Washington Mutual Bank)을 압류하고 영업정지와 동시에 예금보험공사 관리를 선언하고 전격적으로 19억 불에 제이피모간체이스에 매각한다. 9월 25일 저녁 백악관에서의 의회와 미 행정부의 7,000억 구제금융법안(TARP) 협의가 결렬된다. 워싱턴무추얼의 몰락과 7,000억 구제금융안 협상결렬은 금융시장에 심각한 불안을 초래하였고 와코비아의 신용부도스왑(CDS, Credit Default Swap)[11] 가격의 급등을 초래하게 된다. 통상 12~16bps(0.12~0.16%)였던 와코비아의 CDS 금리는 2008년 1월 2일 106bps(1.06%), 9월 25일 670bps(6.7%), 하루 뒤인 9월 26일에는 1,500bps(15%)까지 치솟는다. 그러나 이러한 아수라장 같은 주변환경 속에 9월 27~28일 운명의 주말을 맞는다. 와코비아에 대량의 예금인출사태가 발생된 것이다. 9월 26일 금요일 하루에 50억 불의 예금이 인출되는 사태가 발생한 것이다. 9월 26일, 워싱턴무추얼의 영업정지 조치가 단행되자 극도로 예민해진 와코비아의 예금고객들이 이탈하기 시작한 것이다.

　예금보험공사의 예금보호 대상이 되는 10만 불 한도 이내로 예금을 줄이고 다른 은행으로 인출하는 조용한 예금이동 현상이 이미 진행되고 있었으나 워싱턴무추얼 영업정지 조치 이후 예금자들의 불안이 극도에 달하자 단 하루 만에 와코비아에 50억 불의 예금이 이탈되는 현상이 발생하였다. 신용위기로 인하여 와코비아은행에 타 은행들이 자금 주기를 꺼려하고 있는 와중에 하루 만에 50억 불의 예금이 빠진 것은 엄청난 충격이었다. 9월 26일은 금요일이었다. 월요일이 되면 은행문을 열자마자 대소동이 벌어질 것이 뻔하였다.

　예금인출사태는 치명적이었다. 놀란 예금보험공사는 와코비아에 9월 29일 월요일 아침까지 대안을 찾지 못하면 자회사에 대한 법정관리를 실시하고 은행부도를 선언할 것이라고 최후통첩을 하였다. 리먼의 파산조치에 버금가는 핵폭탄급 결정이었다. 예금보험공사에게 있어서 와코비아는 너무나도 부담스러운 공룡이었다. 와코비아가 망하면 예금보험공사의 기금이 거덜 날 정도의 문제가 발생할 것이다.

　9월 25일 이전부터 악화되기 시작한 예금인출이 26일 하루 동안 50억 불의 예금이탈이 발생하여 유동성에 문제가 생기자 금융기관들이 와코비아은행과의 통상적인 자금거래를 거부하기 시작하였다. 와코비아의 주가가 폭락하였고 곧이어 신용평가기관의 평가등급 하향조정이 예고되고 지속적으로 악화되는 금융상황으로 와코비아는 이미 공모 혹은 사모로 인한 증자의 가능성이 없어지게 되었다. 와코비아 경영진은 연방은행의 도움이 없이는 9월 29일, 월요일부터 정상적인 영업을 위한 시장에서의 자금조달이 불가능하다고 판단하였다. 9월 26일 금요일, 와코비아는 연방은행(FRB), 통화관리청(OCC), 예금보험공사(FDIC)와 함께 시시각각으로 변하는 자금상황에 대한 변동을 30분 단위로 모니터하였다. 9월 26일 은행 경영진은 전화로 소집한 긴급이사회에 은행의 유동성의 심각성에 대한 현황에 대해서 보고하고 몇 가지 전략적인 대책과 더불어 감독당국들과의 재무상태에 대한 협의결과에 대해서 보고하였다. 은행경영진은 이사회에 씨티그룹과 웰스파고와의 합병논의가 진행 중이며 두 은행과 비밀준수협약과 실사가 진행 중임을 보고하고 9월 29일 아침 영업시작 전에 합병에 대한 마무리가 되지 않으면 예금보호공사의 법정관리조치가 실시됨을 보고하였다. 그리고는 9월 27일, 28일 이틀간 와코비아 협상대표들이 뉴욕에서 씨티그룹과 웰스파고 팀과의 협상을 진행하였다. 월요일 아침까지 대책이 마련되지 않으면 와코비아가 파산하는 것이다.

　씨티그룹은 와코비아 인수를 기회로 위기를 탈출할 수 있는 호기를 맞았다. 와코비아와 더불어 씨티그룹도 지난 3년 동안 과도하게 자산을 팽창시켰으나 자본금비율은 위험하게 낮아져 있었던 것이다. 그러나 처음부터 씨티그룹은 와코비아의 증권부분에 대해서는 관심이 없었다. 씨티그룹은 와코비아의 증권부문을 제외한 은행부문만 인수하고 손실보전에 대한 정부지원이 있어야 하는 조건을 제시하였다. 와코비아은행은 증권과 은행을 분리할 경우 증권부분의 독자적인 생존이 불가함을 강조하고 전체인수를 제안하였으나 씨티는 거듭 은행부분만 관심이 있음을 고수하였다. 한편 9월 27일 토요일, 그리고 9월 28일 일요일 아침 계속된 회의에서 웰스파고의 커바세비치 회장은 와코비아은행 전부를 주식교환 조건으로 인수할 안을 마련 중이며, 정부지원 없이 인수하는 안을 월요일 아침까지 합의할 수 있을 것으로 통보하였다. 9월 28일, 와코비아에서 합병안을 통보하여 웰스파고 커바세비치 회장이 실사에 대한 논의를 하였으나 실사일정이 너무 촉박하여 오후 7시경 스틸 행장에게 일정을 맞추지 못하겠다고 통보하였다. 웰스파고는 예금보험공사와 연방은행 관계자와 협의를 통하여 실사일정상의 촉박한 문제로 웰스파고가 미처 다 검토하지 못한 와코비아의 일정 자산에 대한 손실부문에 대하여 정확한 예측이 어려우므로 웰스파고의 손실을 일정금액으로 제한하는 안을 제시하였으나 예금보험공사는 웰스파고 안을 거절하였다.

예금보험공사의 실라 베어 의장은 이 상황을 질질 끌려 다닐 수 없다고 판단하였다. 와코비아의 스틸 행장에게 와코비아가 정부지원 없이 합병을 이루기 어렵다고 보며 와코비아의 상황이 금융시스템의 연쇄적인 파급위험에 노출되어 있다고 보기 때문에 예금보험공사법 13조에 의거한 공개은행구제조치(open bank assisted transaction)라는 전례 없는 조치를 취하여 수 시간 이내에 경쟁입찰 절차를 통하여 합병상대를 정해줄 것이라고 잘라서 통보하였다.

예금인출의 가능성에 대해서 와코비아 경영진이 얼마나 심각하게 대비하고 있었을까. 예금 금융기관인 상업은행에서 예금인출이 발생한다는 것은 치명적인 것이다. 이미 조용한 예금인출이 진행되고 있으며 자금시장에서 은행들이 와코비아에 자금거래를 중단하고 있는 기간에도 와코비아에 긴박감은 없었다. 스틸을 앞세운 와코비아의 경영진이 수개월을 은행의 재건에 바빠 보내고 있었지만 예금보험공사 의장인 여장부 실라 베어 의장의 결정은 단호하였다. 와코비아에 지속적인 예금인출사태가 계속되고 그것이 금융시스템 전체로 파급되는 것은 용납할 수 없는 상황인 것이다. 이것이 민간부문과 정책기관 사이의 확실한 입장의 차이이다. 그리고 칼자루를 쥔 실라 베어 의장은 추호도 우물쭈물하지 않았다.

FDIC의 베어 의장은 와코비아의 문제가 지연되어 월요일 아침, 추가 예금인출사태가 발생하고 이것이 금융시스템 전체 위기로 번지는 것을 차단하기 위하여 월요일 은행이 문을 열기 전에 어떤 조치를 취해야 했었다. 대책 없이 독자생존만을 읍소하며 기다리는 와코비아 경영진에게 수 시간 이내 공자금을 투입하는 어떤 대책을 마련해주겠다고 통보하였다.

운명의 월요일 새벽 0시 30분 와코비아는 독자생존을 위한 예금보험공사와의 최종 협상을 했다. 예금보험공사가 일정부분 대출에 대한 손실보전조치를 해주면 와코비아 주식을 인도하고 100억 불의 새로운 자본금을 마련하겠다는 것이었다. 와코비아는 이러한 제안이 씨티은행과의 거래보다 훨씬 덜 부담이 됨을 예금보험공사에 호소하였다.

웰스파고 역시 그날 아침 손실에 대한 상한선을 포함하는 손해공유계약을 들고 왔다. 예금보험공사에게는 와코비아 안이나 웰스파고의 안이 다 만족스럽지 않았다. 썩 만족스럽지 않은 두 가지 안을 다 거부하고 새벽 4시 씨티은행에 공자금을 지원하여 와코비아은행의 증권부분을 제외한 대부분을 씨티에게 넘기는 안을 발표한다.

예금보험공사는 와코비아와 씨티의 부실을 함께 묶어서 처리하고 싶었다. 두 부실은행을 묶어서 공자금을 투입하면 따로 따로 투입하는 것보다는 부담이 적을 것이다. 두 마리의 토끼를 함께 잡으려고 하였다. 역시 씨티의 대정부관계 로비능력은 대단하였다. 만약 아침 6시 30분까지 와코비아 이사회에서 이 안을 거부한다면 예금보험공사의 법정관리에 들어가고 와코비아의 파산을 발표할 판이었다. 와코비아 이사회가 백기를 들었다. 와코비아, 씨티 구제안에 대한 비난조의 댓글로 인하여 언론사마다 홍역을 치렀다.

그러나 씨티은행에는 경사가 났다. 탄탄한 대로가 전개될 것이 보였기 때문이다. 와코비아에서 골든웨스트 주택자금대출 부분을 생각하고 나면 너무도 알짜배기 자산과 3,500개의 잘 구축된 지점망, 그리고 무엇보다 7년연속 선두를 놓친 적이 없는 고객만족도 1위 은행의 우수한 직원들도 덤으로 건지는 것이다. 그러나 무엇이든 단단한 마무리없이 샴페인을 일찍 터뜨리면 사고가 난다.

너무 일찍 샴페인을 터뜨린 씨티

 2008년 9월 29일 월요일 새벽 4시, 예금보험공사의 실라 베어 의장은 와코비아의 스틸 행장에게 씨티그룹이 선정되었으며 이를 은행 영업개시 전에 발표할 것임을 통보하였다. 그리고 씨티그룹과의 원만한 계약 마무리를 지시하며 동시에, 예금보험공사의 이러한 결정이 와코비아 이사회에서 승인되지 않을 시 법정관리를 선언할 것이라고 통보하였다. 씨티그룹이 계약서 초안을 작성하였으나 이상하게도 어느 쪽의 구속력도 없는 것이었다. 초안은 씨티그룹이 와코비아의 은행주식과 상호 합의한 자산을 21억 6,000만 불의 현금과 씨티그룹 주식으로 지급하고 와코비아의 532억 불에 달하는 선순위 후순위채권을 인수하며, 와코비아증권의 주식중개업무, 자회사인 에버그린의 자산관리업무는 은행업무와 분리하여 인수대상에서 제외하여 추후 협의에 따른다는 조건이었다. 예금보험공사와의 협상조건은 총 3,120억 불에 달하는 와코비아의 대출자산에 대한 씨티그룹의 손실을 첫 300억 불과 3년 동안 매년 40억 불로 제한하는 조건이었다.

 또 이러한 상호 비구속적인 계약서에서 최종적인 계약이 완료되고도 그 거래가 이행되지 않는 경우 캘리포니아, 플로리다, 뉴저지의 와코비아 지점을 시장가격에 인수한다는 조건이었다. 씨티그룹안의 중요한 내용들에 대한 와코비아은행의 추가협상권 요청과 와코비아증권을 포함한 모든 영업에 대한 인수요청 등이 거부되었다. 씨티그룹의 안은 와코비아의 이사회와 주주총회의 승인이 있어야 하고 씨티그룹이 발표일로부터 7일간 배타적인 협상권을 가진다는 조건이었다. 9월 29일 오전 6시 30분, 와코비아은행의 긴급이사회가 전화로 소집되었다. 와코비아는 두 가지의 선택이 있었다. 하나는 씨티그룹, 예금보험공사와의 계약에 합의하는 것이며, 다른 하나는 예금보험공사가 와코비아은행을 법정관리하게 하는 것이었다. 이럴 경우 와코비아는 파산선언을 해야 했다. 와코비아 이사회가 씨티그룹과의 합병을 승인할 수밖에 없었다. 씨티그룹은 즉시 이러한 일종의 신사협정(non-binding agreement-in-principle)에 대한 이행계약서와 별도의 배타적 계약내용에 관련된 계약서의 이행을 촉구했다. 와코비아은행에서 요구한 몇 가지 부당한 사항, 예를 들어 쌍방은 서로 신뢰를 바탕으로 협상한다는 등의 내용이 거부되어 할 수 없이 와코비아은행에서 계약서에 서명하였다.

9월 30일 오후 씨티그룹에서 인수계약서 초안을 비롯한 몇 가지 계약서를 가져왔다. 씨티그룹의 합병안이 와코비아의 증권부분업무를 제외한 것이었기 때문에 그것을 구분하기는 대단히 복잡하였으며 나머지 증권부분과 관련된 와코비아의 생존에 대한 위험이 너무나 컸다. 무리한 계약내용에 대한 지속적인 지적에 대하여 씨티그룹은 21억 6,000만 불의 주식을 추가로 내놓는다는 수정안을 제시하였다. 이처럼 무리한 여러 가지 계약내용에도 불구하고 씨티그룹은 10월 3일 이전에 계약을 확정하고 100억 불의 증자를 도모하기 위해서 와코비아에게 일방적인 계약 마무리를 밀어붙였다.

9월 29일 뉴욕 시간으로 월요일 아침, 와코비아은행의 증권분야를 제외한 대부분을 씨티은행이 전격적으로 주당 1불에 인수한다고 발표하였다. 씨티은행에 있어서는 엄청난 기회였다. 7,000억 불의 와코비아은행 자산을 단돈 20억 불에 인수하고 연방정부로부터의 자금지원도 받으며 1,000여 개 남짓한 지점 수도 단번에 4,300개로 늘리고 예금만도 6,000억 불을 확보하여 뱅크오브아메리카, 제이피모간체이스에 이어 미국 3위의 은행자리를 확실히 굳히며 위기를 넘길 수 있는 기회였다. 씨티은행 자체도 부실의 루머에 시달려 왔는데 와코비아의 핵심 업무만을, 그것도 정부의 공적자금을 지원받아서 인수하여 단번에 부실을 청소할 수 있는 호기를 맞았다.

예금보험공사의 선물은 그것만이 아니었다. 3,120억 불에 이르는 와코비아 대출자산에 대한 부실에 대하여 420억 불을 부담한다고 하였다. 대신 씨티그룹의 보증부 우선주를 120억 불 받는 조건이었다. 와코비아은행의 소매금융 부문만을 단돈 20억 불에 인수하는 씨티그룹은 은행부문 자본확충을 위하여 100억 불의 신주를 발행할 계획을 수립하였다. 대신 와코비아는 소매주식매매를 주로 하는 와코비아증권과 자회사인 에버그린무추얼펀드는 씨티가 단호하게 거부함으로써 독자유지를 해야 하는 골치 아픈 합병안이었다. 와코비아증권은 당시 14,600명의 재무설계사와 1조 불 이상의 고객자산을 운용하고 있는 미국 3위의 자산운용사였다. 1위는 메릴린치, 2위는 씨티그룹의 스미스 바니(Smith Barney)이다. 씨티로서는 너무도 중복된 고객구조로 인하여 상승효과(synergy)가 별로 없는 부문이었다.

와코비아 주주들의 불만이 극에 달했다. 그들은 주주총회에서 합병안을 부결한다는 계획을 세웠지만 역부족이었다. 73%가 넘는 주주가

연기금인 무추얼펀드와 펜션펀드로 구성된 기관투자자들이었기 때문이었다. 만약에 주주총회에서 부결이 성공된다 하더라도 통화감독청(OCC)이 간단하게 와코비아의 영업을 중지시키고 예금보험공사의 법정관리를 실시할 것이기 때문에 이미 결정된 운명의 게임이었다.

그러나 무엇이든지 급히 먹다가는 체하게 마련, 씨티은행에 경사가 난 지 일주일도 안 된 10월 3일, 웰스파고은행이 와코비아은행의 전부를 공자금 지원 없이 주당 7불에 인수한다고 전격적으로 발표했다. 와코비아은행 전부를 151억 불에 인수하는 조건이었다. 씨티은행은 닭 쫓던 개 신세가 되었다. 닭은 이미 뉴욕에서 대륙을 날아 웰스파고은행 본점이 있는 샌프란시스코로 가 있었다. 일주일도 안 되는 짧은 기간 동안 무슨 일이 있었던 것인가?

웰스파고의 치밀한 승리

씨티가 와코비아 인수의 샴페인에 취해 있을 때, 웰스파고는 포기하지 않았다. 새로운 대안을 준비하여 예금보험공사와 다시 협상을 시작하였다. 그것은 공자금의 지원 없이 와코비아 전부를 깨끗하게 주당 7불에 인수하는 것이었다. 예금보험공사의 실라 베어 의장은 회심의 미소를 지었다. 그는 씨티은행의 와코비아 인수계약이 지닌 법적인 미비점에 대해서 잘 알고 있었다.

베어 의장은 직접 와코비아의 스틸 회장에게 전화하여 웰스파고의 새로운 제안에 대한 협조를 요청하는 한편 씨티와의 계약에 대한 법적인 사안에 대한 와코비아 법무팀과의 조율까지 마쳤다. 와코비아와 씨티 간의 계약이 최종계약서에 서명을 하기에는 여러 가지 조항의 추가적인 협의가 필요한 부분이 많이 있었기 때문에 계약서로는 결격사항이 많았다. 그러나 씨티은행은 다 된 계약이라고 착각하고 있었다.

10월 2일 밤 11시에 와코비아 긴급이사회가 소집되었다. 예금보험공사의 베어 의장은 다시 한 번 10월 3일까지 웰스파고와의 합병계약서가 합의되지 않으면 주말에 법정관리로 들어갈 수밖에 없음을 경고하였다. 와코비아 이사회는 씨티에 비하면 훨씬 좋은 웰스파고의 안을 승인할 수밖에 없었다. 와코비아 이사회의 승인이 끝난 후 예금보험공사의 베어 의장은 와코비아 법무팀, 밥 스틸 회장 등과 함께 씨티의 판디트 행장에게 계약파기를 전화로 통보했다.

씨티의 비크람 판디트 행장은 베어 의장에게 이러한 결정이 금융시스템 문제로 발전될 가능성에 대하여 불만을 제기하였으나 그의 항의는 묵살되고 만다. 예금보험공사에 있어서 웰스파고의 제안은 공자금 투입 없이 웰스파고 자체자금으로 와코비아 전부를 인수하게 함으로써 공자금부담이 필요 없는 기회였던 것이었다.

씨티그룹으로서는 대단히 위험한 상황이 초래된 것이다. 씨티그룹은 와코비아와의 계약우선권을 주장하고 웰스파고와의 합병협상의 중지를 법원에 요구하였다. 2008년 10월 4일 뉴욕법원에서 일시적으로 씨티의 주장을 받아들여 잠정적인 협상중지 이행명령을 내렸다. 씨티는 웰스파고와 와코비아가 씨티의 계약서에서 합의한 배타적인 조건[12]을 위반하였다고 주장하였다.

뉴욕 주 대법원 판사 찰스 라모스(Charles E. Ramos)에 의하여 받아들여겼던 협상중지 이행명령은 다시 뉴욕 주 항소법원 판사 제임스 멕과이어(James M. McGuire)에 의하여 뒤집어졌다. 단순히 코네티컷에서 발생된 소송건에 대한 판결권이 라모스 판사에게는 없다는 것이었다. 10월 9일 씨티그룹은 와코비아 인수를 포기한다. 그러나 합계 600억 불의 소송을 와코비아와 웰스파고에 제기하였다. 200억 불의 보상과 400억 불의 손해배상에 관련된 것이다. 10월 12일 연방은행 이사회는 웰스파고의 합병안을 승인하였다.

이렇게 하여 2006년 10월 부동산시장이 꼭지에 있을 때 240억 불 이상을 투입하여 골든웨스트파이낸셜을 삼킨 와코비아는 자산기준으로 덩치가 작은 웰스파고은행으로 151억 불에 합병이 되는 결과를 맞게 된다. 6,000억 불의 웰스파고가 8,000억 불의 와코비아를 인수하여 씨티를 제치고 예금과 대출기준으로 미국 2~3위의 은행으로 올라서게 되었다. 씨티는 와코비아와 웰스파고를 싸잡아서 손해배상소송을 제기하였으나 계약 자체도 결격사항이 많았는데 승소할 가능성이 별로 없어 보였다.

IRS, 미 국세청

웰스파고의 전격적인 와코비아 인수배경에는 치밀한 준비와 계산이 있었다. 이런 북새통에서는 정신차리고 잘 살펴보면 눈먼 돈을, 떡고물을 챙길 수 있는 기회가 많다.

미 재무부에서 금융기관 구조금융을 실시하면서 합병과정에서 발생하는 손실의 회계처리에 관한 이런저런 예외조치를 발표하였다. 소위 IRS[13] 세법 382조에 관한 수정인데 금융시장의 안정조치들에 대한 이런저런 세금유예, 감면조치 등이었다. 2008년 9월 30일 미 재무성과 국세청에서는 Notice 2008-83이란 조치를 발표한다. 세법 382조의 수정에 관한 내용이었다.

Notice 2008-83

Notice 2008-83은 부실금융기관의 합병에서 피인수은행의 내재손실 처분에 관련된 회계처리에 대한 국세청의 공고로써 다음과 같이 간단한 네 조항으로 구성되어 있다. 이 간단한 공고가 엄청난 조세혜택과 워싱턴 정가, 금융계, 학계의 논쟁을 불러왔다.

Section 1. Overview

The Internal Revenue Service and Treasury Department are studying the propoer treatment under section 382(h) of the Internal Revenue Code(Code) of certain items of deduction or loss allowed after an ownership change to a corporation that is a bank(as defined in section 581) both immediately before and after the change date(as defined in section 382(j)). As describecd below under the heading Reliance on Notice, such banks may rely upon this guidance unless and until there is additional guidance.

Section 2. Treatment of Deductions Under Section 382(h)

For purposes of section 382(h), any deduction properly allowed after an ownership change(as defined in section 382(g)) to a bank with respect to losses on loans or bad debts(including any deduction for a reasonable addition to a reserve for bad debts) shall not be treated as a built-in loss or a deduction that is attributable to periods before the change date.

Section 3. Reliance on Notice

Corporations described in section 1 of this notice may rely on the treatment set forth in this notice, unless and until there is additional guidance.

Section 4. Scope

This notice does not address the application of any provision of the Code other than section 382.

예금보험공사에서 와코비아를 씨티에 넘긴 후에도 웰스파고는 와코비아 합병안을 계속 검토하고 있었다. 특히 와코비아 인수 시 조세효과를 면밀히 검토하고 있었다. 웰스파고는 와코비아의 손실에 대한 공자금을 지원받는 경우와 공자금 지원 없이 인수하는 경우의 조세효과를 비교하고 공자금 지원 없이 와코비아의 고유한 손실을 이용하여 인수할 시, 예금보험공사의 지원을 받는 것보다 조세효과가 훨씬 유리함을 간파하였다. 2008년 9월 30일 때맞추어 미 재무성과 국세청(IRS)에서 Notice 2008-83을 발표하였다. 공고 2008-83은 통합은행의 영업결과에 따라서 법인세에 대단한 영향을 미치지는 않게 되어 있었다. 다만 대손상각에서 비롯된 세금혜택이 이러한 세금감면을 인식하게 되는 시점에 제한되지 않도록 되어 있었다. 계약서에 서명할 당시 와코비아의 내재된 미실현손실(net unrealized built-in loss, 통상 와코비아 대출자산의 적정시장가격을 초과하는 금액에 대한 누적세금 초과분)은 30억 불이었다. 웰스파고의 계산에 의하면 국세청 규정 382조에 따라 연간한도는 10억 불이었다. 따라서 공고 2008-83을 고려하지 않는 382조에 의하면 최초 30억 불(합병 후 매년 10억씩 허용)만 제한을 받고 와코비아의 내재된 미실현손실을 초과하는 손실에 대해서는 즉시 허용가능하다는 것이었다. 와코비아의 내재된 미실현손실은 정해져 있는 것이 아니고 합병이 완료될 때까지 확정할 수 없는 숫자이다. 2008-83 공고가 없었다면 382조의 한도를 적용받을 경우 382조에 의한 세금혜택을 상실하기 위해서는 와코비아의 내재된 미실현손실이 210억 불을 초과해야 했었다.

세법 382조에 의하여 부실기관 인수 후에 인정받는 내재손실(부실자산의 처분과 충당금을 위한 합당한 손실처분까지 포함)을 은행인수 이전에 발생한 내재손실, 혹은 차감으로 처리하지 않는다는 조치이다. 이러한 조치는 인수은행의 피인수은행 합병 이전에 발생된 공제 손실에 대하여 국세청이 관여하지 않는다고 함으로써 인수은행의 조세부담을 경감해준 효과를 가져왔다.

　원래 세법 382조는 1986년에 입법된 것으로 합병에서 발생할 수 있는 탈세를 방지하기 위한 규정이다. 피인수 기관의 손실을 부실회사를 이용하여 명목상 합병회사의 이익을 분식하고 결과적으로 세금절감을 하여 조세를 포탈하는 편법을 방지하기 위한 것으로 이미 20년 이상 적용되어온 법이다. 이러한 382조에 대한 수정조치인 Notice 2008-83은 2008년 금융 쓰나미의 과정에서 합병은행의 피합병은행 부실자산 상각에 대한 법인세 부담을 줄여주는 예외조치였다.

　일부에서 웰스파고 규정이라고까지 비난한 이러한 조치는 의회에 통보도 없이 재무부에서 일방적으로 발표하였다. 발표한 시점도 묘하다. 9월 30일 발표하였는데, 이 날은 의회에서 폴슨 재무가 신청한 긴급 경제안정법(Emergency Economic Stabilization Act)이 부결된 다음 날이며 예금보험공사에서 씨티에게 와코비아를 던져준 다음 날이기도 하다. 그리고 10월 3일, 예금보험공사의 실라 베어 의장은 씨티와의 계약을 파기하고 웰스파고에게 와코비아를 넘겨준다. 세법 382조의 수정으로 웰스파고에 250억 불에 이르는 세금혜택이 생긴 것이다. 이것은 와코비아를 인수한 151억 불보다도 더 많은 혜택이었다.

　어쨌든 이러한 한시적인 조치로 물경 1,400억 불의 세금 떡고물이 흐른 것이다. 부실은행 합병을 도와주기 위한, 합병은행에 주는 세금감면 혜택이었다. 대부분 금융계에 자세히 알려지지도 않은 이러한 재무부 공고를 웰스파고의 조세담당 법무팀이 재빨리 이를 인지하였다. 그래서 웰스파고는 씨티은행이 일찍 터뜨린 샴페인에 취해 있을 때 예금보험공사의 구미를 당기는 최초 인수계획안의 수정안을 제시할 수 있었던 것이다. 와코비아를 인수한 웰스파고가 최고 250억 불, 내셔널 씨티를 인수한 PNC가 51억 불, 소브린뱅코프(Sovereign Bancorp)를 인수한 방코산탄데르(Banco Santander)가 20억 불의 세금 떡고물을 재빨리 챙겼다.

통상 합병과정에서 발생되는 손실에 대한 세금감면은 합병기업이 흑자로 돌아갈 때까지만 인정하며 또한 연중한도도 제한한다. 그러나 미 재무부는 이러한 규정에 예외를 허용한다. 은행취득 경우와 발생된 손실이 대출자산과 관련이 있을 때에는 예외를 인정한다는 것이었다. 웰스파고는 와코비아를 인수하여 약 740억 불의 자산을 상각할 예정이었다.

기존 세법에 의하면 연간 9억 3,000만 불씩 20년에 걸쳐 총 186억 불의 세금감면 혜택을 보게 되어 있었다. 그러나 일시적이고 새로운 조치에 의하여 740억 불을 상각하고 194억 불 추가절세효과를 기대할 수 있게 되었다. 이것은 웰스파고가 와코비아 인수에 지불한 151억 불보다 훨씬 많은 돈이다.

부시 행정부 말기였으며 미국의 경제가 금융기관 부실로 인하여 어수선할 때였다. 이러한 재무부의 조치에 대하여 의회에서는 그것은 재무부의 권한이 아니라며 격노하였다. 한편 재무부에서는 위기극복책의 일환으로, 재무부가 이러한 조치를 완화할 재량은 있다는 입장이었다. 그러나 이 사건은 잠깐 언론의 화면을 장식하고는 사라졌다. 의회도 정부도 누구도 이 건에 대해서 계속 논쟁하길 꺼려했다. 그 후 이러한 예외조치는 다시 취소되었으나 재빨리 챙긴 세금 떡고물은 다시 되돌릴 수가 없었다.

또 다른 소소한 세금혜택으로 금리경매채권매매(ARS, auction rate

securities)라는 단기채권시장이 있다. 그런데 이 시장이 금융위기 이후 마비되어버렸다. 투자자들에 대한 손실을 방지하기 위해 연방은행은 미국의 은행들에게 즉시 환매를 지시한다. 시장이 없어졌으니 연방은행의 지시를 이행하려면 당연히 은행에 손실이 발생한다. 연방은행은 공자금투입을 연방금융지원으로 분류하지 않게 하여 세금을 내지 않아도 되도록 허용하였다.

　많은 합병이 돈잔치로 연결된다. 특히 조세에 관한 합병효과가 엄청나다. 세금의 절감이라고 할 수도 있고 회피라고 할 수도 있겠다. 이러한 조세의 절감으로 인한 돈잔치는 결국 납세자의 돈으로 즐기는 축제와도 같다.

승자와 패자

　와코비아의 문제는 자산서열 콤플렉스(leader board complex)였으며 투자금융 콤플렉스(Wall Street complex)였다. 자산기준 미국 4위 은행으로서 상위 세 개 은행과의 격차에 대한 지나친 강박관념이었으며 그들 은행의 국제업무와 자본시장, 투자금융(investment banking)에 대한 콤플렉스였다.

　합병만능주의로 인하여 무리하게 합병대상을, 그것도 시장이 너무 과열되었을 때 능력에 비해 너무 비싸게 과대한 골든웨스트를 인수하였다. 또한 투자금융업무에 부족한 인력과 일천한 경력 등 내부조직이 채 준비되어 있지 않은 상태에서 월스트리트 은행들을 상대로 경쟁하겠다고 무리하게 확장한 것이 문제였다.

　자산을 키우든, 새로운 영역에 진출을 하든 문제는 그것을 관리하는 기본적인 능력이 갖춰진 후에 성장을 도모해야 하는 것이다. 그렇지 않으면 웰스파고처럼 자신 있고 잘 아는 것만 그들 방식대로 하는 것이다.

　금융쓰나미가 미국금융을 사정없이 할퀴고 지나간 후 2008년 11월 20일 미 검찰과 증권위원회가 와코비아은행의 부동산 저당대출과 고객에 대한 정보공개의무에 대한 조사에 착수했다. 검찰은 골든웨스트가 차주로 하여금 비싼 대출을 선택하도록 압박하거나 대출승인을 위하여 서류를 조작했는지에 맞춰지고 있으며, 이러한 부실에 대하여 책임자들이 얼마나 성실하게 관리하고 또한 대출의 부도에 대한 내용을 공개했는지에 집중되고 있다.

　와코비아의 켄 톰슨은 골든웨스트 인수 딜이 그가 생각한 것보다는 약간 더 복잡하다는 사실을 간과하였다. 그의 금융기관 인수에 대한 평소 지론은 당연히 시장가격에 비해 과도하게 지불해서는 안 된다는 신중한 것이었는데 당시 새로운 와코비아의 성장동력을 확보하기 위한 투자은행 부서의 강력한 주장에 약간 판단력을 상실했었다. 이것이 2006년 초 주주총회에서 보고를 통하여 미국 서브프라임 거품의 붕괴 가능성에 대해서 충분히 경고할 만큼 시장의 위험에 대해서 잘 이해하고 있었던 그가 골든웨스트 인수를 승인한 미스터리이다. 그가 이미 2006년 1월 와코비아 주주총회에서 경고했던 부동산 시장의 붕괴 가능성에 대한 소신을 끝까지 관철하였으면 얼마 되지 않아서 그는 부동산 거품이 붕괴되는 것을 보며 자신의 혜안에 대해서 경탄을 하며 와코비아의 영웅이 되었을 뿐만 아니라 2008년 금융 아수라장에서 실속 있는 금융기관을 싸게 인수하여 그야말로 미국 금융의 전문가(guru)로 추앙될 수 있었을 것이다. 그러나 무엇보다 하늘 높은 줄 모르고 치솟기만 하던 부동산 거품이 급전직하하며 세계 금융시장을 초토화시킨 시장 환경의 변화는 그에겐 평생의 업적이 무너지는 불행이었다.

더구나 와코비아 경영진은 이미 회사 재무제표의 징후에 대해서 알고 있었음에도 불구하고 긴급한 보완조치에는 소홀하였다. 골든웨스트 인수를 마무리한 2006년 10월 이후 곧이어 2007년 봄부터 이미 부동산대출 부문의 부실이 증가하기 시작하여 수익성이 악화되기 시작하였고 드디어 2007년 4/4분기에는 5,000만 불의 손실을 기록, 이어 2008년 1/4분기에 7억 700만 불의 손실이 연속 발생하였다. 거대한 타이타닉 호가 빙산과 충돌하여 생긴 조그마한 틈을 즉각적으로 보완조치하는 데 미흡하여 수습하기 어려운 상태로 진행된 것이다. 그래도 영업라인에서는 보너스 파티를 즐기기 위하여 모기지자산을 비롯하여 가산금리가 좋은 신흥시장국가의 고객에 대한 대출을 늘려가고 있었다.

재무제표의 틈새는 이미 2007년 말부터 ROA(자산수익률)과 ROE(자본수익률) 모두 급격히 악화되기 시작하였다. 그래도 총자산과 총대출을 줄이지 못하고 적자를 쌓아가고 있었다. 미국금융위기가 고조되던 2008년 9월 말의 와코비아 재무제표를 보면 총자산과 예금, 자본금, 모두가 빠지고 있는 중에도 대출은 줄지 않고 있었다. 총자산이 480억 불, 총예금이 290억 불 빠질 때 총 대출은 100억 불이 줄었다. 원래 대출자산의 축소가 위기의 상황에서는 어려운 것이다. 그것이 은행의 위기 대응능력의 짐이다.

와코비아은행 주요 재무제표 변동추이

단위 : 백만불

일자	총자산	총예금	총대출	총자본	순이익
2008-3Q	764,378	418,840	467,022	50,003	(23,889)
2008-2Q	812,433	447,790	477,454	75,127	(3,108)
2008-1Q	808,575	444,964	473,915	77,992	(707)
2007-YE	782,896	449,129	469,854	76,872	6,312
2006-YE	707,121	407,458	427,552	69,716	7,791
2005-YE	520,755	324,894	268,275	47,561	6,643

와코비아은행 주요 경영지표 추이

일자	자산수익률(%)	자본수익률(%)	주가
2008-3Q	(11.91)	(134.31)	3.50
2008-2Q	(4.50)	(43.86)	15.53
2008-1Q	(0.34)	(3.39)	27.00
2007-YE	0.87	8.94	38.03
2006-YE	1.34	14.36	56.95
2005-YE	1.31	14.13	52.86

자료 : 와코비아은행 분기별 회계보고서

규모만 크면 망하지 않는다(Too big to fail)고 믿었을까? 아니다. Too big to manage였다. 초대형 호화여객선의 구석구석에 대한 정밀한 틈새관리가 안 되었던 것이다. 배가 너무 크니, 아래층 기관실에서는 바닷물이 넘쳐 들어오고 있는데도 위층에서는 아무것도 모른 채 모든 기능이 정상적으로 이루어지고 있었다. 시장에서는 와코비아 호가 침몰하고 있다고 하는데도 정작 내부에서는 고객들에게는 "아무 일 없습니다" 하는 방송만 되풀이하고 있었던 것이다.

와코비아의 구제는 필연적이었겠지만 그래도 침몰을 방지할 수 있었던 기간은 2007년 7월에서 2008년 6월까지, 1년이었다. 그 기간 동안 미국금융의 위기는 점점 심화되고 있었으며 위기경영에 나선 은행들이 있었으나 와코비아는 배가 침몰하고 있는 마지막 순간까지도 갑판까지 가득한 짐들을, 즉 자산과 대출을 줄이지 못하고 있었다. 위기의 과정에서 미국 최강의 재무제표를 자랑하는 제이피모간체이스은행이 서브프라임 부동산 거품을 예상하고 자산담보부채권(CDO) 등 채권자산을 과감하게 처분하여 위기를 슬기롭게 극복하며 투자여력을 보유하여 알짜배기 금융기관을 인수할 수 있었던 것이 진정한 전문가들의 위기관리인 것이다.

와코비아는 2008년 9월 27일 대규모 예금인출(50억 불)이 발생함으로써 예금보험공사의 손으로 넘어갔다. 바로 다음 주였던 10월 3일 미 재무부는 미국 대형 상업은행의 신용회복을 위하여 250억 불씩 구제금융을 투입한다. 와코비아가 그 구제금융을 받았으면 당연히 독자생존을 할 수 있는 시간을 벌 수도 있었을 것이다. 그러나 그러한 가정은 예금인출이 생기지 않았을 때 가능한 일이다. 와코비아 내부에서 제대로 통제도 못하고 계속 자산과 대출을 늘리는 사이 금융시장에서는 와코비아에 자금을 빌려주지 않는 상황으로 진행되고 있었다. 그러한 와중에 예금이 이탈된 것이다. 더구나 금융시장에서는 와코비아에 대한 단기 자금줄마저 고갈되고 있을 때 말이다.

2008년 7월 2/4분기 결과를 발표할 때는 손실이 91억 불로 늘었다. 와코비아는 황급히 CEO를 해고하고 자산매각 등의 비상자구책을 발표하지만 이미 늦었다. 유동성은 시기의 문제이다. 유동성의 위기는 언제든지 흑자도산이 가능한 상황이다. 이렇게 온 시장에 와코비아의 유동성 문제가 확산되고 난 후에 증자를 도모했으니, 어떤 어리석은 투자자가 유동성 문제로 언제 부도를 선언할지 모르는 회사에 투자하겠는가?

이렇게 미적미적하는 사이 예금인출사태가 발생된 것이다. 이미 8월과 9월에 이어 조용한 예금인출은 적은 규모 형태로 진행되다가, 결정적으로 9월 25일 금요일 하루 만에 50억 불이 빠진다. 드디어 선박이 기울어지기 시작한 것이다. 와코비아은행의 결제실패가 전체 금융시스템으로 파급되면 수습하기 어려운 전체 금융시스템의 위기로 치달을 수 있다. 예금보험공사, 연방은행, 재무부팀이 즉시 개입하여 주말 이틀 동안 숨 가쁘게 대책을 마련하였다.

그리하여 10월 3일 예금보험공사는 최종안을 들고 온 웰스파고은행이 인수하도록 승인한 것이다. 미국 4위의 자산과 3,500개의 점포로 동부 14개 주와 서부 캘리포니아에서 영업망을 갖추고 10만 명이 넘는 직원과 8년 연속 소비자만족도 1위로 미국 소매금융을 선도하던 와코비아은행이라는 호화여객선이 그렇게 침몰했다.

웰스파고의 승리

웰스파고의 승리는 돌다리도 두드리고 두드려서 건넌다는 안전문화가 가져 온 승리이다. 씨티가 일찍 터뜨린 샴페인에 취해 있을 때인 10월 2일, 웰스파고는 법무법인 Wachtell, Lipton, Rosen&Katz, 그리고 재무고문 JP Morgan Securities과 함께 다시 와코비아 인수와 와코비아와 씨티그룹 간의 계약서 등에 대한 검토를 마친다. 씨티그룹의 계약서가 다수의 미확정 조건을 많이 포함하고 있는 점과 웰스파고가 공자금 지원 없이 주식교환방식으로 인수하는 것이 씨티그룹에 비하여 훨씬 유리함을 판단했다. 그리고 연방은행과의 협의를 통하여 예금보험공사의 지원 없이 와코비아를 합병할 수 있다고 설득한다. 예금보험공사의 긍정적인 반응에 10월 2일 저녁 웰스파고이사회와 경영진은 법무, 재무팀과의 심도 깊은 검토를 거쳐 와코비아 인수를 승인한다. 그리고 10월 2일 저녁 7시 15분, 와코비아의 스틸 행장은 예금보험공사의 실라 베어 의장의 전화를 받았다. 베어 의장은 웰스파고의 커바세비치 행장이 새로운 와코비아 인수안에 대해서 전화를 할 것임을, 공자금 지원 없이 와코비아은행 전부를 주당 7불에 인수하는 조건을 제시할 것임을 통보했다. 스틸 행장의 요청에 따라 베어 의장은 와코비아 최고법무책임자에게 전화하여 씨티그룹 안에 비하여 와코비아와 정부 모두에게 유리한 조건임을 설명해준다.

웰스파고는 와코비아와의 합병과정에서 철저하게 와코비아의 입장을 배려하였다. 씨티은행이 와코비아 합병계약서가 미처 완료되기도 전에 와코비아에게 직원명단을 제출하라고 하며 점령군 행세를 하던 것과는 철저히 다른 미래의 동료에 대한 배려정신이었다. 와코비아 법무책임자는 예금보험공사의 베어 의장에게 웰스파고이사회가 서명한 합병계약서 없이는 이 제안을 고려할 수 없다고 하였고 베어 의장의 요청에 따라서 저녁 9시경 커바세비치 행장은 와코비아의 스틸 행장에게 서명된 계약서를 보냈다. 그리고 이러한 사실을 와코비아의 승인여부와 상관없이 다음 날 아침 언론에 공개할 것을 통보했다. 스틸 행장은

9시 4분에 서명된 합병계약서와 10월 2일 종가기준으로 와코비아 주식을 7불에 주식교환방식으로 인수한다는 내용이 포함되어 있는 제안서를 이메일로 받았다. 웰스파고의 이러한 제안서는 와코비아가 일주일 전에 제공한 양식을 그대로 사용하였다. 피합병 은행에 대한 예의와 배려를 최대한 갖춘 것이다.

10월 2일 밤 11시, 와코비아의 이사회가 소집되었다. 와코비아 경영진이 씨티와 합병작업을 진행하는 과정에서 있었던 각종 어려움에 대해서 설명하였고, 스틸 행장이 예금보험공사 베어 의장과 웰스파고의 커바세비치 행장과의 협의에 대한 설명을 하였다. 씨티그룹과의 계약서가 아직 구속력이 없는 상태였으며 웰스파고가 와코비아의 합의 여부와 상관없이 10월 3일 아침 이 제안에 대한 내용을 공표할 예정이라는 것도 보고하였다. 웰스파고는 와코비아가 당면한 시장에서의 불확실성을 고려하여 와코비아 주주 승인 이전에 40%의 주식맞교환방식으로 합병에 대한 결연한 의지를 과시한 것도 포함하였다. 와코비아의 경영진과 이사회는 웰스파고의 조건이 씨티그룹에 비하여 월등히 좋으며 와코비아 주주들에게 분명한 이익이 됨을 인식하였다. 또한 경영진은 이러한 웰스파고의 제안이 받아들여지지 않을 때, 다가오는 주말에 예금보험공사에서는 와코비아은행에 대한 법정관리를 실시해야 한다고 임시 주주총회에 보고하였다. 와코비아 이사회는 심도 깊은 분석과 토의를 거친 후 웰스파고 제안을 승인했다. 그리고 합병 주간사기관인 파렐라 와인버그(Parella Weinberg)와 골드만삭스의 적합의견을 조건으로 주주총회가 본건을 승인하도록 권고한다. 10월 3일 이른 아침 파렐라 와인버그와 골드만삭스가 현재 와코비아의 절박한 상황을 고려할 때, 웰스파고의 제안이 가격 면에서나 여타 조건이 적절함을 인정하고 적정의견을 제시하였다. 자정까지 이어진 이사회가 끝난 후 와코비아 이사회의 감사위원회에서 뉴욕증권거래소 규정에 의한 주주총회의 승인을 기다리기 위한 지연은 와코비아의 자금사정을 고려할 때 매우 위험하다고 판단하였다. 따라서 웰스파고에게 부여하는 'Series M 우선주'의 발행에 주주총회의 승인을 받지 않아도 되도록 승인하였다.

이렇게 합병계약을 승인한 후 스틸 행장과 최고법무책임자가 함께 웰스파고의 커바세비치 행장과 예금보험공사의 베어의장에게 합병제안 수락을 통보하였고 이어 씨티그룹의 판디트 행장에게 이 사실을 통보했다. 다급해진 판디트는 이것이 계약위반이며 이러한 사실이 금융시스템에 미칠 수 있는 다른 여파에 대해서 거세게 항의를 제기하였다. 그의 항의는 예금보험공사의 베어 의장에 의하여 묵살되었다. 10월 3일 아침 7시경, 와코비아와 웰스파고가 공통으로 합병계약 완료를 발표했다. 이사회는 다음과 같은 여러 가지 이점으로 인하여 합병을 승인하였다고 보고하며 주주총회의 승인을 권고했다.

1) 양 은행의 전략, 영업, 재무상태, 자산가치, 이윤과 전망 등 모든 분야에서 보완적이다. 웰스파고의 수익과 전망은 와코비아와 더하여 더욱 큰 미래 가치를 가졌다.

2) 웰스파고의 튼튼한 재무구조가 2007~2008년 금융위기 와중에서도 타 미국은행에 비하여 부정적인 영향을 덜 받았다.

3) 주식교환비율이 월등히 높고, 씨티그룹의 계약내용에 비하여 훨씬 유리하다.

　4) 와코비아의 전부를 인수하는 것은 일부를 인수함으로써 와코비아은행에 초래할 수 있는 위험을 지닌 씨티그룹의 안에 비하여 와코비아 주주, 채권자, 퇴직직원을 포함한 전 직원에게 유리한 조건이다.

　5) 웰스파고의 와코비아 우선주와 채무의 전부를 인수하는 것은 웰스파고의 우수한 신용등급으로 인하여 일반채무자들에게 유리한 보호장치가 마련된다.

　6) 씨티그룹의 안을 와코비아 주주총회가 승인할 가능성이 낮다.

　7) 와코비아 사업의 부분을 포기하지 않음으로써 더 큰 미래수익성이 있다.

　8) 씨티그룹과 합의하지 않은 중요한 사항들이 여전히 있다.

　9) 씨티그룹의 인수안에 비하여 웰스파고는 최소한의 조건과 또한 중대한 부정적 변화조건(material adverse change clause)을 가지고 있지 않다.

　10) 10월 3일까지 계약타결이 안되면 예금보험공사가 와코비아를 법정관리에 둘 것이다.

　11) 씨티그룹 안에 의할 경우 와코비아증권의 생존여부가 확실하지 않다.

　12) 정부의 공자금이 필요 없다.

　13) 웰스파고 안을 와코비아에 제시되기 이전에 여러 정부기구에서 이미 잘 이해하고 있다.

　14) 세금, 회계, 의무 자본금비율에 미치는 영향이 크다.

15) 합병자문사 파렐라 와인버그와 골드만삭스의 긍정적 의견이 있다.

16) 주식교환비율이 인수제안일 현재로 고정되었다.

17) 웰스파고 자본구조의 건전성 또한 웰스파고의 우수한 신용등급으로 인한 추가 자본 조달능력의 우수성 등을 감한할 때 환상적인 시너지효과가 있음을 강조하였다.

가능성 있는 위험에 대한 것도 고려하였다. 씨티그룹의 소송제기 가능성, 금융시장상황의 악화에 따른 자본금 증자 어려움과 더불어 웰스파고 합병안이 직원들에게 미칠 수 있는 영향, 특히 바로 일주일 전 씨티그룹과의 합병을 발표하고 다시 파기하는 과정의 합법성에 대한 우려에 관한 것이다. 그러나 이러한 리스크는 웰스파고 합병이 가져오는 여러 가지 유리한 점이 그러한 위험을 상쇄하기에 충분했다. 와코비아 이사회는 와코비아와 주주들에게 가장 유리한 조건이며 따라서 이사회는 만장일치로 와코비아 주주총회가 본건합병을 승인하여 줄 것을 권유하였다. 12월 23일 와코비아 주주총회는 76%의 찬성으로 웰스파고 합병안을 승인하였고, 합병계약서는 12월 31일 마무리되었다.

이렇게 하여 6,000억 불의 자산을 가진 웰스파고가 8,000억 불 자산의 와코비아를 인수하게 되었다. 와코비아는 웰스파고에 버금가는 경영실적이 우수한 은행이었으나 2006년 부동산경기에 과도한 거품이 형성되었을 때 모기지전문은행인 골든웨스트 파이낸셜 인수의 패착을 둠으로써 웰스파고에 인수당하고 말았다.

웰스파고는 와코비아 합병을 함으로써 거의 미국 전역에 점포를 가진 상업은행으로써 우뚝 서게 되었고, 1990년대 말 네이션스은행과의 합병으로 이미 미전역에 점포를 합병한 뱅크오브아메리카와 미국 소매금융을 두고 치열한 경쟁을 전개할 것이 예상된다.

씨티그룹은 와코비아와의 합병이 무산된 후 상당한 위기에 봉착하였다. 11월 24일 씨티그룹 구제방안이 발표되었다. 3,060억 불의 부실가능성 자산에 대하여 지급보증을 하고 200억 불의 자본을 투입하는 것이다. 3,060억 불의 자산에 대하여 첫 290억 불과 추가부실의 10%까지는 씨티에서 부담함으로써 최대부담을 567억 불로 한정하고 그 이상은 재무부와 연방예금공사에서 각 50억, 100억을 부담하고 그 이상은 연방은행에서 부담하는 것이다. 씨티그룹 우선주 200억 매입에 대해서는 8%의 배당을 지급하기로 하였다. 원래 부실했던 씨티그룹이었고, 부실은행이 부실은행을 인수하는 것은 옳은 처방이 아니었고, 비록 공자금을 받는다 하더라도 그것은 이상적인 인수가 아니었다. 오랜 병으로 체력이 약해진 환자에게 각종 약봉지를 던져주며 다른 환자를 돌보라는 것과 마찬가지다.

씨티그룹의 와코비아 인수에 대하여 엄청난 비판을 쏟아내던 미국인들이 월스파고의 와코비아 인수에 대하여는 한결같이 지지일색이었다. 공적자금이 수반되지 않는 순전한 월스파고 자체자금으로 인수함으로써 예금보험공사의 지원이 필요 없는 만큼 국민의 세금을 절감하였기에 당연한 결과였다.

웰스파고은행

웰스파고 은행의 트레이드마크인 stage couch

웰스파고는 세계 신용위기로 미국 금융기관의 신용등급이 전반적으로 하향조정되기 이전에 미국에서 유일한 최고등급 'AAA' 은행이다. 금융 쓰나미의 과정에서 부실화된 와코비아은행을 인수하기 전부터 서브프라임 금융 쓰나미에도 끄떡없이 지속적인 좋은 실적을 구가하고 있는 은행이다. 미국 부동산시장의 거품이 가장 많은 서부지역 샌프랜시스코에 본점을 두고 캘리포니아 전역에 가장 강력한 영업을 하고 있으면서도 서브프라임의 영향을 받지 않을 정도의 건강한 여신기준을 가지고 있는 은행이다.

고객의 평균신용점수가 725점(프라임급) 이상으로 리스크관리문화가 철저하다. 와코비아를 인수하기 전 런던, 홍콩, 대만 세 곳에만 해외지점이 있고 해외사업 수익이 전체수익의 2%밖에 안된다. 비즈니스 포커스가 분명한 상업은행이다. 국제투자금융업무(global investment banking)를 하지 않고도 고속성장을 해왔다. 1852년 설립되었으며 1998년 노웨스트은행과 합병하여 오늘에 이르고 있다. 자본수익률(ROE), 자산수익률(ROA), 순수익마진(net profit margin), 순이자마진(net interest margin) 등 각종 경영지표가 미국 은행의 평균이나 동업자(peer group)에 비하여 월등히 높다.

이 은행의 방침은 철저하게 상업은행의 업무에 충실하며 잘 모르고 불편하면 안 한다는 것이다. 은행의 기본에 충실하고 위험관리가 철저하고 위험관리에 대한 문화가 철저하여 어느 한 사람 혹은 일개 조직의 과도한 위험의 인수가 원천적으로 가능하지 않은 조직이다.

와코비아은행에서 웰스파고은행과의 합병을 항상 꿈꾸어 왔듯이 웰스파고에서도 마찬가지였을 것이다. 와코비아은행이 자산을 늘려서 웰스파고를 인수하겠다고 허황된 꿈을 꾸고 있을 때, 웰스파고는 흔들리지 않고 그들만의 강점을 지켜온 것이었다. 길었던 와코비아은행과의 합병경쟁에서 6,000억 불의 작지만 강한 자산으로 8,000억 불 자산으로 늘린 와코비아은행을 인수할 수 있었던 것이 너무도 당연하다.

웰스파고가 와코비아 인수를 결정한 초기 조치는 와코비아의 투자은행 업무를 웰스파고 모델로 축소하는 것이었다. 웰스파고도 단지 웰스파고의 방식에 투자은행업무에 충실하다. 기업고객에 대한 합병자문, 채권인수, 부동산 거래중개 등 은행 본연의 투자금융업에 충실하고, 대기업, 상업용 부동산, 구조화 채권관련 파생상품 등 매매위주의 월스트리트 투자은행업무는 하지 않겠다는 것이다.

웰스파고 영업전략의 상징은 교차판매(cross-selling)이다. 어떤 특정 부문 상품에 대한 캠페인 방식의 교차판매 판촉보다는 모든 고객에게 1년에 한 가지씩 다른 상품을 판매하는 단순한 전략이다. 교차판매가 조직문화로 자리 잡고 있는 것이다. 와코비아와의 합병으로 7,000만의 고객을 확보한 웰스파고은행의 교차판매는 그 강력한 영업실적이 이미 예견되고 있다.

존 스텀프(John Stump) 회장은 월스트리트에 관심이 없다고 잘라서 말한다. 덩치에 연연하지 않는 웰스파고 방식이 있는 것이다. 그는 세계로 확장하는 것도 중요하지만, 미국 내에서 더욱 성장할 수 있는 여지가 무궁하다고 생각하고 있다. 은행의 기본인 본원적인 업무에 충실하고 파생을 경계한다. 이것이 웰스파고은행이 미국에서 유일한 AAA은행을 유지해온 비결이다.

웰스파고와 와코비아의 합병은 우선 지역적인 고객영토의 확장이다. 미국의 동남부에서 3,500개 점포를 가지고 있는 와코비아와 미국 중서부에서 역시 3,500개 이상의 점포를 가지고 있는 새로운 합병은행 웰스파고는 거의 미국 전역에 점포를 가진 영토통일을 이루었다. 시장에서는 직원만 합쳐서 27만 명인 두 은행의 합병효과를 극대화하기 위해서 대규모의 감원이 있을 것이라고 예상하나 웰스파고 경영진의 생각은 다르다. 당분간 신규채용을 동결함으로써 자연감소분이 있을뿐이며 미국에서의 소매금융, 도매금융 등 성장의 여력은 무궁무진하다는 생각이다. 영토의 확장과 고객확장을 위한 시너지도 막대하지만 웰스파고의 교차판매와 와코비아의 고객만족의 결합은 조직문화의 결합으로서도 엄청난 시너지가 예상이 되어 미국 전역에서 가장 강력한 상업은행으로서의 입지를 탄탄하게 구축하는 것이다.

와코비아 합병 후 웰스파고는 미국에서 가장 많은 점포를 가진 은행이 되었다. 39개 주에 6,600개가 넘는 점포를 보유하게 되었다. 뱅크오브아메리카가 현재의 6,100개 점포의 약 10%를 감축하겠다고 발표하였다. 제이피모간체이스가 2008~2009년 금융혼란을 틈타서 탄탄한 점포망을 구축하였다. 워싱턴무추얼의 소매업무 부문을 인수함으로써 단숨에 미국 3위의 소매점포망을 구축하여 미국 내의 소매점포 부족을 일거에 해결하였다. 이렇게 금융위기 상황을 틈타 엄청난 점포망을 갖추게 되는 은행이 나오자 이제 대마불사(too-big-to-fail)에 대한 우려가 적정 최대 경영규모(too-big-to-manage)에 대한 우려로 바뀌고 있다.

   두 개의 실패한 은행과 웰스파고은행의 이야기를 배우며 은행의 재무제표 틈새관리(balance sheet gap management)에 대한 많은 생각을 한다. 은행영업의 평범한 원칙을 지키는 것이 가장 힘들고 비범하다는 단순한 기본을 다시 생각하게 된다.
   무엇보다도 은행은 천상 은행다워야 한다. 그래서 송충이는 솔잎을 먹어야 하고 호랑이는 배가 고파도 풀을 먹어서는 안 된다는 것이다. 쉬운 것 같지만 콤플렉스에 전염된 조직과 장기적인 전략이 분명하지 않은 조직에서는 절대로 쉬운 일이 아니다.

용어설명

1 퍼스트유니언내셔널은행(First Union National Bank)

퍼스트유니언은행은 1998년 필라델피아내셔널은행을 인수하였다. 필라델피아내셔널은행은 1988년 한국에 사무소를 개설하였다. 1997년 지주회사명인 코아스테이츠은행(Core States Bank)으로 지점으로 전환하였고 1998년에 퍼스트유니언내셔널뱅크에 합병되었다. 2001년에 와코비아은행과의 합병으로 이름이 바뀌었으며 2008년 웰스파고 은행에 합병됨으로써 2010년부터 이름이 웰스파고로 바뀌게 되었다.

2 페니매(연방저당권협회, Fannie Mae)와 프레디맥(Freddie Mac)

페니매(Fannie Mae, Federal National Mortgage Association)는 1938년 대공황 때 설립되었으며 프레디맥은 1970년에 설립되었다. 두 기관은 미국의 주택자금 대출취급 기관에 지속적인 자금공급을 위하여 은행과 저축은행으로부터 주택저당대출을 매입하여 채권화하여 투자자에게 매매하는 역할이다. 원래 저소득층의 주택구입을 용이하게 설립된 이 기구는 1938년 대공황 와중에 연방주택저당협회(Federal Home Mortgage Association)에 통합되었다가 1968년 의회에서 민간 주주소유 형태로 변경하여 정부재정에서 분리하였다. 페니매의 정부발행 주택저당에 대한 보증역할은 새로 생긴 Ginnie Mae(Government National Mortgage Association)로 넘어갔다. 1970년에 정부는 FHLMC(Federal Home Loan Mortgage Corporation, 흔히 프레디 맥으로 불린다)를 만들어서 페니매와 경쟁하도록 하였다.

오늘날 서브프라임으로 이 두 기구가 부실화된 데는 미 행정부의 정책적인 목표를 달성하기 위한 강압적인 저당대출 독려정책이 있었다. 1977년 카터행정부와 의회는 도시 내 빈민들의 주택소유를 돕기 위하여 CRA(Community Reinvestment Act) of 1977을 만들어서 지역은행들이 빈민지역에 점포를 개설하여 소기업대출과 주택자금대출을 하도록 독려하였다. 일정한 의무비율을 부과하고 위반시에는 다른 지역에 지점개설을 불허하였다. 1999년에 부시 행정부는 페니매에 더욱 강한 압력으로 CRA 지구에 저당대출을 증가하도록 독려하였다. 이렇게 하여 완화된 대출기준에 의하여 신용등급이 불량한 저소득층에게 서브프라임 저당대출을 원금상환 없이 이자만 상환하는 조건으로 계약금도 없이 마구잡이로 늘리면서 주택가격에 거품을 조장하였다.

페니매와 프레디맥은 정부지원기구(GSE, government-sponsored enterprise)로써 법적인 성격이 약간 다르다. 즉 보증기관(government guaranteed enterprise)은 아니라는 것이다. 2008년 9월 7일 미국의 신용위기로 인하여 주택자금 시장이 위축되고 보유 저당부동산의 가치하락으로 엄청난 손해를 입게되자 FHFA(Federal Housing Finance Agency)에서 패니매와 프레디맥을 FHFA의 관리 하에 두었다. 사실상 민간기업에 정부기구가 개입한 것이다. 미국의 주택자금대출 규모는 합계 12조 달러에 이르며 이중에서 약 절반을 패니매와 프레디맥이 보유하고 있다. 2009년 신용위기 중에는 연방은행이 이 두 기구가 보유한 저당채권의 대부분을 매입해주었다. 신규주택대출 한도여력을 준 것이다.

3 저당담보부채권(MBS, mortgage backed securities)

주택이나 상업용 부동산을 담보로 한 증권. 담보대출을 실행하는 은행, 저당금융기관 등의 대출기관에서 이러한 담보대출을 매입하여 이 대출자산을 기반으로 하여 채권 pool을 만들고 채권화 과정을 거쳐 투자금융상품으로 만들어낸다. MBS 채권은 Ginnie Mae, Fannie Mae, Freddie Mac 등 대표적인 3대 미국 정부보증 혹은 지원기관(GSE)과 투자은행, 은행, 건설회사 등 민간 금융기관에서도 발행한다.

주택을 기초자산으로 발행하는 것이 RMBS(residential mortgage backed securities)이다. 미국의 주택자금대출이 조기상환이나 추가상환을 허용하기 때문에 MBS 증권의 월별 수익이 확정되어 있지 않아서 투자가들의 수익률에 추가적인 영향을 미친다.

상업용 부동산(임대용 아파트, 사무실, 상가, 호텔, 학교, 산업용 부동산 등 상업용 자산)을 담보로 발행하는 것이 CMBS(commercial mortgage backed securities)이다. 통상 1~3년 만기의 단기대출은 변동금리에 조기상환이 가능한 반면 5년 이상 장기대출은 고정금리에 조기상환이 금지되어 있다.

2009년 말 집계로 미국의 저당담보부 대출의 합계는 14조 6,000억 불로 알려져 있다. 이 중에서 8조 9,000억 불이 저당담보부 채권으로 채권화되었다. mortgage pool의 합계는 7조 5,000억 불이며 이 중 5조 불이 3대 GSE에서 발행되었고 나머지 2조 5,000억 불이 기타 민간금융기관에서 pooling하였다.

4 부채담보부증권(CDO, Collateralized Debt Obligation)

CDO(Collateralized Debt Obligation)는 자산담보부 구조화채권(structured asset backed security)이며 채권파생상품이다. 금융기관의 부동산 담보대출, 상업용 부동산채권, 기업금융대출 등 각종 채권을 기초자산으로 하여 증권화하여 일반 및 기관투자자들이 투자할 수 있도록 채권형태로 만들어진 투자상품이다. CDO 발행을 위한 특수회사(SPE, special purpose enterprise)를 만들어서 주로 월스트리트투자은행들이 발행하는 것으로 선순위(senior)와 후순위 채권(junior tranche)으로 구성되어 있어서 손해를 볼 때는 후순위, 선순위 순서대로 손해를 부담한다. 대신 수익률은 후순위 가 높다. 자산담보부채권(asset backed securities), 저당담보부채권(mortgage backed securities)을 기초로 한 구조화 금융 CDO(sructured finance CDO)와 은행의 대출자산을 기초자산으로 한 CLO(collateralized loan obligation), 채권을 담보로 한 CBO(collateralized bond obligation), 신용파생상품을 담보로 한 CSO(collateralized synthetic obligation) 등이 있다. 또한 이러한 CDO를 기초자산으로 한 Synthetic CDO가 등장하였는데 주로 발행사인 투자은행들의 회계분식과 수익위장으로 악용되었다. 2008년 기준으로 전체 CDO의 47%가 구조화 금융 CDO였으며 40%가 CLO, 그리고 나머지가 CBO, CSO였다.

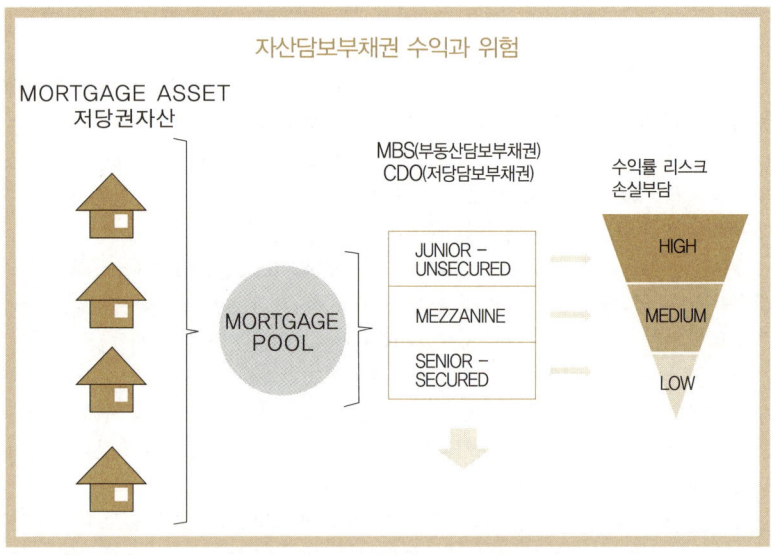

이러한 파생상품은 신용평가기관의 rating이 붙게 된다. CDO시장의 붕괴로 인한 세계신용위기가 확산이 되면서 신용평가기관들의 이러한 CDO채권에 대한 rating의 신빙성이 대두되면서 신용평가기관의 도덕적인 해이가 논란거리로 등장하게 되었다. 2008년 1/4분기에 거의 4,500건의 CDO가 무더기로 신용평가 하향조정(down grading)이 되어 채권의 시장평가가격의 하향을 초래하게 되고 부동산 관련 CDO 시장의 붕괴로 인하여 자금의 회전이 거의 정지되어 은행과 저축금융기관의 부동산 담보대출 여력을 축소시켰다. 이러한 여파로 주택금융의 어려움을 초래하게 되었다. 투자은행들과 한통속인 신용평가회사들(Moody, S&P, Fitch)이 수수료 수입에 눈이 어두워 CDO의 사실적인 질적 내용보다는 발행액수와 거래량을 극대화하는 도덕적인 해이에 빠지게 되었다.

5 금리조정부 주택담보대출(Option ARM)

ARM, 혹은 Option ARM이라 불리는 주택담보대출은 주로 신용도가 낮은 사람들의 주택자금 대출로 활용되었다. 일정한 신용도가 있는 경우는 대게 15년, 혹은 30년 상환의 주택저당대출을 받게 된다. 그러나 개인 신용점수가 낮거나 아직 신용기록이 없어서 점수가 없는 경우 원리금 상환을 하지 않고 이자만 상환하면서 3년의 신용 기록을 쌓은 후에 정식 저당대출로 전환하는 대출이다. 부동산시장이 거품이 끼기 시작할 때는 주택가격의 거의 100%까지도 대출을 허용하였다. 주로 소규모 자영업자들이 집을 담보로 하여 받은 대출의 이자를 차입자의 현금상황에 맞춰서 탄력적으로 상환할 수 있게 허용한 대출이다. 이자율이 상승하자 이자를 최소한으로 상환하게 하여 나머지 이자는 원금에 가산함으로써 원금을 늘려나가는 변칙을 거듭하게 되었다. 결국 지속되는 이자율 상승과 담보 부동산가치의 하락으로 차입자가 파산하고 주택가격의 100%까지도 대출했던 은행들이 결국 부동산가격의 하락으로 대출원금도 건지지 못하고 고스란히 손해를 보게 되었다.

6 리먼 브라더스(Lehman Brothers)

1850년에 독일인 면화 중개상인인 리먼 형제에 의하여 시작하여 1984년에 아메리칸 익스프레스에 합병되었다가 1994년에 다시 회사분리(spin-off)되었다. 주거용 및 상업용 부동산관련 채권거래에 과다하게 투자하였다가 2008년 서브프라임 발 부동산 거품붕괴에 따른 채권시장의 위기 때 바로 직격탄을 맞고 문을 닫음으로써 월스트리트 투자은행의 붕괴의 신호탄을 올리게 된다. 리먼이 붕괴되자 바로 정부가 개입하여 AIG를 구제하는 조치가 발표된다. 시장에서는 리먼의 붕괴를 방치한 정부의 조치로 인하여 금융시장에 더 큰 위기가 도래하게 되었다 하여 정부의 조치를 비난하고 있다. 또한 베어스턴즈와 AIG를 구제하면서 리먼을 망하게 한 것에 대하여 당시 폴슨 재무장관과 골드만삭스와의 유착관계를 추궁하고 있다. AIG를 구제함으로써 골드만삭스가 AIG에게서 받을 돈 130억 불을 건질 수 있었다. 그래서 골드만의 라이벌인 리먼을 망하게 두었다는 것이다. 폴슨은 터무니없는 억측이며 리먼이 망할 때는 정부에서 손 쓸 수 있는 제도적인 아무런 무기가 없었다고 증언하고 있다.

7 헤지펀드(hedge fund)

투자펀드의 일종으로 전문적인 고수익펀드이다. 일반인들에게 판매하는 투자펀드에 비하여 제한된 투자자와 금액을 대상으로 광범위한 투자상품에 투자하는 전문펀드이다. 투자운용사에게는 실적급의 보상을 하고 있으며 주로 주식, 채권, 상품에 투자하고 있다. 외환과 부동산 등의 고수익 고위험 자산도 포함하여 투자 대상품을 조합하여 목표수익률이 나오도록 한 전문펀드는 원금이 보장되는 것은 아니다. 이러한 전문펀드의 수익률을 제고하기 위한 헤지 방법에는 실물이 없는 상태에서 상품을 파는 허수거래(short-sell), 파생상품 등의 고위험 상품을 포함하고 있다. 원래 헤지는 위험을 방어하는 것이 목적이지만 위험에 따르는 고수익의 기회를 적극적으로 이용하는 것이다.

8 환매조건부 채권매매(repurchase, repo 혹은 RP 거래)

sale and repurchase agreement로도 불리는 자금거래이다. 보유하고 있는 채권이나 주식 등을 현물로 매매하고 일정기간 후에 다시 매입하는 선물거래를 동시에 체결하여 자금을 융통하는 방법이다. 현물과 선물의 가격이 고정되고 이 차이가 실질금리를 반영한다. RP 거래는 3자 거래이다. 차입자와 대여자, 그리고 채권의 수탁기관이 함께 관여한다. RP 거래가 문제가 되기 시작한 것은 담보 채권의 가격이 폭락하면서부터이다. 매일같이 보유채권으로 엄청난 단기 RP자금을 조달하던 베어스턴즈가 담보물 채권의 가격폭락으로 같은 금액의 자금을 조달할 수 없게 되면서부터 위기가 닥쳤다.

9 메릴 린치(Merrill Lynch)

1914년 찰스 메릴(Charles Merrill)에 의하여 설립되었다가 이듬해 에드먼드 린치(Edmund Lynch)가 합쳐져서 메릴린치가 되었다. 1980년 1990년대 주로 경쟁사인 골드만삭스, 모간 스탠리를 모방하는 영업전략을 구사하였다. 2001년 스텐리 오닐이 CEO로 부임하여 대규모 감원과 함께 사모주식투자와 부동산 저당채권투자에 올인하여 한때 엄청난 실적과 함께 오닐이 엄청난 보너스를 챙기게 하였다. 그러나 2008년 위기로 인하여 오닐이 축출되고 전직 골드만삭스와 NY 증권거래소 책임자인 존 테인이 1년간 노력해보았지만 2008년 위기의 와중에서 뱅크오브아메리카에 인수되고 만다. 뱅크오브아메리카에 인수되기 직전 메릴린치 임직원들이 36억 불의 보너스를 챙겼다. 뱅크오브아메리카의 켄 루이스 회장이 재무부와 Fed 등과의 불화과정에서 이 메릴 린치가 챙긴 36억 불의 보너스에 대한 약점이 잡혀 씁쓸하게 은퇴하였다.

10 버냉키의 SCAP statement

> "The results released today should provide considerable comfort to investors and the public. The examiners found that nearly all the banks that were evaluated have enough Tier 1 capital to absorb the higher losses envisioned under the hypothetical adverse scenario. Roughly half the firms, though, need to enhance their capital structure to put greater emphasis on common equity, which provides institutions the best protection during periods of stress. Many of the institutions have alreadyh taken actions to bolster their capital buffers and arfe well-positioned to raise capital from private sources over the next six months. However, our government, through the Treasury Department, stands ready to provide whatever additional capital may be necessary to ensure that our banking system is able to navigate a challenging economic downturn."

11 신용부도스왑(CDS, Credit Default Swap)

CDS는 신용파생상품이다. 거래상대방의 신용상의 어떤 사태(예를 들어 채무 구조조정, 파산, 신용강등)가 발생할 때를 대비하여 보험료 성격의 수수료를 주고 원금보존권을 사는 것이다. CDS 거래는 특정한 교환기구나 결제기구가 없이 장외에서 거래당사자들끼리 OTC(over-the-counter)로 거래되고 있었다. 2009년 3월부터 미국과 유럽에서 한 개씩의 중앙결제기구가 생겼다. ISDA*에 의하여 CDS 계약서를 국제 표준화하였다. CDS의 결제는 두 가지 방식이 있다. phisical settlement와 cash settlement 방식이 있는데 예를 들어 CDS 거래의 대상인 기업대출 500만 불이 부도난 경우 그 원금의 보상과 해당 대출금을 서로 교환하는 phisical settlement 방식과 거래대상이 500만 불의 채권인 경우 채권의 원금인 par value에서 시장가격을 공제하고 결제하는 cash settlement 방식이 있다. 세계 신용위기의 확산에 따른 신용파생상품인 CDS 가격의 급등으로 인하여 CDS 거래가 많은 AIG 등 미국의 투자은행들이 파생상품으로 하여 몰락하게 된다. 리먼 브라더스 같은 경우 총 4,000억 불의 CDS 거래 중 약 72억 불이 순 결제의무 금액이었음에 비하여 AIG(American International Group) 같은 경우는 위험에 대한 방어거래(헤지) 없이 과도하게 많이 판매하여 1,000억 불의 손실이 발생하였다. 알렌 그린스펀이 파생상품의 순기능에 대해서 극찬한 반면 워렌 버핏은 금융상품의 WMD(weapons of mass destruction)이라고 경고하였다. CDS시장의 성장은 거래상대방 위험에 대한 방어보다는 투자의 목적으로 많이 사용되어지게 되었고 특정한 기반 거래가 없이 순전히 투기목적으로 거래하는 naked CDS 거래가 급증하게 되어 시장의 순기능을 왜곡하게 되었다.

*국제파생상품협회(ISDA, International Swaps and Derivatives Association, Inc.)

주로 파생상품 거래 참여자로 이루어진 세계에서 가장 큰 장외(OTC 거래, over-the-counter)금융상품 거래기구이며 1985년 설립되었다. 현재 세계 58개국에서 800개 이상의 금융기관, 정부기관 등이 가입되어 있으며 OTC 거래에 대한 위험을 예방하는 것이 목적이다. ISDA 표준약관, 다양한 형태의 거래에 대한 관련서류, 법률의견, 담보물과 청산의 범위, 거래 참가기관들의 위험 방어에 대한 자료들을 연구 제공하고 있다. 뉴욕, 워싱턴, 런던, 싱가포르, 브뤼셀, 도쿄, 홍콩에 사무실을 가지고 있다.

12 씨티_와코비아계약서의 배타적 의무조항

"Until October 6, 2008, Wachovia shall not, and shall not permit any of its subsidiaries or any of its or their respective officers, directors, (…) to (…) take any action to facilitate or encourage the submission of any Acquisition Proposal."

13 미국의 국세청(IRS, Internal Revenue Service)

IRS는 미국 국세청으로 연방정부의 재무부 소속이다. 연방의 세법을 관장하고 조세행정을 집행하는 IRS는 워싱턴에 본부를 두고 있으며 1862년 링컨 정부에 의하여 설립되었으며 현재의 IRS란 이름은 1918년부터 사용하고 있다. 통계에 의한 2007년 회계년도의 세금내용은 다음과 같다.

조세항목	보고인수	금액(100만불)
소득세(Individual income tax)	138,893,908	1,366,241
고용세(Employment tax)	30,740,592	849,733
법인세(Corporate income tax)	2,507,728	395,536
물품세, 부가세(Excise taxes)	907,165	53,050
유산세(Estate tax)	49,924	24,558
증여세(Gift tax)	252,522	2,420
합계	173,351,839	2,691,538

소득세는 근로소득자, 소기업, 자영업, 그리고 양도소득세를 다 포함하고 있다. 소득세가 세수합계액의 절반을 차지하고 있으며 상위 5%가 60%를 부담하고 있다. 고용세는 기업(소기업, 자영업 포함)의 사회보장세, 의료보장세(medicare)의 50% 기업부담분이다. Estate tax는 개인의 유언에 의한 유산상속 혹은 처분에 대한 세금(유언을 남기지 않았을 경우). (자료 : 미 국세청(IRS))

PART 4

위기의
미국금융

파생상품과 보너스 탐욕에 대한 통제, 그리고 금융시스템의 안정과 금융감독시스템의 개편에 초점이 맞춰질 청문회에서는 각 집단간의 이해와 인식의 차이가 크게 나타나고 있다. 이것이 개인과 개인간, 조직과 조직간의 틈새이며 인식의 차이이다.

2008년 세계 신용위기를 '돈폭탄'으로 가까스로 넘긴 미국에 2010년 벽두부터 금융위기 청문회에서 마녀사냥식의 논쟁이 가열되고 있다. 파생상품과 보너스 탐욕에 대한 통제, 그리고 금융시스템의 안정과 금융감독시스템의 개편에 초점이 맞춰질 청문회에서는 각 집단간의 이해와 인식의 차이가 크게 나타나고 있다. 이것이 개인과 개인간, 조직과 조직간의 틈새이며 인식의 차이이다.

2010년 1월의 월스트리트는 아직도 빨간불이다.

미국의회에서 진행되고 있는 금융 위기에 대한 규명위원회(Financial Crisis Inquiry Commission)의 청문회와 각 방송국마다 높은 관심 속에 진행되고 있는 대책에 대한 열띤 토론, 토론 중 오고가는 질문과 답변을 보면 서로 다른 정치적 입장의 차이와 산업 간 차이, 그리고 각 단위조직 입장에 따른 인식의 차이가 확연하게 드러난다. 때에 따라서는 금방 파행을 초래할 것 같은 아슬아슬한 토론이 진행되기도 하며, 상대방의 입장을 무시하기 위한 일방적인 주장에 열을 올리기도 해 일촉즉발의 상황이 초래되기도 한다. 토론문화가 잘 발달된 미국이니 어떻게든 절충안을 잘 찾아가겠지만 상대방의 의견을 잘 듣는 것이 더 중요한 것 같다.

미국도 그렇지만 한국에서도 토론의 장면을 보면 무엇을 얻기 위한 토론인지 회의감이 들 때가 많다. 토론은 많은 의견들을 듣고 비교 검토하여 다수를 위한 절충안을 찾아가는 하나의 과정이다. 그러나 대부분 공개적인 장소에서의 토론은 상대방의 의견을 무시하거나 모욕하고 때로는 상대방이 말을 하고 있는 중인데도 마구 목청을 높여서 말을 하여 무슨 소리인지 모르게 훼방을 놓는 등 부끄러움도 없이 초등학생들이 보아도 민망한 모습을 연출하기도 한다. 토론에서 상대방의 의견을 듣기 싫어하거나 봉쇄하는 사람은 두려움 때문이다. 상대방의 의견에 설득당할까 하는 두려움, 많은 참석자들이나 시청자들이 상대방의 의견에 동조할까 하는 두려움, 그런 두려움에 사로잡혀 있는 사람은 자유 민주주의에 적합하지 않은 사람들이다.

토론 프로그램의 사회자들이 흔히 저지르는 실수가 사회자 본인의 개인적인 의견과 감정을 개입하여 자기 취향에, 코드에 맞는 사람에 대해서는 너그러우면서도 다른 의견에 대해서는 폄하하거나 봉쇄하기 위해 서둘러 화제를 돌리는 것이다. 토론의 공평성을 잃지 말아야 할 사회자가 저지르는 이러한 왜곡은 대중을 속인다는 점에 있어서 더욱 악질적이며 일종의 범죄행위이다. 그런 사회자가 진행하는 토론은 의미가 없다. 모든 것을 협상하고 토론장의 테이블 위로 올릴 수 있어야 하고 모든 사람이 자기의 의견을 방해 없이 당당하게 전개할 수 있어야 한다. 그리하여 모든 생각의 장단점을 공평하게 평가하고 많은 사람들이 납득, 수용할 수 있는 최선의 결론을 찾아가는 것이 토론이다. 그렇게 해야 지속가능한 절충안을 찾아갈 수 있다.

금융 두들기기 Wall Street bashing

2008~2009년의 세계 신용위기는 미국금융의 문제로 비롯된 위기였다. 위기가 어느 정도 지나고 난 후 워싱턴 정가와 행정부, 학계에 금융감독기구까지 가세하여 모두가 월스트리트 금융 두들기기에 신이 났다. 그러나 비난하는 측이나 해명하는 측은 서로의 입장이 다르다. 커다란 입장의 차이, 인식의 차이가 있다. 상호간에 큰 차이가 있다.

파생상품에 대한 투자로 본 손실을 가지고 파생상품을 판매한 월스트리트 투자은행을 비난하지만, 월스트리트 투자은행들이 거래한 사람들은 교원연금, 공무원연금 등에 근무하는 투자담당 전문가들이다. 투자자인 교원들이나 군인, 경찰과 소방관 등 공무원들의 피해를 들어 투자은행에 분통을 터뜨리지만 투자은행의 입장에서 보면 정말 억울한 일이다. 투자은행과 투자기관 사이에 정상적으로 이루어진 거래에서 손해를 본 투자자가 연기금의 투자펀드 운용책임자보다 중개기관인 투자은행에 분통을 터뜨리면 참으로 난감한 일이다.

위원회에서 몰아붙이는 추궁이 금융기관 입장에서 보면 너무도 시장을 모르고 하는 억지처럼 들릴 것이다. 금융기관들은 시장의 법칙에 의하여 경기를 한 것이라고 강변하고 있다. 그러나 금융기관들 또한 탐욕스러운 신용평가사나 시장의 트레이더들과 함께 시장에 거품을 조장한 것도 사실이다. 그래서 투자자들이 손해를 보았고 따라서 이러한 시장의 위기를 초래한 투자은행과 신용평가사, 월스트리트의 탐욕스러운 거래인들을 싸잡아서 비난하고 있는 것이다.

그러면 그들이 이렇게 시장을 유린하도록 방치한 책임은 누구에게 있는가. 돈의 속성은 물과 같다. 어디든지 틈새가 있고 낮은 곳이 있으면 흐르게 되어 있다. 위험한 틈새를 막고 낮은 곳을 메우고 바른 물줄기를 유도하는 것은 시장참여자(player)들의 몫이 아니다. 그것은 정부와 감독기관의 몫이다. 여기에서 정부와 감독기관의 역할에 대한 질문이 나오는 것이다. 과연 그들은 어디서 무엇을 하고 있었는가.

금융기관의 고급 임직원의 보너스에 대한 것도 마찬가지이다. 소비자들이 마녀사냥식으로 분통을 터뜨리고 있는 보너스에 대한 인식의 차이가 너무나 크다. 소비자들이 원하는 대로라면 미국의 모든 골프선수들이나 미식축구, 야구선수들이 다 비슷한 급여와 보너스를 받아야 할 것이다. 그러나 스타 플레이어들의 경기에는 모든 사람들이 열광한다. 그래서 금융기관의 입장에서는 '수익에 핵심적인 기여를 한 스타 플레이어들의 보너스가 많아야 하는 것은 너무도 당연한 것이다'라고 주장하는 것이다. 이러한 보너스에 대해서 대통령까지 나서서 금융인들을 살찐 고양이(fat cat)이라고 모욕을 주고 세금으로 환수하겠다고 하는 처사가 초법적이고 감정적인 대응으로 보이는 것이다.

그러나 행정부나 정치인들은 금융인 두들기기가 아무래도 만만하다. 납세자 돈으로 구제받았다며 걸핏하면 납세자를 들먹인다. 금융인들의 입장에서 보면 받아들이기 힘든 이야기이다. 신용위기를 일종의 경제현상인 경기 사이클로 이해하는 금융인들은 오히려 정부와 금융당국이 정책대응을 잘못해서 정상적인 시장의 흐름이 무너졌기 때문에 위기가 더욱 심화된 것이라고 생각한다. 시장에 예상치 않았던 위기가 와서 수많은 금융기관들이 넘어간 것은 금융의 손해이다. 납세자의 돈도 별로 축내지 않았다는 것이다. 오히려 TARP 구제금융에 8%의 높은 금리로 재정을 살찌워주었다고 생각한다.

미국의 연방예금보험공사의 기금이 거덜 날 정도로 많은 은행의 실패가 있었다. 그러나 그러한 보험공사의 기금도 다 금융기관들이 평소의 이익에서 부담하여 이러한 위기에 쓰려고 마련한 것이다. 다시 말해서 국민들이 낸 세금으로 조성된 국가의 재정자금에서 예금보험공사의 기금이 마련된 건 아니라는 것이다. 서브프라임 문제만 하더라도 역대 정부가 강압적인 갖은 방법으로 정부의 주택보급정책을 추진하기 위해 은행 등 금융기관을 독려하며 거품을 조성해온 것이다. 노동자들의 실업문제와 불안해진 민생문제로 야기된 공산주의자들의 선동으로부터 보호하기 위하여 미국 정부는 많은 서민주택을 건설하였고 돈 없는 서민들이 싼값에 주택을 살 수 있도록 여러 가지 주택구입 지원책으로 은행들을 앞세운 것이다. 정부와 금융감독기관은 뭣하고 있다가 이제 와서 만만한 월스트리트만 두들기고 있느냐는 것이다. 오바마 대통령과 정부의 대중 인기영합식 분노와 은행 두들기기가 갈등만 더 키워 나갈 뿐이라고 생각한다. 이것이 서로간의 인식의 차이이다.

이렇게 큰 인식의 차이를 좁히기 위해서는 정말 좋은 소통과 중재의 기술이 필요하다. 소통도 일방적인 설득이 아니라 상대방의 입장을 이해하면서 서로의 의견을 절충하는 소통을 해야 할 것이다. 소통의 기술은 단순한 설득력이 아니라 상대방에 대한 이해와 배려의 기술이다. 어려운 국면에서 서로 대치하고 있는 사람들을 인터뷰하면 흔히 "최선을 다해서 상대방을 납득시키고 안 되면 차선책을 강구하겠습니다"라는 말을 자주 한다. 하지만 최선을 다해서 상대방을 납득시키는 것이 아니라 최선을 다해서 듣고 상대방의 입장부터 이해해야 물꼬가 트이는 것이다. 이것이 바로 '마인드 더 갭' 정신이다. 상대방에 대한 예의와 배려, 상대의 입장이 되어 보는 것, 상대를 알고 나를 아는 것, 어디서나 존재하는 틈새를 이해하고 관심을 갖는 마인드 더 갭의 정신이 위험을 방지하고 갈등을 조정하며 틈새를 관리하는 기본이다.

칼자루를 쥐었다고 해서 금융기관 수장들을 불러다 놓고 만인들이 보는 앞에서 죄인 다루듯, 파렴치한 다루듯 해서는 근본적인 문제가 해결되지 않는다. 그것은 통상 열세의 정치인들이 위기에서 써먹는 대중적인 포퓰리즘(인기 영합책)이다. 금융계와 정부, 금융감독기관, 금융소비자 등 모든 경제 주체들이 각각의 입장에서 보는 관점이 다 다르다는 점을 인정해야 한다.

탐욕의 조정

2008년 신용위기의 클라이맥스는 2008년 3월에서 9월 말까지의 6개월간이다. 서곡은 2006년부터 시작하였고, 그 절정의 여운이 2009년 상반기까지도 계속 되었지만 2009년 하반기부터 서서히 안정을 찾아가고 있다. 2008년 신용위기의 주범은 역시 CDO, CDS 등과 같은 파생상품이며 또한 저금리의 틈을 비집고 금융기관 재무제표 위험관리의 기본을 무시하고 지나치게 자본금 등 종자돈을 확대 재생산(leverage)하여 금융상품과 유동성 거품을 부추긴 투자은행들이다. 이제 또 한 차례 이러한 기본을 무시하고 소위 틈새위험관리에 실패한 금융기관들로 인하여 전 세계가 신용위기 쓰나미에 휩쓸려 경기후퇴의 피해를 입었다.

소수의 시장참여자들(부동산 투기꾼, 대출중개인(mortgage broker), 투자은행 채권 트레이더, 금융기관 CEO와 최고경영진, 정부 관리, 금융기관 감독 담당자 등)의 탐욕으로 초래된 위험에 대한 틈새위험관리의 실패는 결국 많은 사람들에게 고통을 안겨주었다. 파생상품은 소수의 투자자들과 금융수요자들을 위한 특별한 상품이다. 왜 이러한 소수를 위한 상품의 관리 실패로 인해 다수가 피해를 보아야 하는가에 대한 불만이 터져나오고 있다.

칼 막스는 자본주의 경제의 약점은 인간이 지닌 기본적인 욕심, 탐욕을 제어할 방법이 없기 때문에 자본가의 부를 과잉축적함에 있어서 나타나는 불균형으로 인하여 시장의 자동조절기능이 상실되는 근본적인 결함이라고 하였다. 과연 탐욕을 제어할 방법은 없는 것일까. 자본주의는 결국 붕괴될 것인가.

　위기 이후 많은 경제학자들이 금융자본주의의 구조적인 문제에 대한 결함을 지적하고 있다. 시장참가자들의 합리적인 판단을 전제로 하고 있는 자본주의 경제학에 있어서 금융시장의 경쟁력과 효율에 관해서 법이나 규정으로 제어할 수 없는 하나의 중요한 요소가 바로 탐욕이다. 탐욕은 합리적인 판단에 의한 경제행위와는 전혀 거리가 멀다. 애덤 스미스(Adam Smith)의 '보이지 않는 손'이 조정하게 되어 있는 수요와 공급의 일반적인 법칙은 전염성 탐욕에 의하여 '존재하지 않는 손'으로 되어갔다. 도덕적인 기준인 탐욕에 대한 법적인, 제도적인 규제는 시장자본주의의 기본적인 틀을 훼손한다. 결국 자본주의의 생산적 우월성은 탐욕에 대한 도덕적인 조정 없이는 지속이 불가능하다. 탐욕에 대한 근본적인 해결 없이는 되풀이되는 위기를 막을 수는 없다. 10년 전의 경제위기에서도 비난의 핵심에 있었던 월스트리트의 탐욕이 똑같이 다시 되풀이된 것이다.

　탐욕은 자본주의 경제에 있어서 모든 상품이 지닌 본질적인 순기능을 왜곡시킨다. 신용위기를 촉발시킨 금리조정부 주택자금대출은 원래 신용등급이 약한 서브프라임 급의 서민들에게 주택자금을 제공하는 목적으로 만들어졌다. 그러나 대출 브로커들의 탐욕으로 인하여 부동산 가격이 계속 오를 것으로 서민들을 부추기며 대출의 기본적인 조건인 자기자금 부담비율이나 소득대비 대출금 상환비율 등을 무시하면서 계속 거품을 만들어온 것이다.

　이어서 CDO 상품의 순기능도 그렇다. 금융기관들이 인수한 주택자금대출을 다시 조합하여 투자자들에게 매출함으로써 금융기관들의 추가 주택대출 인수능력을 만들어주고 투자자에게는 은행의 예금보다 조금 더 매력적인 투자수단으로 만들어진 것이다. 그러나 이러한 순기능은 대출 브로커와 투자은행들 사이의 먹이사슬에 연결된 신용평가사가 매긴 등급을 믿고 투자한 많은 투자자들이 또 손해를 보게 될 것이다.

파생상품도 그렇다. 원래 파생상품은 위험을 방어하는(risk hedge) 상품이다. 예를 들어 신용부도스왑(CDS) 상품은 원래 금융기관의 대출위험을 방어하기 위한 상품이다. 그러나 위험을 방어하기 위한 원래의 목적보다 투기적인 목적으로 확대된 거래가 원래의 순기능을 왜곡시킨 것이다. 위험의 방어와 시장 간의 일시적인 차이를 복구시키는 제정거래(arbitrage)라는 순기능에서 탐욕이 합쳐지면 투기(speculation)가 되는 것이다. 고위험에 대한 회피보다 고위험이 지닌 고수익의 매력을 즐긴 것이다. 모든 정상적인 범위를 벗어나는 현상이 탐욕에서 비롯된다. 탐욕에 의한 투기적인 거래의 증가로 인하여 시장자본주의의 순기능이 왜곡되는 것이다.

신용평가사의 기능은 기업과 시장에 거래되는 금융상품의 정확한 신용을 평가하여 소비자와 투자자를 보호하는 것이다. 그러나 투자은행이나 자금차입자들이 주는 먹이에 탐욕으로 감염된 신용평가사들의 양심이 엉터리 등급을 부여함으로써 투자자를 속이고 소비자에게 손해를 안긴 것이다. 이렇게 탐욕은 자본주의의 본질적인 경쟁력을 위협하는 존재가 되었다. 그래서 시장경제자본주의의 단점을 보완하는 모든 대책은 탐욕에 대한 대책과 적절한 조절능력을 갖는 데 초점이 맞추어져야 한다.

2010년은 복구의 해이다. 각국의 중앙은행들이 엄청나게 투입한 통화로 인하여 시중 M2 통화(현금+요구불예금+저축성예금)의 팽창은 정부와 감독기관 담당자들의 밤잠을 설치게 하고 있다. 이제 신용의 위기가 사라지면서 통화의 유통속도가 증가되기 시작하는 적절한 시기에 통화를 환수하지 않으면 과거에 경험했던 하이퍼인플레이션의 망령이 또다시 쓰나미가 되어 덮쳐올 것이기 때문이다.

위기 후 미국경제 복구의 내용도 대마불사 방지, 과도한 보너스에 대한 탐욕 방지, 금융기관 감독시스템의 능률개선 등에 우선순위가 맞춰지고 있다. 가장 많은 관심은 미국의 통화정책을 쥐고 있는 버냉키 연방은행 의장이 주도하는 신용위기 출구전략(exit plan)이다. 2010년 2월 연임승인으로 앞으로 4년간 미국 통화정책을 이끌어나갈 버냉키 의장과 그의 통화정책에 대한 소신이 세계적인 관심을 불러일으키고 있다.

벤자민 버냉키(Benjamin Bernanke)

2008년 신용위기의 과정과 극복은 버냉키 의장을 언급하지 않고는 이야기할 수 없다. 미국의 〈타임〉지는 버냉키를 2009년의 인물로 선정하였다. 역사는 그를 중심으로 2008년 세계 신용위기를 기록할 것이다. 그린스펀이 오랫동안 미국의 경제대통령으로 기록되었지만 적어도 세계 신용위기를 기록함에는 위기의 원인인 부동산의 거품을 일으킨 의장으로 간단히 기록될 것이다.

프린스턴대학의 교수였던 버냉키는 1930년대 있었던 대공황에 관해 연구한 전문가이다. 그는 당시 대공황에 대하여 후버 정부의 긴축정책이 위기를 심화시켰다고 비판하고 있다. 당시의 대공황에서 금리의 인하와 통화의 공급으로 경기진작을 도모했어야 했지만 후버 정부는 은행의 대출을 억제하고 금리를 인상시켰으며, 통화량을 축소하는 긴축정책을 선택하였다. 그리하여 은행의 3분의 1이 파산하고 경제는 심각한 불황에 빠지게 되었다. 다음에 등장한 루스벨트 정부의 뉴딜정책에 의하여 각종 경기부양책이 동원되고 경제는 살아나기 시작하였다. 그러나 필연적인 인플레이션의 대가는 혹독하게 치러야 했다.

미국 연방은행이 통화정책의 중심에 서기 시작한 건 1979년 폴 볼커 의장(1979~1987)이 취임하고부터이다. 그는 초고금리정책으로 인플레이션을 진화하였다. 대공황 이후 계속된 경기부양책으로 비롯된 하이퍼인플레이션을 치유하기 위해 초고금리의 긴축정책을 썼다. 그러나 후폭풍은 1970년대 말 상업용 부동산의 폭락으로 나타났다. 이어서 등장한 앨런 그린스펀(Alan Greenspan, 1987~2006) 의장은 저금리정책으로 경제에 충분한 윤활유를 제공하였다. 이번에는 다시 주거용과 상업용 부동산을 포함한 모든 자산가치에 거품이 끼기 시작하였다. 2000년 초에서 2005년까지 부동산이 거의 두 배로 상승하였다.

위험을 느낀 그린스펀이 방향을 180도 선회하여 고금리로 유동성을 죄기 시작하자 드디어 과도하게 형성된 거품이 빠지기 시작하였다. 그러나 엄청난 대가를 또 다시 치러야 했다. 부동산 거품의 붕괴는 은행의 담보가치 하락으로 인한 손실을 주택소유자와 은행에 선사하였으며 전 세계적인 불황에 이어 경기후퇴를 초래하였다.

1930년 대공황의 고통에 버금가는 전 세계적인 신용위기에서 미국의 금융이 초토화되는 대소동을 겪어야 했다. 이러한 거시경제의 복구에는 각국의 재무장관과 중앙은행장들이 선봉에 있었다. 서브프라임 거품을 조장하였고, 그러한 거품을 제거하는 과정에서 전 세계에 고통을 안겼던 미국의 경제를 복구하는 데 미국의 연방은행 의장이 중심에 있었다.

2006년 그린스펀 의장에 이어 연방은행의 수장에 오른 버냉키는 기본적으로 그린스펀과 통화정책의 맥을 같이 하며, 그린스펀의 완화정책과 자유방임(laissez faire)을 지지한다. 더 거슬러 올라가면 1930년대의 대공황 복구정책에 관련하여 후버 정부의 긴축정책에 비판적인 밀턴 프리드먼과도 일맥상통한다. 버냉키는 서브프라임 붕괴에 대한 예측실패를 솔직히 인정한다. 그러나 2008년의 신용위기 쓰나미의 과정에서 그가 보여주었던 리더십과 흔들리지 않는 정책은 그를 2009년 세계적인 신용위기 극복의 1인자로 만들어놓았다. 그는 결코 말이 화려하지도 않고 지극히 검소하며 가정에 충실한 나머지 '샌님'이라고 불리고 있으며, 1조 불의 돈을 풀어 시중에 공급함으로써 돈폭탄을 뿌린 헬리콥터 벤이며 수퍼맨 벤이기도 하다. 그린스펀 같은 카리스마도 없고, 정치적이지도 않지만 침착하고 과감하게 그의 학문적인 소신에 따라 자신의 막강한 권한을 이용하여 위기를 극복하였다.

모호한 표현을 즐겨 쓰는 그린스펀과 달리 버냉키는 분명하고 명료한 표현을 즐겨 쓴다. 또한 위기 극복과정에서 그가 보여준 세계 주요국 중앙은행과의 통화스왑 약정과 저금리의 국제공조를 통하여 정책에 있어서 협조적인 관계를 구축한 것은 그의 언변이 화려하지 않을지언정 강한 리더십의 소유자임을 증명하고 있다.

버냉키는 엄청난 양의 유동성 폭탄을 퍼부어 금융시스템의 붕괴를 막았다. 경제는 근본적으로 믿음의 게임이다. 믿음에 대한 위기는 불신으로 이어지고 경제의 위기를 초래한다. 신용의 위기로 인하여 개인은 물론이고 전 세계 금융기관 간의 돈이 돌지 않자 엄청난 양의 통화를 시스템에 공급한 것이다. 통화의 유통속도(velocity, 통화의 회전율)가 얼어버린 상황에서 금융시스템을 유지할 수 있는 것은 추가적인 통화의 충분한 공급이다. 버냉키는 소신 있게 주저 없이 제로금리를 선택하였고 은행의 각종 채권을 매입하는 형태로 자동차대출, 학자금대출, 신용카드대출, 주택자금대출 등의 서민 신용이 위축되지 않도록 배려하였다.

신용을 상실한 베어스턴즈의 인수를 주선하였으며 정부 보호기관인 페니매와 프레디맥의 주택자금채권을 인수함과 동시에 두 기관에 대한 지급보증을 함으로써 주택시장의 붕괴를 막았다. 그의 거침 없는 정책에 따라 위기의 불은 꺼졌다. 통화의 완화정책은 비교적 쉽다. 그러나 진검승부는 지금부터이다. 시중에 엄청나게 공급한 통화량을 통화의 유통속도의 회복에 맞추어 회수하여 조절하지 않으면 과잉 유동성으로 인하여 인플레이션이라는 불청객이 찾아오는 것이다. 세계적으로 신용위기 출구전략이라고 불리는 위기상황으로부터의 전환정책인 긴축정책이 정말 진검승부인 것이다. 1930년대 말 루스벨트 정부의 뉴딜정책으로 인한 경기부양책은 그 뒤 엄청난 인플레이션을 가져왔다. 하이퍼인플레이션이라 불렸던 15%가 넘는 인플레이션을 치유하기 위해서 당시의 연방은행 볼커 의장은 20%가 넘는 달러의 고금리시대를 유지해야 했다.

흔히 출구전략이라고 부르는 정책의 전환은 금융시스템에 공급한 유동성의 환수와 금리정책으로 크게 나누어진다. 그러나 금리인상이나 유동성의 환수 이전에 심각하게 고민해야 할 일들이 있다. 경기회복이 확실한가, 회복되는 듯한 경기가 다시 한 번 곤두박질하는 W형 소위 더블딥의 가능성은 없는가, 고용지수는 어떤가, 대부분 중산층의 재산증식 수단인 주식과 주택시장은 튼튼한가, 어느 정도의 인플레이션을 용인할 것인가 하는 등의 요인들을 간과하는 성급한 긴축은 소비의 위축을 초래하고 살아나는 경기회복에 찬물을 끼얹고 다시 불황을 가져오는 더블딥의 2차 위기를 초래할 것이다.

2010년 초반부터 불거진 각국의 재정적자문제가 부각되고 있다. 그리스의 과도한 국내총생산(GDP) 대비 국가 부채율에 민감해진 국제금융시장의 부정적인 반응으로 인해 그리스의 차입비용이 증가하고 외채의 연장이 어려워지자 정부의 긴축정책이 시작되었다. 임금을 삭감하고 연금을 축소하는 등의 긴급대책을 동원하고 실업이 증가하고 있다. 당장 밥상이 초라하게 된 그리스 시민과 경찰이 충돌하는 사태까지 발전되면서 유럽연합발 제2의 신용위기 우려가 대두되고 있다. 유럽연합이 국제통화기금(IMF)과 함께 황급히 진화에 나섰다. 경제통합이 없는 정치통합인 유럽연합의 사정은 상당히 미묘하고 복잡하다. 그리스의 사태가 비교적 외채가 많은 스페인, 포르투갈, 이탈리아 등으로 불똥이 튀지 않게 조기진화에 나서야 할 것이다. 유럽연합이 조기에 진화하지 못하면 이제 막 회복을 시작한 세계경기에 더블딥의 불청객이 찾아올 수 있다.

자본주의 경제는 인플레이션의 경제이다. 조금 역설적이게도 인플레이션은 자본주의의 필요악이다. 인플레이션을 수반하지 않는 자본주의 경제는 덧셈(positive-sum)의 경제가 될 수 없다. 물가나 급여의 인상이 없는 경제는 소위 성장에 대한 자극제(인세티브)가 없는 죽은 경제이며 자본주의 경제라고 할 수가 없다. 문제는 어느 정도의 인센티브가 시스템을 유지하는 데 적절한가 하는 것이다. 봉급생활자들의 연봉과 중산층들의 주요자산 증식수단인 주택과 증권, 그리고 물가가 고르게 일정한 호흡을 유지하는 인플레이션은 자본주의 경제의 촉진제이다. 이러한 것들의 균형이 무너지면 경제운용에 문제가 발생되는 것이다. 그러나 자극제가 없는 경제는 다시 무기력증에 빠지고 말 것이다. 자본주의 경제에서는 인플레이션보다 디플레이션이 더 무섭다.

바둑이든, 운동시합이든, 직접 경기를 하는 것보다 보는 게 훨씬 재미있다. 그래서 출구전략에 대한 훈수가 분분하다. 엄청나게 쏟아부은 유동성의 홍수를 빨리 제거하지 않으면 다시 유동성 쓰나미의 대재앙에 빠질 수 있다는 것이다. 그러나 버냉키가 성급하게 금리를 인상하는 정책을 취할 것이라고 생각하지는 않는다. 그는 근본적으로 시장에 충분한 윤활유가 있어야 한다고 믿는 사람이다. 그렇다고 인플레이션을 지지하는 사람도 아니다. 한 가지 예상 가능한 것은 손쉽게 금리정책부터 전가의 보도처럼 휘두르진 않을 것 같다.

지금은 출구전략의 방법과 적절한 시기에 대한 우려가 확대되고 있지만 분명한 것은 어떠한 것도 모범답안이 될 수는 없다는 것이다. 그것은 수용가능한 선택의 최적성이 될 것이다. 어느 쪽이든 함정은 있다. 경기회복은 포기할 수 없는 정책의 우선순위이다. 경기회복에 강한 정책적 우선순위를 두고 성장을 지속할 수 있는 적정 인플레이션을 수용하는 것이 최적의 선택이다.

금융개혁법안 Financial Reform Bill

2009년 12월 11일 미국의 하원을 통과하여 2010년 초부터 격론을 앞두고 있는 새로운 금융관련 개혁법안은 대형 금융기관의 대마불사를 방지하기 위한 것이다. 그리고 세계 신용위기에서 어이없이 무너진 미국의 금융시스템을 정비하기 위한 것이다. 세계 최강이라고 자부심을 가졌던 미국금융이 초토화되는 홍역을 겪은 미국으로서는 같은 상황의 재발을 방지하고 싶은 것이다. 사건의 원인 파악과 방지책에 대한 각종 의견이 분분하다. 그러나 무엇보다도 중요한 것은 서브프라임 대출이 야기한 미국의 부동산 거품 뒤에 부채담보부증권(CDO)과 신용부도스왑(CDS)이라는 난해한 월스트리트의 파생상품이 숨어 있었다는 것이다. 대형 금융기관의 실패가 가져오는 금융시스템 붕괴의 방지를 위하여 할 수 없이 대형 은행에 질질 끌려 다닌 미국 정부로서는 금융에 대한 전면적인 개혁을 단행하고 싶은 것이다. 금융개혁법안은 크게 네 가지 분야에 초점을 맞추었다. 대형금융기관의 대마불사 방지에 대한 대책, 파생상품 등의 신종 금융상품에 대한 대책, 소비자 보호대책, 그리고 금융위기의 조기 경보시스템을 구축하는 것이다. 그러나 2009년 말 하원을 통과한 법안의 법제화는 지지부진하다. 우선은 로비세력의 영향이 크다. 대형금융기관에 대한 견제는 미국금융의 세계경쟁력과 연관되어 있으며 파생상품에 대한 견제는 파생상품이 가진 순기능적인 효과에 대한 측면이 고려되어야 한다. 원래의 의욕적인 안은 의회 승인과정을 거치면서 많이 조정이 되어 그 실효성에 대한 의문마저 제기되기도 한다. 언젠가 개혁법안이 통과가 되겠지만 변화의 범위와 효과에 대해서는 회의적인 견해가 많다.

소비자와 투자자 보호

2009년 12월 공화당 전원의 반대 속에 223 대 202로 하원을 통과한 금융개혁법안은 존 멕케인(John McCain) 상원의원과 마리아 칸트웰 상원의원이 제안하였다. 연방은행에 대한 감시범위 확대안과 대형 은행 등의 파산시에 사용할 수 있는 기금 설치에 관한 것도 포함하고 있어 월스트리트와 대형 은행들이 억압한 미국경제를 보호할 수 있는 방안에 대한 기틀을 마련하였다. 이것은 소비자와 각종 노조단체, 그리고 학계에서 오랫동안 지원한 법이다. 그러나 벌써부터 막강한 금융기관 로비스트들이 움직이고 있어 실제로 성사될지는 불투명하다.

소비자는 특히 소비자금융보호국(CFPA, Consumer Financial Protection

Agency)의 설립에 대한 기대가 크다. 신용평가기관에 대한 의무를 강화한 것도 진일보된 조치이다. 채권에 대한 평가대상이 차입자이며 채권의 발행인인 차입자가 내는 비용으로 이루어지기 때문에 평가기관들의 도덕적인 해이가 있었다. 투자자에 대한 의무를 강화하여 평가기관들의 도덕적인 해이를 방지함과 동시에 투자자에 대한 보호를 강화하였다. 또한 대형 상장사의 임원 급여에 대한 제한법안을 마련함으로써 주주 등 투자자들을 보호하기 위한 기반을 마련하고 있다.

Too-big-to-fail

금융기관들의 대마불사로 인한 도덕적인 해이는 딜레마이다. 2008년의 금융위기를 정리하는 과정에서도 결국 재정자금에서 지출한 구제금융으로 대형 금융기관에 부실기관을 합병함으로써 더 큰 금융기관을 만들어낸 것은 아이러니이다. 대형 은행 구제의 딜레마인 것이다. 대형 금융기관으로의 지역은행 통합을 통한 금융기관의 대형화는 시장에서 경쟁을 억제하고 시장변동성에 대한 위험을 오히려 가중시킨다. 대형 금융기관이 시장변동성에 대한 위험이 적다는 것은 착각이다. 오히려 변동성에 대한 위험의 규모가 더 크다.

그러나 이러한 여러 가지 방안들이 정책적인 당위성이나 이상에도 불구하고 현실은 그렇게 잘 움직여 주지 않는다. 우선 2008년의 금융 쓰나미를 해결하는 과정만 보더라도 미국은 부실 금융기관을 더욱 큰 대형 금융기관에 떠넘기는 방법을 선택하였다. 모기지전문은행인 컨트리와이드(Country Wide)와 투자은행 메릴린치를 뱅크오브아메리카에게, 투자은행 베어스턴즈와 모기지은행 워싱턴무추얼을 제이피모간체이스 은행에게, 그리고 미국 4위의 상업은행인 와코비아은행을 웰스파고은행에게 넘긴 것이다. 대마불사, 대형 금융기관에 대한 염려는 말뿐이다.

재정자금인 공자금은 납세자이자, 국민의 돈이다. 이러한 공자금으로 대형 금융기관을 더 큰 금융기관에 안김으로써 다시 대마불사에 대한 논란을 더욱 재현시키고 있다. 2009년 들어서는 이렇게 몸집이 커진 3대 상업은행인 뱅크오브아메리카, 제이피모간체이스, 그리고 웰스파고 이 세 은행이 전 미국의 부동산대출 52%를 인수하였다. 은행의 수만 따진다면 미국에 8,000개가 넘는 은행이 있다. 세 개의 은행이 과반수를 인수하였다니, 믿어지는가. 부동산대출 조건개선인 리파이넌스(refinance)를 포함한 부동산대출 인수실적이 2005~2009년 사이 뱅크오브아메리카가 4%에서 19.2%로, 웰스파고가 11%에서 16.2%로, 체이스가 6.6%에서 13.1%로 증가하였다. 2005년도 이 세 은행의 시장점유율은 22%였으나 2009년에는 49%로 두 배 이상 증가하였다. 작은 은행들이 움츠리고 있는 사이 이 세 은행들이 포식을 한 것이다.

그러나 이 세 은행이 대차대조표에 가지고 있는 부동산대출의 비중은 전체 부동산대출의 고작 3.5%이다. 거의 모든 인수한 부동산대출을 바로 페니매와 프레디맥에다 넘기고 있으며 이것의 80%를 다시 연방은행이 인수해주고 있다. 신용의 위기로 회전이 되지 않고 있는 모기지 시장을 부활시키기 위해 안간힘을 쓰고 있기 때문이다. 이렇게 독점적인 혜택을 누리고 있는 세 은행은 이러한 모기지 업무의 집중으로 인하여 2009년 상반기 담보대출관련 수익이 140억 불로 전년의 41억 불 대비 세

배 이상 증가하였다. 대형화로 인한 금융독점의 폐해가 아닐 수 없다.

금융기관의 대형화는 대형화를 통한 금융의 사회주의화마저도 가능하다. 이러한 대형 금융기관이 사실은 시장불안의 진원지이다. 금융기관이 크다고 더 다양한 상품을 가지고 있는 것도 아니고 업무의 위험이 잘 분산되어 있어서 덜 위험한 것도 아니다. 단순히 크기 때문에 시장시스템 붕괴를 방지하기 위해서 정부의 암묵적인 보호를 받는다면 납세자의 등에 업혀 무임승차하는 것이다. 그래서 규정의 개선을 통하여 대형 금융기관에 대한 억제책을 도입하는 안이 논의되고 있지만 전 세계 금융시장에서 경쟁하는 미국 금융기관들의 국제 경쟁력과도 연관이 되어 있는 문제라서 은행 자산규모의 제한이 쉬운 문제가 아니다.

대형 은행의 금융산업시스템 전체에 미치는 위험을 방지하기 위한 법안으로 논의되고 있는 방안들을 보면 우선 자본금 규제에 관한 것이다. 은행들의 과도한 위험자산 인수에 대한 방안으로 일정규모 이상의 대형 은행, 과도한 단기차입, 혹은 유동화하기 힘든 자산에 대한 투자 등에는 자본금비율을 더 증대시켜야 한다는 주장이다. 또한 호경기 때는 더 많이 이익유보를 해서 불황을 대비하는 방안도 제기되고 있다.

업무의 제한에 대한 것도 논의되고 있다. 일정 위험관리능력에 미치지 못한 금융기관에 대한 파생상품 취급금지 방안, 차입자금으로 투자하는 데 대한 한도 부여, 대형 은행들의 대출과 예금에 대한 시장점유율 상한선 하향조정, 상업은행들의 자기자본매매(prop-trading)[1]와 유사 고위험거래에 대한 제한, 새로운 신용창출 비율(leverage ratio)과 유동성비율(liquidity ratio) 등에 관한 방안들이다. 일부 투자은행들이 자본금의 30배까지 신용확대(leverage)를 하여 신용위기를 유발하였기에 이

비율을 20~22배로 엄격히 통제하는 방안, 그리고 상업은행의 경우는 고객의 예금을 더 엄격하게 보호하기 위하여 10배, 또 대형 은행은 8.7배 등으로 더 혹독한 조건을 부여하는 것이다.

현재 오바마 정부의 경제회복자문기구(ERAB, Economic Recovery Advisory Board) 의장이며 전 연방은행 의장인 폴 볼커를 포함한 전직 관료들과 은행가 등으로 구성된 30인 위원회에서는 글래스스티걸법의 부활을 통해서 상업은행과 증권업의 업무를 엄격히 분할하고 금융기관의 규모축소를 도모해야 한다고 주장하고 있다. 예금으로 고객의 돈을 관리하고 있는 일반 상업은행이 투자금융의 영역인 채권의 인수나 자기자본투자 등의 고위험투자를 하는 것은 적절하지 못하다는 것이지만 유럽이나 아시아 은행과의 경쟁을 고려하고 월스트리트의 로비력을 감안할 때 실현하기까지는 험난해 보인다.

파생상품 규제안

2008년의 세계 신용위기의 주범으로 CDO와 CDS가 꼽히고 있다. 따라서 진작부터 논란의 대상이 되어온 파생상품에 대한 규제대책이 거론되고 있다. 오바마 정부는 파생상품의 구체적인 규제대책을 마련하고 있다. 일반적인 파생상품 규제가 아니고 신종상품(exotic product)에 대한 규제이다. 그러나 이러한 규제대책을 마련하기 위해서는 우선 증권위원회(SEC)와 상품선물거래소(CFTC, Commodity Future Trading Commission)의 감독을 통합해야 한다. 그 후에 파생상품에 대한 기본적인 표준약관을 마련하고 이러한 표준거래에 대한 자본금이나 약정금액을 인상하는 안이다.

기본적으로 투기거래를 금지하자는 여론이 비등하고 있는데, 소위 비실수 신용파생스왑(naked credit-default swap) 등 실거래에 근거하지 않는 비실수거래(naked transaction)[2]라고 부르는 투기성 거래를 금지하자는, 파생상품을 실거래의 위험방어 용도로만 엄격하게 허용하는 것이다. 당연히 월스트리트 투자은행과 헤지펀드 담당자 등이 반대하고 나섰다. 시장을 실거래와 구분하게 되면 당연히 파생상품의 시장이 위축되고 본연의 파생상품이 위험을 방어하는 순기능을 마비시키는 역효과를 가져올 것이라고 우려하고 있다. 티모시 가이트너(Timothy Geithner) 재무장관은 이러한 비실수 신용파생스왑에 대한 구체적인 제한에 대해서는 반대하고 있다. 그러나 대안으로 전체 파생상품에 대한 규제보다는 시장교란의 영향이 큰 신용파생스왑 같은 투기성 거래에 대한 투명성 요건을 강화하는 것으로 파생상품의 본질적인 순기능은 살리는 방향을 제시하고 있다. 또한 파생상품에 대한 자본금 부담을 부과하는 방안으로 거래금액에 대한 증거금을 부과하는가 하면, 파생상품도 증권거래소 같은 공식적인 교환소에서 거래해야 한다는 주장도 있다. 또한 파생상품에 대해서 충분한 거래능력이 있는 일정규모 이상의 금융기관으로 취급을 제한하자는 의견도 거론되고 있다.

파생상품의 난해함으로 인한 여러 가지 금융시스템에 미치는 부작용에도 불구하고 파생상품에 대한 제약을 가하는 것에 대해서는 많은 사람들이 반대하고 있다. 파생상품의 순기능적인 효과인 위험에 대한 방어, 헤지기능을 고려해서이다. 파생상품을 금융의 대량 살상무기

(financial weapons of mass destruction)라고 극언을 하던 워렌 버핏 (Warren Buffett)조차도 파생상품의 지나친 규제에 대해서는 반대적인 입장을 보이고 있다.

보너스 탐욕 규제

뉴욕 금융가에서 저승사자라고 불리는 뉴욕 검찰청의 앤드류 쿠오모 총장은 2009년 7월 30일 구제금융을 받은 미국 9개 대형 은행들의 2008년도분 보너스 지급액수를 공개하였다. 투자은행들이 월등하게 많은 보너스를 구제금융을 받는 와중에도 챙겼다.

단위 : 인원 수

은행명	300만 불 이상	200만 불 이상	100만 불 이상
뱅크오브아메리카	28	65	172
메릴린치	149		696
뱅크오브뉴욕멜론	12	22	74
씨티	124	176	738
골드만삭스	212	391	953
제이피모간체이스	200		1,626
모간스탠리	101	189	428
스테이트스트리트	3	8	44
웰스파고	7	22	62

자료 : 뉴욕 검찰청

쿠오모 총장은 보너스가 실적과는 관계없이 관행처럼 지급되고 있는 것에 대해서 문제점을 지적하고 있다. 씨티그룹의 경우 450억 불의 구제금융을 받았음에도 불구하고 실적과는 상관없이 2008년도분으로 53억 3,000만 불의 보너스를 지급하였다. 738명의 직원이 100만 불 이상, 124명은 300만 불 이상을 받았다. 또한 뱅크오브아메리카가 33억 불, 뱅크오브아메리카가 인수한 메릴린치는 36억 불의 보너스를 지급하였다. 골드만삭스와 제이피모간체이스는 은행의 순이익보다도 더 많은 금액을 보너스로 지급하였다. 100억 불의 구제금융자금을 받은 골드만삭스의 경우 23억 불을 벌고 48억 불의 보너스를 지급하였다.

미국은행의 엄청난 보너스 지급관행에 대해서는 여러 가지 논란이 있다. 기본적으로 은행 임직원, 특히 스타급 직원에 대한 인식의 차이가 크다. 이러한 스타급 직원이 타이거 우즈 같은 운동선수나 마이클 잭슨 같은 연예인과 똑같다는 것이다. 그래서 이러한 직원은 그에 상응하는 대우를 해주지 않으면 거침없이 옮겨가기 때문에 최고의 성과를 위해서는 최고의 대우를 해주어야 한다는 것이다. 스타 운동선수의 광고비가 천문학적인 효과가 있다면, 금융기관 인수합병과정을 통해 간단히 수백억 불의 이익을 챙기는 대형 국제금융기관의 CEO들의 주장은 어쩌면 당연한 것인지도 모르겠다.

CEO들의 보상상한액에 대해서 주주들이 의결권을 행사할 수 있도록 하는 법안(일명 say-on-pay 법안)에 대해서 당연히 반대가 심하다. 상장사들의 최고 임원 5명에 한하여 주주들이 의결권을 행사할 수 있도록 하는 이 법안에 대해서 상장사들의 CEO들은 자신들을 프로 운동선수나, 록스타 등과 비교하여 하등 차별이 있을 수 없다고 주장하며 맞서고 있다. 많이 벌었으니 그에 상응한 대우가 당연하다는 것이다. 그러나 이러한 스타급 임직원들의 탐욕과 보너스를 위한 도덕적 해이가 불법과 변칙으로 금융시장을 교란하고 금융기관을 파멸에 이르게 한 것은 틀림이 없다.

금융감독제도 개편

2009년 9월 24~25일 피츠버그에서 열린 G-20 경제각료 회의해서 세계적으로 은행들의 구조적인 위험(systemic risk)을 방지하기 위한 방안이 논의되었다. 금융시스템의 구조적 위험의 방지는 각국 중앙은행과 감독기구의 몫이다. 금융의 구조적 위험은 신종상품들의 진화로 과거에 비해 훨씬 더 심화되었다. 그린스펀 의장이 재임했던 1987~2006년 사이 미국은 유례없는 호황기를 누렸다. 1987년 레이건 행정부에 의하여 임명된 그린스펀은 레이건 정부의 감세정책과 작은 정부정책으로 인한 자유방임으로 인하여 비교적 저금리의 호황을 누리고 있었다. 그러나 같은 기간 동안 금융시장은 다양한 새로운 금융상품의 엄청난 진화가 있었다.

우선 은행 대출자산의 채권화를 통한 자산의 유동화는 금융시장의 규모를 엄청나게 키웠다. 또 하나는 파생상품의 성숙이다. 금융파생상품과 신용파생상품의 성장은 너무 규모가 커져서 아무도 그 규모와 내재된 위험을 파악하지 못하게 하는 금융시장의 공룡으로 성장하였다. 또한 1999년 들어 폐기된 글래스스티걸법은 금융기관의 합병과 인수를 통한 금융집중화를 가속시켰고 결과적으로 하나의 금융기관의 실패가 전체 금융시스템의 붕괴를 초래할 수 있는 소위 대마불사의 금융공룡을 만들어내었다. 그러나 금융감독시스템은 이러한 변화를 따라

가지 못했다.

　여기에서 위기를 예방하고 능률적으로 대처하지 못한 미국금융의 구조적인 위험에 대한 문제가 불거졌다. 첫째는 그 많은 금융기관 감독시스템은 무엇을 하고 있었느냐, 이러한 구조적 위험을 방지하기 위해서는 금융감독시스템의 틀을 어떻게 다시 짜야 하느냐 하는 문제였으며, 둘째는 대마불사의 도덕적 해이를 어떻게 방지할 것인가 하는 문제였다.

　금융감독시스템에 대해서는 일부에서 전 감독기구를 통할하는 총괄감독국(super regulator) 같은 것을 이야기하기도 하며 연방은행에 구조적 위험관리위원회(system risk council) 같은 기구를 두어야 한다는 등의 의견이 분분했다. 감독기관 간 유기적인 공조체제의 구축과 구조적 위험의 빠른 파악, 그리고 감독기구의 발 빠른 조치가 요구되고 있으므로 새로운 기구의 역할은 감독기구들의 유기적인 협조체제의 구축이지, 연방은행이나 감독기관의 권한을 축소하거나 전권을 위임하는 방안은 아니다.

　새로운 위원회의 역할은 각 분야 감독기구간의 거시경제와 금융기관에 대한 발 빠른 감독과 협조제제를 유지하여 좀 더 능률적인 시스템을 구축하는 것이다. 최근의 위기에 대해서 연방은행의 사전방지 실패에 대한 불만도 있지만 결국 연방은행이 독립성을 유지하고 있었고 신용위기 해결의 중심에 있었기에 해결해낸 것이다. 연방은행에 대한 권한 축소는 세계적인 신뢰의 상실로 이어질 것이며 다시 한 번 달러 위기로 이어질 것이다.

　이러한 모든 것이 예금자의 안전성을 도모하기 위한 방안이지만 궁극적으로 중요한 것은 감독기관들이 금융시장을 선도하는 능력을 가져야 하는 것이다. 최근 20년 동안 금융시장을 혼돈에 빠뜨린 것은 파생상품으로 대표되는 각종 금융공학 금융상품들인데, 컴퓨터의 발전으로 수학과 통계학에 근거를 둔 공학적인 상품이 물밀듯이 쏟아지고 시장의 규모도 엄청나게 커졌지만 감독기관의 시장파악은 항상 늦었다. 그래서 시스템의 위기를 적기에 방지하지 못하였다. 금융상품의 혁신이 금융감독시스템의 혁신보다 항상 한 발 앞서 나가는 것은 딜레마이다. 현대화된 중앙은행과 금융감독기관에 의하여 더 능률적으로 유지되고 감독받는 금융제도의 보강이 있어야 한다.

국제적인 조세회피지역(tax haven, or tax shelter)을 이용한 회계분식과 수익 위장은 각국의 금융감독기관들이 공조로 대책을 마련해야 할 시급한 과제이다. 대표적인 상품이 기존의 CDO를 다시 조합한 합성(synthetic) CDO이다. 미국 투자은행들이 감독권이 미치지 못하는 역외금융을 이용하여 회계분식과 수익위장을 하기 위해 많이 써먹은 이러한 상품에 대한 국제적인 공조대책이 마련되어야 할 것이다. 조세회피(tax haven) 지역에 회계장부를 둔 이러한 거래는 금융감독의 손길이 미치지 않는 과제로 남았다.

글로벌은행의 부자들을 위한 금융서비스인 재산관리(wealth management)를 보면, 돈의 출처나 국제적인 외환관리의 제한 등의 적용을 받지 않는 경우가 많다. 일단 돈이 국경을 넘으면 많은 부분이 바하마, 버뮤다, 케이만 군도, 스위스, 룩셈부르크 등의 역외금융센터(offshore banking center)로 흘러들어 간다. 자금세탁 방지나 테러자금

방지 등에 있어서 국제공조가 이루어지지 않고 있는 사각지대인 것이다. 이렇게 하다 보니 환치기나 외화 밀반입 등의 불법적인 자금의 국경이동이 이루어지고 있다. 각국의 정보기관과 금융정보위원회 등 준법감시기관(compliance unit)을 통한 국제간 공조체제가 필요하다.

미국금융의 위기

이렇게 2010년 들어서 미국의 오바마 정부는 미국금융의 족쇄를 채우기 위해서 총력을 다하고 있는 듯하다. 투자금융과 상업금융의 경계에 방화벽을 다시 설치하여 금융을 다시 1930년대로 돌려야 한다고 하며 상업은행의 업무영역과 시장지분에 대한 제한도 목청을 높여 고려하고 있다. 그러나 이러한 일들은 행정부나 금융감독기관의 무능을 호도하는 것일 뿐이다.

더 큰 문제는 시스템이 아니고 각 분야의 기능이 제대로 작동하지 않았기 때문이다. 특히 정부와 감독기관의 역할이 제대로 이루어지지 않았다. 감독기관 간의 세력다툼도 문제이다. 워싱턴무추얼의 경우 감독기관인 저축은행 감독국(Office of Thrift Supervision)에서 2003년에서 2008년까지 5년 동안이나 지속적으로 서브프라임 대출문제에 대한 위험을 제기했었다. 그러나 그러한 지적사항이 워싱턴무추얼에 의하여 항상 무시되어왔어도 감독국에서 더욱 강력한 제재를 가하지 못했다. 워싱턴무추얼이 해당감독국 예산의 15%에 해당되는 수수료를 항상 제공해 왔기 때문에 서로 무시할 수 없는 공생관계이었던 것이다. 연방예금보험공사(FDIC)가 낌새를 채고 감사를 하려고 하였으나 저축은행 감독국에서 방해를 해서 이루어지지 못했다. 무엇이 미국금융의 문제이며 어떻게 보완해나가야 할까. 현재의 문제는 구조적인 문제가 아니고 운영의 문제라고 본다. 현재 미국금융의 문제는 무엇인가. 무엇이 위기인가.

라스베이거스 금융

미국금융은 세계 최강이라고 알려져 왔다. 그러나 지금은 아니다. 금융이 금융의 본질을 벗어났기 때문이다. 미국의 금융은 라스베이거스 금융이다. 지나친 탐욕에 빠져서 돈놀이에 몰두하고 있으면서 금융의 본질적인 역할을 망각하고 있다. 금융의 본질은 예금으로 조성된 자금을 대출로 운영하여 산업자금을 지원하는 것으로 이러한 본질을 벗어나는 것은 금융의 파생상품인 돈놀이이다.

금융은 전혀 다이내믹하지 않다. 오히려 지루한 것이다. 전혀 매력적이지도 역동적이지도 않다. 그것이 금융의 본질이며 기본이다. 그러나 지나치게 상품의 혁신을 거듭한 현재의 금융은 본질적인 역할을 넘어서 더욱 투기적인 돈놀이에 열중하고 있고 미국의 금융이 이러한 돈놀이를 선도하고 있다. 우선 이러한 금융에 대한 미국인의 인식을 바꾸는 것이 쉽지 않다. 전 세계적으로 산업자금화되지 못한 엄청난 규모의 유러통화 유동성은 미국 등 서방 선진국의 헤지펀드 등을 통하여 지나치게 돈놀이에 몰두하고 있다. 이러한 유동성 규모가 너무도 크며 세계화의 진전으로 인한 제약 없는 국가간 이동으로 인하여 전 세계적인 통화시장과 자본시장의 불안을 초래하고 있다. 어지간한 규모의 헤지펀드가 경제규모가 작은 국가의 경제를 유린하는 것은 일도 아니다.

여기에 빠질 수 없는 것이 탐욕이다. 연초 진행된 금융위기 규명 청문회에서 미국 대형 은행의 수장들과 금융정책당국 사람들과의 입씨름을 보면 너무도 큰 인식의 차이를 확인할 수 있다. 적어도 수천만 불 혹은 억대의 보너스를 받아왔던 월스트리트 은행가들에게 있어서 900만불, 1700만 불로 줄어든 보너스(그것도 현금이 아닌 주식옵션)가 대단한 양보를 한 것처럼 생각하지만 중산층에게 있어서는 그 금액 숫자만 들어도 맥이 풀리는 것처럼 너무나 큰 인식의 차이가 있다. 이렇게 탐욕을 초래하는 인식의 차이를 좁히는 것이 가장 어려운 과제이다.

중국경제

중국의 성장은 이미 G2라는 용어가 자연스러울 정도로 세계경제질서에 있어서 확고한 위치를 차지하고 있다. 미국과 더불어 G2라는 것이다. 2008년 말 IMF 집계 기준으로 세계 각국의 GDP를 보면 EU가 15.2조 달러로 1위, 14.2조 달러의 미국이 2위, 중국이 7.9조 달러로 3위, 일본이 4.3조 달러로 4위를 차지하고 있다. 2조 달러가 넘는 외환보유고는 미국뿐만 아니라 세계 경제질서에 있어서도 위협적이다.

2010년 들어서도 10%의 성장을 예상하고 있는 중국경제(서방세계 경제학자들은 12%로 예상)는 나머지 세계의 경제에 막대한 영향을 미치는 가장 큰 변수가 되어가고 있다.

세계 인구의 3분의 1인 15억 중국인이 만들어내는 세계경제의 새로운 패러다임은 전통적인 서방경제에 엄청난 충격을 안겨주고 있다. 세계의 공장에서 세계의 시장으로 그리고 세계의 자원을 빨아들이는 블랙홀로 중국은 세계경제의 충분한 교란요건이 되고 있다. 중국이 보유한 값싼 노동력과 외환보유고는 서방에게 있어서 엄청난 위협이다.

미국보다도 더 자본주의적이라고 하는 중국의 경제가 무서운 것은 그것이 사실 완벽한 서방식의 자유시장경제에 기초를 둔 자본주의가 아니라는 것이다. 중국의 자본주의는 캐피탈리즘이 아닌 콤피탈리즘(compitalism)이라고 부르고 싶다. 코뮤니즘(공산주의)과 캐피탈리즘의 합성인 콤피탈리즘이 무서운 것은 국가의 전체적인 통제가 완벽한 자본주의라는 것이다. 정부의 보이지 않는 일사불란한 정책에 의하여 움직이는 중국의 공산자본주의가 가능한 것은 무서운 공산당의 정치적인 힘이다.

중국의 고속철 투자는 미국에서 많은 점을 시사하고 있다. 중국의 동해안 도시에서 서부 내륙으로 뻗어나가는 고속철은 일반 승객뿐만 아니라 화물수송에 있어서 획기적인 경쟁력의 향상을 가져올 것이다. 미국이 지금 계획하고 있는 고속철 사업이 플로리다 템파에서 오르랜도에 이르는 84마일의 거리를 2014년에 완공하는 계획임에 비하여 중국은 이미 664마일을 2012년까지 완공하게 되어 있다. 미국은 고속철 건설이 중국처럼 일사분란하지 못하다. 대형 트럭 위주의 내륙수송은 트럭킹 회사들의 강력한 로비에 의하여 고속철 건설을 지지부진하게 만들고 있다.

이것이 중국식 자본주의의 무서움이다. 외환과 환율운영에 있어서 정부의 엄격한 통제가 이루어지고 있는 중국식 자본주의는 중국에게도 의외의 변수를 제공하지만 미국에게 엄청난 위기를 초래할 수 있다. 2조 달러에 이르는 외환보유고를 인질로 무역수지문제와 위안화의 저평가문제 등 사사건건 대립하고 있다. 중국뿐만이 아니라 인도도 무서운 속도로 뒤쫓아 오고 있으며 EU, 독일경제의 추격도 만만치 않아 미국은 2등국가로 전락할까 두려워하고 있다.

가난해진 미국의 중산층

미국금융에 또 하나 심대한 위기는 금융수요자인 미국 소비자들에게 처한 경제적인 어려움이다. 미국 중산층의 대표적인 재산증식수단은 주택과 주식투자, 그리고 소위 401K로 불리는 퇴직연금이다. 지금 미국인은 이 세 가지 모두에서 엄청난 손실을 기록하고 있다. 주택과 주식이 회복하고는 있지만 대부분 미국인에게 있어서는 이미 상당한 자본손실을 기록하고 있다. 그리고 소위 401K 퇴직연금도 각종 투자펀드의 운용수익 손실로 인하여 반 토막 내지는 절반 이하로 떨어진 자산이 많다. 실업율의 증가와 더불어서 봉급 노동자들의 급여수준도 상당히 위축되었다. 이래저래 미국인들의 지불능력이 평균적으로 엄청나게 위축된 것이다.

그러나 부의 불균형은 더욱 심화되어 미국 중산층들에게 극빈층과 극부유층만이 잘살 수 있다는 자조적인 이야기가 확산이 되고 있다. 너무도 많은 사람들이 단지 나이가 65세를 넘었다는 이유만으로 각종 의료혜택과 주택보장, 연금 등의 혜택을 즐기고 있으며 단기간의 의무 복무기한만을 넘긴 지방정부 공무원 등의 조기은퇴와 이들에게 지급하는 연금으로 인하여 이미 캘리포니아 주는 파산상태이다.

미국의 경제는 소득의 창출로 소비를 시작함으로써 그 물꼬가 트이는 철저한 시장경제이다. 소득을 창출하기 위해서는 일거리를 계속 만들어야 하는데 이것이 여의치 못하다. 제조업이 지나치게 위축이 되었기 때문이다. 중소기업들이 투자를 해야 일거리를 만들어내는데 은행들의 사정이 여의치 못하여 중소기업에 산업자금이 잘 돌지 못하고 있다. 정부가 나서서 긴급처방으로 대규모 기간산업에 대한 투자 등의 일거리를 만들어내어야 하는데 이것도 각종 절차 등의 사정과 정치적인 이유로 차일피일 미뤄지고 있다. 미국 정부는 경제운용의 기동성 면에 있어서 중국의 상대가 안 된다.

강화되는 금융감독

이러한 거시환경의 어려움 속에서 정부의 금융규제 강화방침은 상당히 위협적이다. 대형 은행들에게는 고위험 자기자본투자인 프랍 트레이딩(prop trading)의 금지, 헤지펀드와 사모주식펀드 운영금지 등을 골자로 한 소위 볼커룰(Volker Rule)은 향후 대형 금융기관의 수익성에 상당한 영향을 미칠 것 같다.

현재 G-20 리더 회의의 협의를 거치고 있는 새로운 은행의 자본금

강화대책인 바젤-3는 2010년에 발표하여 2013년까지 단계적인 강화를 하여 전면 실시를 하게 되어 있다. 이러한 새로운 바젤 3의 은행자본금에 대한 규범은 더욱 강화된 자본금과 유동성의 확보를 요구할 것이 예상되기 때문에 은행의 신용제공에 대한 상당한 위축이 요구되며, 위험한 수준까지의 신용축소가 예상된다. 비교적 파생상품과 프랍 트레이딩에 대한 노출이 적은 아시아 은행과 달리 노출이 심한 미국 등 유럽 은행들은 이러한 새로운 바젤 3 요구사항에 상당한 업무의 위축이 예상된다.

출구전략의 어려운 선택

전 세계적인 부동산과 실물가격의 하락이 초래한 디플레이션과 리세션은 자본주의 경제운영에 있어서 가장 위험한 상황을 초래하고 있다. 전 세계가 공통적으로 재정적자와 국가채무의 증가에서 비롯되는 위기에 직면하고 있다.

각국의 출구전략과 버냉키의 출구전략은 과거 그린스펀 식의 직접적인 금리정책보다는 연방은행의 재할인정책과 지준율정책 등을 통한 간접적인 통화량 조절에 우선순위를 두고 있다. 금리정책을 최후의 방안으로 아껴두고 있는 것이다. 사실 2008년 신용위기에 있어서 시장참여자들의 탐욕과 더불어 위기를 초래한 또 하나의 중요한 이유가 정책당국자들의 너무 쉬운 금리정책의 선택에 있었다. 다른 통화조절 기능에 우선하여 금리정책부터 과감하게 밀어붙인 것으로 인한 부작용이 컸다.

최근 국제통화기금(IMF)에서도 각국이 평소의 인플레이션 목표를 지나치게 낮게 책정하는 데에 대한 재고를 권고하고 나섰다. IMF의 수석 이코노미스트인 올리버 블랜차드(Oliver Blenchard)는 인플레이션 목표가 2%나 4%나 큰 차이는 없다고 주장한다. 인플레이션 목표는 단기금리 운영과 밀접하게 연관이 되어 있다. 보통 인플레이션 목표를 4%로 잡으면 단기금리를 6~7%로 운영할 수 있는 여유가 있다. 이것은 경기후퇴가 심화되어 금리정책을 사용해야 할 경우에 지나친 저금리조건보다는 더 여유로운 금리정책의 운영폭을 제공해준다. 현재의 제로금리시대에 있어서 0.25%의 금리조정과 6% 금리수준에 0.25%의 금리조정이 가져오는 효과의 차이이다. 지나친 저금리 하에서는 금리조절의 탄력성이 너무나 크기 때문에 정책선택의 부담이 크다.

블랜차드는 현재의 전 세계적인 저금리체제가 금리정책을 운영하는 데 있어서 대단히 선택의 폭이 좁은 위기를 초래하고 있다고 생각한다. 그래서 거시경제 운영에 있어 은행감독 권한의 다양한 정책을 이용해서 자산거품을 방지하고 시장의 통화량을 조절하는 방법이 금리로 조정하는 것보다는 경제에 미치는 충격이 훨씬 부드럽다고 주장한다. 금리의 지나친 변경은 이자부담의 증가로 인하여 경제 전반에 미치는 악영향이 훨씬 컸다는 것이다. 1970~1980년대 고금리시대를 경험한 사람들에게 있어서 이러한 권고는 쉽게 받아들이기 힘들 것으로 보인다. 그러나 실물가격의 지나친 거품만 방지할 수 있으면 적절한 수준의 인플레이션이 디플레이션보다는 훨씬 선순환적인 경제운영을 할 수 있는 것이 자본주의 경제가 지닌 능률성이다.

국제금융세(global banking tax), 혹은 은행세라고도 불리는 국제금융 거래세에 관한 움직임도 미국금융을 비롯한 세계 투자금융의 중요한 변수이다. 이것은 오랫동안 추진되어온 정책으로써 지나치게 세계화된 헤지펀드들의 부작용을 억제할 수 있는 방안이기도 하다. 그러나 이러한 물꼬를 막는 것은 또 다른 부분에서의 예상치 못한 부작용을 가져올 것 같다.

전 세계 24개 회원국가를 가지고 있는 FSB(금융안정위원회)는 2010년 10월 서울 G-20 정상회의 보고를 통하여 금융기관의 건전성 규제, 대형 금융사에 대한 규제방안, 보상체계 개편, 회계기준, 장외파생상품 규제, 금융금 분담금 부과 등에 대한 사항을 확정지을 예정이다. 결과에 따라서 미국뿐만 아니라 전 세계 은행들에게 큰 영향을 미칠 새로운 규범(paradigm)이 마련될 것 같다.

꺼지지 않은 미국의 금융위기 잔불

3,000개 이상의 미국 소형 은행들이 상업용 부동산으로 인한 손실 때문에 대출을 더욱 축소해야 할 위기에 처해 있다. 미국의 주정부승인 은행(state chartered banks)[3]은 동일인의 대출한도가 주마다 조금씩 다르다. 대체적으로 15~25% 선으로 운영되고 있다. 문제는 서브프라임 대출로 인하여 손해를 입어서 자본금이 상당히 잠식된 은행들이 현재의 동일인 대출한도비율을 늘리지 않으면 현재의 대출잔액도 계속 유지하기가 어려운 상황에 빠졌다. 그래서 최근 은행파산이 심한 주(state)들은 이러한 동일인 대출한도비율을 상향조정하고 있다. 이렇게 되면 중소규모 은행들의 대출이 제한된 건설업체에 몰리게 되어 부동산의 위축으로 더욱 위험한 상황에 빠질 수 있다.

한편 은행의 자본금 증자는 쉽지 않다. 우선 중소은행들의 실적이 부진함으로 인하여 새로운 투자자금을 유치하는 것도 쉽지 않은 상황인데 또 하나의 요인은 이미 발행된 은행채권에 있다. 소위 신탁 선순위 채권(trust preferred securities)이라는 것은 차입금과 자본금의 형태로 합성이 되어 있어 2000년에서 2008년 사이 1,500개 이상의 미국은행들이 500억 불 이상 발행하여 자본금 조달에 이용했다.

이 신탁우선채권은 은행의 보완자본으로 인정받기 때문에 많은 소규모 은행들이 자본금비율을 유지하는 방법으로 사용했었으나 이제 은행들이 새로운 자본금을 유치하기 위해서는 기발행된 채권이 상환되든지 발행은행이 매입하여 소멸되어야 한다. 그러나 이러한 채권이 함께 조합(pooling)되어 CDO채권 형태로 투자자들에게 매출된 경우는 소유자에 대한 파악도 어려워서 조기상환을 유도하기가 쉽지 않다. 은행들이 현 시세를 감안하여 80%의 평가손실(hair-cut)을 차감한 20%의 가격에 매수제의를 신문에 광고하고 있지만 투자자들은 은행의 파산시에는 차입금 부문에 대한 우선상환조건 때문에 만기까지 가려고 하는 사람들이 많아 소규모 은행들이 진퇴양난에 빠졌다.

대형 은행들은 대형 은행 대로 대마불사에 대한 견제, 중소규모 은행들은 수익성 악화로 인한 자본금의 소진으로 위기에 직면하고 있다. 미국의 은행들은 중국경제의 변수와 금융감독제도의 강화, 신용위기 출구전략의 시행 등의 거시적인 환경에 대한 변화와 더불어 아직도 담보상태를 벗어나지 못하고 있는 미국 중산층의 위축으로 인하여 위기에 직면하고 있다. 미국경제의 일대 대전환이 있어야 비로소 현재의 위기에서 벗어날 수 있다.

금융자본주의 보완

이렇게 다양한 위기요인에 둘러싸인 위기의 미국금융을 보수하기 위하여 여러 가지 다양한 정책이 논의되고 있다. 그러나 가장 어려운 문제는 역시 탐욕의 적절한 통제이다. 통화량의 조정, 금융감독제도의 개편, 부실금융기관의 구제, 일자리 마련 등의 대책은 정부와 금융기관이 동원할 수 있는 대책이나, 탐욕에 대한 규제는 그것의 당근과 채찍으로서의 적절한 기능과 수용할 수 있는 범위 내에서의 허용에 관한 기술적인 균형으로 인하여 어려운 문제에 봉착하고 있다.

그것은 계량적인 규제보다는 질적인 규제여야 하며 규정에 의한 강제적인 규제보다는 규범과 도덕에 의한 자율적인 규제여야 한다. 법과 규정의 범위 내에서 보호받을 수 있는 행위와 금지된 행위가 엄격하게 구분되어 있는 경제행위에 있어서 이러한 자율적인 규제의 원칙을 확립한다는 것이 어려운 문제이기는 하다.

탐욕

가장 심각한 미국금융의 위기는 탐욕에서 비롯된다고 본다. 탐욕은 월스트리트에만 만연되어 있는 것은 아니다. 존 스타인벡(John Steinbeck)이 고발한 1930년대 미국인들의 혹독한 시련, 자연재해와 자본가 지주들의 탐욕과 착취로 인하여 황폐해진 미국은 2차대전의 승리와 전후 복구를 통하여 일하는 미국으로서 세계 최강의 국가를 이루어 냈다. 첨단의 굴뚝산업과 전국을 편리하게 연결한 도로, 항만, 철도 등의 근대화를 통하여 일하는 사람들에 의한 위대한 미국과 미국인의 정신을 일구었다.

현재 미국은 그렇게 왕성한 굴뚝의 연기를 보는 것도 쉽지 않고 기름때 묻은 근로자들의 건강하고 환한 얼굴을 보는 것도 쉽지 않다. 40~50년 전에 첨단이었던 미국의 사회기반시설은 이제 가장 낡은 구시대의 모델로 생산성과 능률성이 떨어진다. 군사력, 최강의 대학과 대학원 교육을 제외하고는 경쟁력 있는 분야가 별로 없다. 특히 대중교통, 통신, 가정용 에너지 소비 등에 있어서 미국은 너무나 비능률적이고 불편한 것이 많다.

세계 최강의 선진국에서 정전이 잦다는 것을 어떻게 이해해야 할까. 날씨가 조금만 나쁘면 정전이니, 아마도 한국에서 이렇게 정전이 잦다면 난리가 나지 않을까? 대중교통은 정시에 출발하고 정시에 도착하는 게 이상할 지경이다. 일본처럼 분 단위로 출발과 도착을 정확히 지키는 것은 꿈 같은 이야기이다. 열차가 연착이 되어 연결 교통편을 놓칠 지경이 되어도 불평하는 사람들이 아무도 없다. 너무나 익숙해져 있기 때문이다. 이것은 일류국가의 일류정신이 아니다.

그럼에도 GDP 기준으로 세계 최강의 국부를 가지고 있는 미국은 돈놀이에 지나치게 몰두하고 있다. 라스베이거스 자본주의라고 비판받는 미국은 이제 균형을 찾아야 한다. 굴뚝산업과 서비스산업 등 첨단산업의 균형을 찾아야 하고 열심히 서비스하고 상품을 만들어내는 미국정신을 되찾아야 한다.

1960년대에 미국은 전 세계에 평화봉사단을 파견하였다. 이들은 전후에 황폐해진 세계의 후진국에 대한 봉사와 헌신이 목적이었다. 후진국의 가난과 기아를 퇴치하기 위하여 봉사를 하는 한편, 전 세계적인 도덕재무장운동(Moral Rearmament Action)으로 건전한 세계질서를 위하여 봉사하였다. 그것은 세계 최강 미국이 세계에 자랑스럽게 제시할 수 있었던 비전이었다. 돈만이 아닌 가치를 제시한 위대한 미국정신이었다. 지금은 세계 어디에도 이러한 미국의 가치를 이해하는 사람들을 찾기가 쉽지 않다. 미국과 미국인을 진심으로 존경하는 사람들을 잃어가고 있다.

지나치게 비대해진 미국금융의 탐욕과 더불어 아동들의 지나친 비만은 세계인들에게 역겨움을 안겨주고 있다. 드디어 문제의 심각성을 파악한 미국이 대통령 영부인 미셸 오바마의 제안으로 미국 어린이의 비만에 대한 대책을 강구하기 시작했다. 미국 아동의 3분의 1이 비만으로 인한 고혈압, 고지혈증, 당뇨 등의 성인병을 가지고 있는 것이다. 미국 군대에 있어서도 신병들의 가장 심각한 문제 역시 비만으로 인한 성인병이다. 미셸 오바마는 미국의 어린이들이 영양섭취를 좀 더 잘해야 한다고 주장하고 있다. 그러나 문제는 미국의 신생아가 2세 이전에 이미 이러한 성인병을 가지고 있는 것이다. 이것은 어린이의 영양섭취 문제와 더불어서 미국 부모들의 영양섭취와 직접적인 관련을 가지고 있는 문제이다. 이제 미국은 적절한 수준의 절제를 통하여 미국정신을 부활하고 세계에 친근하고 믿을 수 있는 리더십을 회복하여야 한다.

도덕적 해이(Moral hazard)

탐욕에 가득 찬 투기자들만이 도덕적인 해이에 빠져 있는 것이 아니다. 탐욕으로 가득 찬 시장에서의 축제를 함께 즐겨온 사람들이 너무나 많다. 신용위기의 틈새에 함께 묻혀서 크게 부각되지는 않았지만 메이도프라는 사기꾼이 저지른 일종의 피라미드 판매방식의 폰지사기라는 게 있었다. 이러한 엄청난 사기가 1~2년에 생긴 것은 아니었다. 십수 년을 이어오는 동안 이미 금융감독 당국에서 그러한 내용을 다 알고 있었을 것이다. 그러나 터지기 전에는 손대지 않는 것이다. 조그만 일이라도 자기 집 뒷마당에 영향을 미치면 득달같이 경찰서로 달려가는 미국인이지만, 내 뒷마당에 벌어진 일이 아니니 모른 척하고 있는 것이다.

2008년의 세계 신용위기 심화로 인한 미국금융의 붕괴는 서브프라임 대출시장의 불법에서 비롯되었다. 이미 2년 전인 2006년부터 모든 금융계에 불안이 확산되고 있었다. 초토화된 5대 월스트리트 투자은행 내부에서도, 대형 상업은행의 최고경영진에서도 다 알고 있었다. 모두가 불안해서 수군대고 있었다. 그런데 어떻게 세계최강의 미국 금융감독시스템이 모르고 있었다는 것인가. 그들도 월스트리트와 파티를 즐기고 취해 있었으며 그 흥을 깨뜨리기도 달콤한 꿈에서 깨어나기도 싫었던 것이다. 정부나 금융감독 당국자들이 이러한 것을 몰랐다면 소도 웃을 것이다.

금융시스템의 전체적인 관점에서 볼 때, 역시 중요한 것은 감독시스템의 정상적인 작동이다. 법이나 규정, 기구의 개편 등 수선을 떨지 않더라도 기존의 감독시스템을 제대로 작동하고 운영했더라면 충분히 방지할 수 있었던 위기였다. 위기로 인해 금융이 초토화된 후 이제 와서 미국은 금융시스템의 개편에 대해 열을 올리고 있다.

그러나 그것은 미국의 시스템이 잘못 되어 생긴 위기가 아니다. 미국의 시스템은 지나치게 풍족할 망정 절대 부족한 것이 없다. 기존의 시스템도 제대로 운영하지 않고 개편을 이야기하는 것은 마치 최신형 컴퓨터를 구입해서 매뉴얼도 읽어보지 않고 방치했다가 새로운 성능의 컴퓨터가 나오니 기존 컴퓨터의 성능을 탓하고 있는 것이나 마찬가지이다. 필요한 부분은 시스템도 손질해야겠지만 기존 시스템의 점검이 급선무이다.

미국이 아무리 시스템이 잘 갖추어져 있더라도 올바른 규칙과 공정한 심판 없이 정상적인 시장경제가 작동하지는 않는다. 엄격한 금융감독이 금융의 혁신이나 금융의 경쟁력, 생산성을 절대 저해하지 않는다. 월스트리트와 금융 두들기기는 이제 그만두고 정부와 감독기관들이 무엇을 잘못했는지부터 챙겨야 할 것이다.

금융자본주의 보완

미국은 가장 자본주의적인 국가이다. 자본주의 경제의 효율성을 가장 잘 활용하여 세계최강의 경제부국을 이룩하였다. 전 세계의 모든 선진국, 신흥산업국가들이 자본주의 경제를 채택하고 미국과 같은 성공을 이루기 위해 노력하고 있다. 공산주의 국가들이 낡은 이론을 던져버리고 미국보다도 더 자본주의적인 색채로 세계의 선진국으로 도약하고 있다. 그러나 정작 최초부터 자본주의를 선택한 많은 국가에서 자본주의의 위기가 태동하고 있다. 탐욕에 버금가는 가장 심각한 문제는 부의 불균형이다. 재산의 과다에 따른 모든 다른 조건에서의 우열이 극명하게 갈라진 양극화현상을 심화시키는 것이다.

막스 경제이론이 새삼 주목받는 것은 막스가 주장하는 자본주의의 태생적인 부의 불균형이다. 자본가들의 부의 과다축적을 억제할 수 있는 시스템이 없기 때문에 위기를 되풀이할 수밖에 없다는 것은 자본주의가 보완해야 할 치명적인 문제이다. 자본주의가 지나친 부의 불균형을 해소하지 못하면 안정되고 지속적인 성장을 이룰 수가 없다.

생산성과 능률의 우위만을 앞세운 미국식 금융자본주의의 문제점과 탐욕에 전염된 월스트리트의 문제점을 보완하는 것은 기업사회책무(corporate social responsibility)와 이해당사자 자본주의(stakeholder capitalism)로의 윤리와 가치관의 이전(shift)이다. 정부와 감독기구의 역할도 시장에 좀 더 가까이 다가가서 사후에 교정하는 감독이 아닌 예방적인 차원에서의 적극적인 방식으로 전환하며 감독기관이 금융시장을 선도해야 한다.

사회책무(corporate social responsibility)

자본주의가 나아가야 할 새로운 가치는 사회책무이다. 미국을 비롯한 자본주의 선진국들이 안고 있는 부의 불균형과 기회의 불균형 등 사회갈등을 해결하기 위해서는 정부와 기업, 개인에 이르는 모든 분야에서의 사회책무가 활성화되어야 한다. 이것이 자본주의의 결함을 보완할 수 있는 제3의 길이다.

저소득층, 다문화 이민자 등에 대한 고용의 기회를 보장하고 교육에서의 평등한 기회를 제공해주는 사회책무에 더 많은 기여가 있어야 한다. 종전의 미국이 금융자본주의를 앞세운 주주자본주의(shareholder capitalism)로 최강의 능률경제를 구현하였다면 이제 그 능률경제에서 탄생된 불균형을 해결하기 위하여 사회책무를 바탕으로 한 이해관계당사자 자본주의(stakeholder capitalism)로 방향을 수정해야 한다. 그래서 오직 돈놀이에만 열중하는 라스베이거스 자본주의라는 불명예를 떨쳐야 한다.

정책이 너무 쉽게 결정되면 안 된다. 즉흥적인 것을 피해야 하고 미국은 국민에게 정성과 성의를 좀 더 기울여야 한다. 국민들이 일회용으로 끝나는 세금환불(tax rebate)과 식품구입권(food coupon)으로 만족한다고 생각하면 너무 큰 오해이다. 국민들에게 지속가능한 안정된 직업을 마련해주어야 하는 것이다. 국가와 기업 등 모든 분야에서 실업과 사회보호시설에 대해 좀 더 성의 있는 사회책무적인 관점에서의 헌신이 필요한 때이다.

정부측에서 담당해야 할 사회책무로 가장 중요한 것은 일자리 창출이다. 미국의 국민건강보험인 메디케어도 중요하고 저소득층에 대한 긴급한 배려도 필요하다. 그러나 우선순위는 역시 일자리 창출이다. 1930년대의 대공황은 결국 2차대전이 시작되고 전쟁물자의 생산에 모두가 매달리면서부터 극복할 수 있었다. 지금은 경쟁력을 잃어가고 있는 미국의 사회간접자본 시설에 대한 과감한 투자와 제조업의 부활을 통해서 일자리를 창출하고 미국인이 근로소득으로 경제의 대동맥인 돈의 올바른 순환에 시동을 걸 수 있도록 해야 한다. 기업의 사회책무 중에 가장 기본적인 경제적인 책무는 이윤을 내는 것이지만 동시에 일자리를 만들어내서 고용을 안정시키는 것이다.

이해당사자 자본주의

개인이나 기업의 사회책무를 바탕으로 한 새로운 자본주의의 규범과 관련하여 이미 확산되기 시작한 중요한 규범전환(paradigm shift) 중의 하나가 이해당사자 자본주의이다.

주주의 이익만을 우선하는 주주자본주의는 자본가와 기업인에게 과도한 이익을 안기는 제도였음에 비해 모든 이해당사자들의 이익을 고려하는 자본주의를 뜻하는 이해당사자 자본주의는 부의 불균형이 초래하는 결함을 방지하고 있다. 이해당사자의 개념은 매우 포괄적이다. 주주를 포함하여 종업원, 고객, 납품업체, 지역사회 등 공동체 모두의 이익을 두루 고려하는 자본주의는 자본의 사회책무를 더욱 강조하고 있다. 기업의 사회책무를 중시하는 기업의 도덕재무장운동이다.

기업은 기업의 사회책무로 인하여 추가적인 비용이 발생하는 것이 아니다. 기업의 봉사활동은 기업의 이미지를 더욱 좋게 하여 기업의 브랜드 가치를 높이고 엄청난 광고효과도 볼 수 있는 것이다.

금융기관 임직원들의 보너스에 대한 탐욕도 이러한 이해당사자 자본주의의 관점에서 생각하면 서로 합의할 수 있는 양보가 좀 더 이루어질 수 있다. 결국 보너스는 기업의 이윤에서 나오는 것이다. 보너스를 과다하게 챙겨가게 되면 기업의 자본력이 그만큼 약화되는 것이며 따라서 그 만큼 주가가 영향을 받게 되는 것이다. 투자자에 대한 손해로 이어질 수도 있고 고객들의 회사에 대한 믿음에 영향을 주고 우리사주를 가지고 있는 직원들의 이익에도 영향을 미치는 일이다. 오직 주주의 이윤만을 최대의 미덕으로 생각할 수가 없는 문제이다.

기업의 이윤을 나눠가지는 문제를 보너스에 대한 상한선 규제냐, 아니면 보너스와 배당금 비율의 제한이냐에 대한 토론이 진행 중이지만 기업의 사회책무에 대한 분담금의 비율도 함께 고려되어야 한다. 그것이 오로지 주주의 이익만을 우선으로 생각하는 주주자본주의가 지닌 약점을 보완할 수 있는 길이다.

금융기관이 민간기업임과 주주가 소유한 주식회사임만을 강조하고 오직 주주의 이익만을 생각한다면 금융자본주의의 미래는 없다. 금융기관은 공적인 임무가 분명히 있는 것이다. 기업의 사회책무가 그것이다. 주주의 이익만을 우선하는 주주자본주의의 단점을 보완하여 자본주의의 새로운 규범을 확립해나가는 것이 관계당사자 혹은 이해당사자 자본주의이다. 이것에 대한 좀 더 많은 사람들의 이해의 일치(consensus)가 증가하고 있다.

기업사회책무와 이해당사자 자본주의의 합성

기업사회책무(CSR)는 초기의 직접적인 경제적이고 기술적인 분야에서의 책무를 넘어서 기업과 사회의 관계를 지배하는 윤리원칙으로 진화해왔다. 이러한 기업의 사회책무는 기업을 둘러싼 이해당사자와의 관계에 있어서 모든 규범이 진화되어온 것으로서 이제 기업사회책무는 이해당사자 자본주의를 빼놓고 따로 거론할 수 없다. 이 두 가지의 개념이 이제 합성이 된 것이다.

기업사회책무 연구의 대가인 조지아대학(University of Georgia, Atbens)의 아치 캐롤(Archie Carroll) 교수는 기업사회책무의 형태를 크게 네 가지로 분류한다. 기업의 경제적인 책무, 법적인 책무, 윤리적인 책무, 그리고 박애주의적인 책무이다. 그리고 기업을 둘러싼 이해당사자들은 종래의 기업소유자인 주주에서 고객, 종업원, 지역사회, 경쟁자(동업자), 납품업자, 사회 및 시민운동가 그룹, 큰 범위의 대중 등을 포함한다. 이렇게 크게 네 가지 종류의 사회책무와 이해당사자들의 관계가 매트릭스로 연결된 합성의 개념이다.

경제적인 요소에서의 기업사회책무는 무엇보다도 이윤을 많이 내야 한다. 기업은 최대한 경쟁력을 가지고, 기업운영의 능률을 유지하며 이윤을 많이 내야 하는 것이다. 법적인 책무는 모든 생산을 비롯한 경제활동에 관계법과 규정을 준수해야 하는 것이다. 이것은 성문화된 윤리라고 할 수 있다. 다음으로 윤리적인 측면에서의 기준은 공정하고 정의로운 이해당사자들의 도덕적인 권리를 보호하는 기준이다. 법적으로 요구되는 기준을 초과하더라도 새로운 가치를 수용하는 성문화되지 않은 법이라 할 수 있다. 다음으로 피라미드의 가장 정점에 있는 박애주의적인 책무는 기부와 자원봉사로 사회의 복리와 온정을 증진하는 것이다. 박애는 윤리나 도덕적인 기준은 아니다. 지역사회가 기부와 자원봉사를 기대하지만 안 한다고 하여 기업을 비난할 것은 아무것도 없다. 그래서 박애주의적인 관점에서 기초를 둔 기업사회책무야말로 가장 승화된 형태의 사회공헌활동이라고 할 수 있다. 이것은 지역사회와 이해당사자들의 생활의 질을 향상시키는 데 있어서 중요한 자발적인 공헌이다.

사회책무의 피라미드 도표

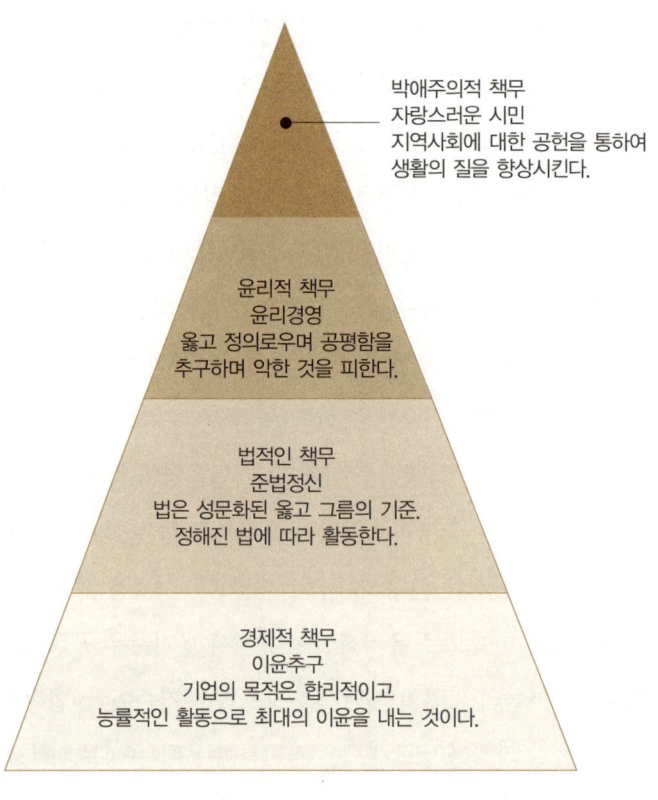

사회에는 정부와 지역사회가 할 수 없거나 하기 어려운 구호활동과 자선활동이 관련된 일들이 너무나 많다. 대부분이 예산과 자원봉사 인력이 필요한 이러한 활동은 기업의 자발적인 참여를 통하여 기업과 시민과의 관계를 증진하는 기회이다. 기업에 있어서 이러한 활동에 배정하는 비용은 단순히 추가적인 준조세적인 성격의 분담금이라고만 볼 수는 없다. 이것은 가장 효과적이고 직접적인 기업의 광고활동이다. 예를 들어서 고객과 종업원, 그리고 지역사회와 관련된 복지시설, 교육, 기초적인 의료지원 등은 가장 효과적인 기업의 광고활동과 연계될 수 있다. 스타벅스는 광고를 많이 하지 않는 대신 영업장을 지역사회를 위한 사랑방과 같은 개념으로 개방한다. 그래서 스타벅스는 자기네들의 매장을 '제3의 장소'라고 부르고 있다. 집과 직장 다음으로 꼽는 제3의 장소라는 것이다. 이러한 기업의 사회공헌활동은 또한 참여하는 종업원들에게 있어서 기업에 대한 긍지를 가질 수 있으므로 직장만족도를 높이는 활동이 되기도 한다.

사회책무 점검 매트릭스

이해당사자	경제적 책무	법적책무	윤리적 책무	박애적 책무
주주				
고객				
종업원				
지역사회				
경쟁(동업)자				
납품업체				
사회(시민)활동그룹				
일반시민				
기타				

기업활동에 있어서 모든 의사결정에 있어서는 이러한 사회책무와 이해당사자들의 입장을 고려한 매트릭스로 점검하여 최대다수의 최대행복을 위한 공리주의를 실현해나가야 한다.

정부와 감독기구의 역할

자본주의는 화폐와 그 통화의 유동성 및 생산성이 실물경제의 생산성을 제고시키는 능률의 경제이다. 적절한 소비와 저축이 수반되어야 경제의 선순환을 이어갈 수 있는 경제이다. 경제는 확대 재생산이 가능한 구조이다. 여기에서 물가와 생산성 간의 영원한 딜레마를 안게 된다. 정도의 문제지만 인플레이션 없는 자본주의경제의 성장은 너무도 유토피아적인 생각이다. 물가와 소득의 증가에 따라서 제품이나 부동산의 가격도 올라가게 되어 있다. 금리정책을 통해서 통화량을 조절하는 중앙은행은 이러한 물가와 적절한 통화량 사이에서 영원히 고뇌하게 되어 있다.

문제는 이러한 자본주의경제의 흐름에 제동을 걸 때 발생하는 또 다른 위기의 문제이다. 세계 신용위기의 발생과정을 보면 2000년 초에서 2008년 위기가 발생할 때까지 이어져온 금리의 냉탕, 온탕정책이 위기를 불러온 상당한 원인을 제공하였음을 알 수 있다. 2000년에서 2008년 사이 8년 동안 금리가 두 번씩이나 극과 극을 오고간 정책의 부작용이 없을 수 없다. 2000년에 6.5%였던 연방은행 목표금리는 2003년에 1%까지 떨어졌다 다시 2006년엔 5%, 그리고 다시 2008년엔 제로금리(0.25~0%)까지 떨어졌다. 어떻게 보면 금리만능주의라고 할 수도 있다.

1990년 이후 연방은행 기준금리 변동추이를 보면 1990년대 상하 3% 범위 내에서 움직이던 연방은행 기준금리는 2000년대에 들어서는 상하 6%의 극과 극을 반복하는 것을 볼 수 있다. 금리정책이 경제문제를 해결하는 도깨비 방망이가 아니다. 국가기관에 의한 자유시장 개입이 너무 극단적으로 운영되면 그 부담을 모든 경제주체가 부담해야 한다. 금리정책은 대단히 신중한 운영이 요구된다. 금리보다는 경제의 더 본질적인 문제에 배려하는 정책이 아쉽다. 금리의 칼을 휘두르는 당국자에겐 편리할지 몰라도 이자는 결국 기업과 서민들의 부담이다.

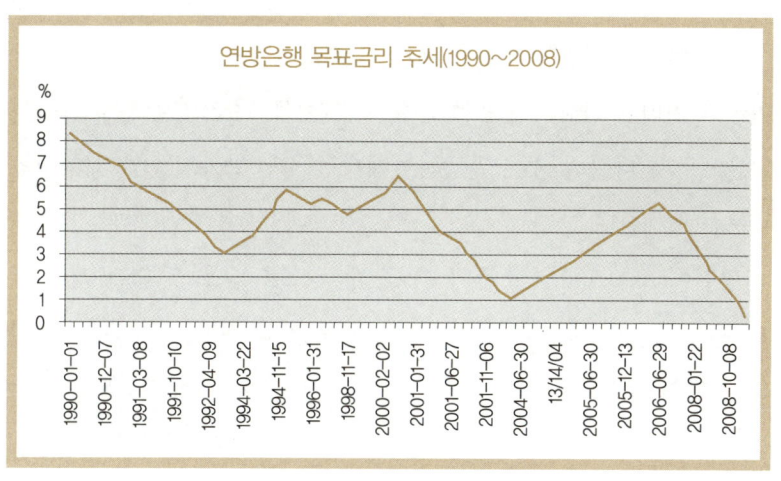

세계 신용위기는 손쉬운 금리정책을 정부가 너무 급작스럽게(radical change of interest rate) 조정하면서 심화된 측면이 많다. 통화정책은 금리정책뿐만이 아니다. 여러 가지 많은 정책의 방법을 가지고 고려할 때 소비자에게 미치는 직접적인 영향을 최소화하도록 하는 것이 지속가능한 성장을 유지하는 길이다. 결국 경제는 구매력이 있는 소비자가 소비활동을 왕성하게 할 때 선순환의 물꼬가 위축되지 않는 것이다. 미국이 초래한 서브프라임으로 인한 세계 신용위기는 마치 리모컨을 들고 TV 채널 돌리듯 금리로 원격조정하면서, 정작 해야 할 금융기관과 시장에 대한 좀 더 직접적인 통화정책과 금융감독을 소홀히 한 경향이 있다.

신호등 관리는 시장상황 변화를 선도해야

차량은 신호등이 적절하게 통제한다. 그러나 신호등이 다 제 역할을 하는 것은 아니다. 신호등이 꼭 있어야 할 곳, 없어야 할 곳, 있어도 점멸등으로 운용해야 할 곳, 신호등이 있어도 경찰이 수신호로 조정을 해주어야 할 곳, 그리고 해야 할 때가 다 따로 있는 것이다. 신호등만 달아놓고 이러한 현장의 흐름에 둔감한 경찰서는 자기의 본분을 다하지 않음으로써 다수의 많은 운전자들에게 엄청난 스트레스와 사회적인 비용을 초래한다.

명절에 고속도로의 소통이 안 될 때 국도를 믿을 수 없는 것은 작은 규모 도시의 신호등 때문이다. 신호등을 잠깐 끄고 경찰공무원이나 지역의 자원봉사자들이 조금 수고스럽더라도 수신호 소통을 해주면 아무 문제가 없는 소량의 교통량이 신호등이라는 경직된 시스템으로 인하여 적은 교통량에도 불구하고 어처구니없이 많은 시간을 소비하게 만드는, 정체의 악순환이 반복되는 것이다. 신호등이 오히려 소통을 방해한다. 차량소통이 정말 뜸한 곳에 켜져 있는 신호등은 운전자로 하여금 이런 신호등도 지켜야 하나 하는 도덕적인 갈등에 빠지게 한다.

미국은 금융자본주의의 최선봉에 있으며 미국금융시스템이 능률위주로 발전된 세계최강이라고 믿고 있었다. 더구나 미국의 금융감독시스템은 지나치게 풍족할 뿐 부족하거나 허술하다고 생각하지 않았다. 그러나 서브프라임이 야기한 신용위기로 투자은행과 더불어서 상업은행들이 초토화되는 것을 보면서 반문한다. 그 많은 신호등은 다 뭘하고 있었나. 그 많은 미국의 금융감독기관들은 세계 금융위기의 과정에서 무엇을 하고 있었을까.

세계최강의 금융자본주의에 대한 맹목적인 믿음에 빠져 있었던 세계의 금융인이 허탈감에 빠졌다. 미국의 금융당국자들은 자율이라는 신호등을 켜놓은 채 현장확인을 게을리하고 있었던 것이다. 신호등들이 제대로 작동이 되면 신호등끼리 일정한 간격으로 연동(synchronize)되어 전혀 막힘없이 교차로를 통과하기도 한다. 신호등들이 더러 꺼지고 제대로 교통량을 소화하지도 않는데 경찰은 다 어디 가서 무얼 하고 있었을까. 최강이라는 미국의 금융경찰들은 제 역할을 제대로 하고 있었나.

금융감독기관의 감독의무와 더불어서 또 중요한 문제는 감독능력에 관한 문제이다. 금융의 혁신은 디지털시대인데 감독수준이 아날로그에 머물러 있다면 문제가 아닐 수 없다. 2008년 신용위기의 핵심에 CDO, CDS 등의 금융파생상품이 있었던 것을 감안하면 앞으로도 새로운 금융상품의 혁신은 계속된다고 봐야 한다. 금융감독에 대한 연구만 40년 넘게 한 보스톤대학의 에드워드 케인(Edward Kane) 교수는 감독기구의 웨스트포인트(West Point), 즉 감독사관학교 같은 개념을 주장하고 있다.

금융상품에 대한 전문성이나 감독업무에 대한 명예와 사명감이 충실한 감독전문가를 양성해야 한다고 주장하며 보수도 금융계 최고에 걸맞게 보장하되 실적에 따른 성과급은 3~5년 후불조건으로 감독담당기관의 성패와 연동시켜야 한다는 것이다. 금융감독기관이 금융의 최후 보루이며 또한 보호와 동시에 감시자임을 고려할 때 이러한 금융감독사관학교와 우수한 인재의 확보, 최고의 보수를 보장해야 한다는 주장은 충분히 고려해야 할 가치가 있다. 세계 신용위기는 시장 참여자들의 탐욕과 금융감독의 실패가 합작한 소동이었다.

CEO 리더십

2008년 3월에서 9월 사이 6개월 동안 미국의 5대 투자은행들이 초토화되고 미국 4위 은행인 와코비아가 침몰하였다. 그리고 컨트리와이드(Country Wide), 워싱턴무추얼 등 초대형 담보대출전문 은행들이 쓰러졌으며 패니매, 프레디맥 등 준 정부보증 담보대출 인수기관과 AIG 같은 세계적인 보험회사가 구제되었다. 이 과정에서 월스트리트에서는 여러 명의 최고경영자의 화려한 등장과 씁쓸한 퇴진이 있었다.

최고경영자는 그들의 최고 최종적인 권한으로 인하여 회사의 성패를 좌우하게 하는 존재이다. 그래서 최고경영자 리스크는 무엇보다도 기업에게 있어서 성패를 가르는 중요한 요소이다.

리더십에 대한 흥미로운 책이 하나 있다. 하버드 비즈니스스쿨 출판부에서 나온 《Leading Through Conflict》는 저자인 마크 거존(Mark

Gerzon)이 주로 정치적인 리더십에 관하여 쓴 책이다. 이 책에서 저자는 리더십의 형태를 일반적으로 세 가지 형태로 구분하고 있다. 첫째는 강력한 카리스마적인 선동가적(demagogue) 리더십, 둘째는 '내 땅, 내 것' 등 소위 자기 구역에만 충실한 관리자형(매니저) 리더십, 셋째는 국경과 조직의 경계를 넘어 '세상에 내 것 아닌 것이 없으며 또한 아무것도 내 것이 아니다'라고 생각하는 조정중재자(mediator)로서의 리더십, 이 세 가지로 구분하고 있다.

선동가적 리더십이라고 불리는 리더십은 개발독재형 리더십이다. 회사 내의 의사소통을 단절시키고 조직을 적과 아군으로 양분하고 아군에게는 철저하게 타도할 상대를 만들어준다. 대표적인 선동가는 히틀러이다. 관리자형 리더십은 자기 영역만을 고집한다. 그래서 다른 부서와의 공조나 의사소통이 안 된다. 다른 부서와의 팀플레이가 안 되기 때문에 회사의 이익보다는 자기 부서의 실적만을 중시하는 자기 영토 안에 안주하게 된다.

조정중재자 리더십은 비전과 가치에 목표를 두고 다른 부서와 다른 기관 등의 경계를 허무는 리더십이다. 조직의 구성원이 할 수 있도록 조정하고 중재하는 큰 리더십으로서 갈등을 해결하는 리더십은 이러한 조정과 중재의 기능을 갖춘 큰 리더십이어야 한다고 이야기한다. 세계화된 현대에서 필요한 것은 중재자 리더십이다. 대표적인 정치인으로 넬슨 만델라를 꼽고 있다.

2007~2009년의 세계 신용위기의 역사를 살펴보면 많은 금융사의 부침과 함께 여러 가지 다른 리더십을 가진 CEO들의 부침도 있었다.

베어스턴즈, 3명의 다른 리더십

1) 앨런 그린버그(Alan Greenberg)

일명 에이스 그린버그('Ace' Greenberg)라고도 불리는 1978~1993년 사이 가장 장수하면서 베어스턴즈의 독특한 문화와 견실한 실적을 쌓아 초석을 다졌던 CEO이다. 그는 시간을 낭비하는 것을 가장 싫어했다. 회사의 이익을 최우선적으로 고려하고 경비절감에 관한 독특한 철학으로 유명하다. 전 직원에게 서류집게 클립과 고무줄, 사내봉투 등에 대한 절감을 강조하며 본인 역시 국제구간에도 일반석(economy) 항공권으로 여행한 것으로 유명하다. 절제된 경영을 했으나 그는 따뜻한 가슴을 가졌고 책임감과 대중적인 리더십을 가졌다. 경쟁업체에서 쫓겨난 인재들도 따뜻하게 받아들여 인재로 키운 큰 포용력을 가진 CEO였다. 베어스턴즈의 아버지로 불린다.

2) 지미 케인(Jimmy Cayne)

트레이더 출신으로 투기와 모험심이 가득 찬 CEO로서 에이스 그린버그를 밀어내고 1993~2003년까지 10년 동안 CEO로 재임하였다. 브리지게임 토너먼트에 출전하는 것을 즐기고 골프를 즐기기 위하여 회사경비로 헬기를 동원하여 주말이면 휴대폰도 안 받고 몰두하는 성격이다. 여러 차례 마리화나 등 마약복용으로 구설수에 오르기도 하였으나 그가 재임하는 동안은 미국의 저금리로 인하여 실적호황기를 맞았다. 직원을 두 배로 늘렸으며 5대 투자은행 중에서 가장 작은 규모임에도 불구하고 자신을 비롯한 임원에 대한 업계 최고수준의 급여와 스톡옵션 지불로 직원들의 비난을 받았다. 직원들의 창의적인 건의사항을 무시하고 나중에는 이사회에서의 발언도 미리 작성하여 이사들에게 읽게 할 정도로 자유스런 의사소통을 통제하였다. 이사회에 대한 존중과 협조가 아닌 군림을 한 독불장군이었다.

3) 앨런 슈와츠(Alan Schwartz)

1976년 댈러스에서 입사하여 트레이더 경력을 착실히 쌓아 1985년 투자금융의 수장에 오른다. 일찍이 투자자들과의 친근한 소통의 중요성을 강조하여 CBS-TV 프로듀서인 레이 캇츠(Ray Katz)를 채용, 베어스턴즈의 홍보담당을 맡긴다. 2000년부터 〈최고책임자 벽난로 대화(CEO fire-side chat)〉란 프로그램으로 투자자들의 신뢰를 얻었다. CEO인 지미 케인이 여러 가지 구설수에 휘말리게 되고 회사에 위기가 닥쳐오자 케인과의 담판으로 2003년부터 최고경영자에 부임하게 되었다. 그러나 2008년 신용위기 과정에서 스미토모(Sumitomo), 노무라(Nomura) 등 세계 유수 금융기관과의 자본합작 기회를 놓치고 기본적인 영업강화와 비용절감에 몰두하다 정작 중요한 자본금 증자의 타이밍을 놓친다. 결국 지나치게 부풀린 단기자금 상환부담을 견디지 못하고 베어스턴즈를 제이피모간체이스에 매각하고 만다.

결국 베어스턴즈는 앨런 그린버그가 힘들고 건실하게 쌓은 탑을 지미 케인이 호경기를 맞아서 흥청망청 즐기다가 위기가 닥치자 앨런 슈와츠가 안간힘을 다해 재기를 위해 발버둥 쳐보지만 역부족으로 시기를 놓치고 만다.

여러 가지 다른 리더십

1) 최고의 CEO, 제이미 다이먼(Jamie Dimon – JP Morgan Chase)

뉴욕 퀸즈(Queens) 출신으로 하버드 경영대학원 출신이다. 씨티은행의 샌포드 와일(Sanford Weill) 회장의 2인자였다. 대학에 재학 중일 때, 제이미 다이먼의 아버지 테드 다이먼은 시어슨 만밀(Shearson Mammill)이라는 회사에서 중개인으로 일을 하고 있었다. 마침 샌포드 와일이 가지고 있던 헤이던 스톤(Hayden Stone)이 시어슨을 인수하였고 인턴으로 일하고 있던 제이미 다이먼이 시어슨 인수에 대한 완벽한 보고서를 써내자 이에 매료된 와일이 신입사원으로 채용하여 인연을 맺었다. 그 후 빠르게 와일의 오른팔이 된 다이먼은 아메리칸익스프레스가 헤이던(Hayden)을 인수한 후 함께 축출되었다.

다시 둘이 함께 볼티모어의 커머셜크레딧이라는 소비자 금융회사에 들어가서 두각을 나타낸 그들은 1988년에 프라이메리커(Primerica)라는 제조회사가 보유하고 있던 스미스 바니(Smith Barney)라는 소매 증권중개회사로 뉴욕에 입성하게 되었다. 곧이어 드렉셀 번햄 램버트(Drexel Burnham Lambert) 부분인수로 두각을 나타낸 와일은 아메리칸익스프레스에서 시어슨(Shearson)을 되찾았다. 이후 보험사인 트레블러스를 인수하고 1997년에는 살로몬브라더스의 모회사인 살로몬을 인수하게 되었다. 절정은 1998년에 단행된 트레블러스와 씨티그룹의 합병, 은행과 신용카드사의 합병이다. 그리하여 상업금융, 보험, 주식매매가 합쳐진 초유의 산업간 합병이 성사되었다. 그러나 합병이 마무리 되자마자 와일과 함께 합병 후 씨티그룹을 운영하게 된 존 리드(John Reed)로부터 사퇴를 권고받았다.

사퇴 후 몇 년 간 복싱도 배우며 와신상담의 기회를 노리던 그는 끝내 금융에 대한 꿈을 버리지 않고 있다가 2000년 시카고의 뱅크원(Bank One)의 CEO로 다시 금융계에 컴백한다. 뱅크원의 혼란스러운 경영을 컴퓨터 시스템부터 정비하여 기초부터 다지기 시작한 그는 2003년에 35억 불의 순이익을 올린다. 드디어 47세인 2004년 다이먼은 기회를 잡는다. 제이피모간체이스와 뱅크원이 합병을 한 것이다. 당시 신종 모험기업대출에 대한 손실, 부실대출, 엔론(Enron)과 월드컴(WorldCom) 등 부실기업에 대한 대출로 제이피모간체이스의 CEO인 윌리엄 헤리슨(William Harrison)이 2년 후 은퇴하게 되어 있었다.

다이먼은 경비절감부터 시작하여 깐깐한 경영을 하는 한편 엔론, 월드컴같은 기업으로부터의 소송을 합의로 끝내는 등 조직을 추스른 뒤 2006년부터 이익을 내기 시작하여 예정보다도 6개월이 이른 2006년 1월 CEO로 취임한다.

2008년 들어서 서브프라임사태로 채권시장이 기울자 서둘러 CDO 등 투자자산을 축소하고 위기에 처한 베어스턴즈를 인수하여 실속을 챙긴다. 2008년 9월에는 미국 내에서 비교적 취약한 소매금융에 대한 강화를 위하여 부실화된 워싱턴무추얼을 인수하여 단숨에 미국에서 5,000개의 소매점포를 확보한다. 탄탄한 실적으로 세계적인 신용위기에도 승승장구하고 있다.

2008년 금융위기에서 가장 실속을 많이 챙겼다. 씨티와 트레블러스 그룹과의 합병에서 자기 위치에 위협을 느낀 존 리드에 의해서 통합 씨티그룹에서 밀려났으며 동고동락하던 샌포드 와일에게서도 버림받았지만 와신상담에 성공하여 2008년 최고의 CEO로 입지를 굳게 다졌다.

2) 켄 톰슨(Kennedy Thomson – Wachovia)

미국 4위의 상업은행인 와코비아의 몰락과 함께 이사회로부터 해고되어 40년 금융경력의 오점을 남기고 사라졌다. 승승장구하던 와코비아가 단 한 번의 판단실수로 골든웨스트라는 부실은행을 인수하여 침몰하고 말았다. 그는 2006년 주주총회에서 이미 과열된 미국의 부동산 거품에 대해서 그 위험성을 경고한 바 있다. 그러나 투자금융에 대한 월스트리트 콤플렉스와 상위 세 은행의 자산규모에 대한 강박관념인 리더보더 콤플렉스에 빠진 성장론자들의 성급한 주장을 통제하지 못하고 골든웨스트 합병을 승인함으로써 나락의 길을 걷게 된다. 2005년 말에서 점점 위기가 심화되던 2008년 3월 말 사이에 와코비아는 자산을 55%나 증가시키고도 시장자본금이 23.5%나 오히려 감소하여 특단의 대책 없이 위기의 2008년 9월을 맞이하고 자산기준 미국 4위의 상업은행에 예금인출사태를 불러와 은행을 내주게 되었다.

3) 밥 스틸(Robert Steel – Wachovia)

스틸은 헨리 폴슨 재무장관의 차관으로서 베어스턴즈 정리의 선봉에 서서 폴슨 재무의 오른팔 역할을 하였다. 그가 침몰위기에 처한 와코비아 호의 구조를 위해 나섰지만 실패하고 말았다. 그가 금융쓰나미의 와중에서 예금인출의 조짐이 있던 와코비아은행의 수장으로서 먼저 취한 조치는 당장 부족한 자본을 시장에서의 증자를 통해서 확충하는 것보다는 경비절감, 자산매각, 배당금 축소 등을 통한 우회적인 방법이었다. 그는 누구보다도 베어스턴즈 침몰의 전 과정을 소상하게 지켜본 인물이다. 그런 그가 와코비아은행의 시장 신뢰회복을 위한 증자의 타이밍을 놓치고 질질 끌다 결국 9월 27일 금요일, 대규모 예금인출 사태를 맞이하게 되자 월요일 아침 시장개시와 함께 금융시스템 전반으로 확산되는 것을 차단하기 위한 실라 베어 연방예금보험공사 의장의 단호한 조치에 따라서 토요일, 일요일 이틀 사이에 와코비아를 넘기게 되었다. 그가 와코비아 호를 맡은 3개월의 짧은 기간 이러저러한 대책만 열심히 세웠다. 시장과 고객은 위기의 상황에서는 그렇게 여유 있게 기다려주지 않았다.

4) 켄 루이스(Kenneth Lewis – Bank of America)

2009년 미국 최대은행의 CEO로서 가장 씁쓸한 결과를 맞이한 사람이다. 메릴린치 인수의 후유증이 막대했다. 그리고 그 과정에서 금융당국자들과 불필요한 충돌로 갈등에 시달렸다. 이러한 사건에 대한 책임을 지고 후선으로 물러났다가 결국 후선에서도 밀려났다. 메릴린치 인수와 관련된 청문회에서 시달린 것이 문제였다. 문제의 핵심은 당시 재무장관인 헨리 폴슨이 메릴린치를 인수하도록 압력을 행사하였느냐 하는 것이다. 그러나 이러한 과정에서 루이스는 정부와 감독기관의 함정에 빠져서 외톨이 신세가 되었다.

사건은 2008년 9월 15일로 거슬러 간다. 금융위기를 진화하기 위한 폴슨 재무, 베어 예금보험공사 의장, 그리고 버냉키 연방은행장이 메릴린치를 약 500억 불에 매각하는 안을 제의하였다. 이어서 10월 14일, 뱅크오브아메리카는 다른 미국 대형 은행과 함께 250억 불의 구제금융(TARP)자금을 받았다. 그러나 12월 5일 주주총회에서 메릴린치 인수가 승인이 되고 난 후 뱅크오브아메리카 최고경영진이 메릴린치의 손실이 예상보다 훨씬 더 크다는 것을 알게 되었다.

 논란 끝에 2009년 1월 1일 뱅크오브아메리카가 메릴린치를 공식적으로 인수하고 1월 16일 뱅크오브아메리카는 연방구제금융 200억 불을 더 받게 되었다. 그러나 2008년 4/4분기 결산결과 메릴린치가 153억 불, 뱅크오브아메리카가 17억 9,000만 불의 손실을 기록했다. 그 후 루이스의 사임에 대한 압박이 가중되기 시작했다. 2009년 6월 11일 CEO에서 밀려난 루이스는 의회의 청문회에서 감독 당국으로부터 메릴린치 계약을 취소하면 그를 제거하겠다는 소리를 들었다고 증언했다. 그러나 6월 27일 버냉키는 해고하겠다는 협박을 한 적 없다고 증언했다. 7월 16일 폴슨 재무장관은 루이스에게 메릴린치 인수를 강하게 권고한 적은 있으며 BOA 경영진이 지지하지 않을 경우에는 경영진을 교체할 수 있다고 말하였지 협박한 적은 없다고 증언했다.

 루이스는 CEO 자리를 지키지 못한 것이 억울했다. 그래서 폴슨 재무장관이 협박하였다고 하였다. 그러나 폴슨은 버냉키의 요청에 따라서 이러한 안에 대해서 협조하지 않으면 루이스와 경영진이 단지 어려움에 처할 것이라 말했다고 증언했다.

 버냉키는 과거 2년이 1930년 이후 최악의 위기였으며 그것이 전 세계의 금융시스템과 경제의 안정을 위협하였기 때문에 특단의 처방이 쓰일 수밖에 없었다고 증언했다. 폴슨도 절대절명의 위기에서 분명한 목표를 위해서 어떤 대책을 강구할 수밖에 없었으며 그것이 다른 대안보다 분명히 좋았다고 주장하고 있다.

그러나 루이스에게 지난 2009년 1년간은 악몽의 기간이었다. 그리고 그는 그야말로 비정한 정치와 행정계의 희생양이며 토사구팽 당한 대표적인 인물이다. 62세인 루이스는 40년을 근무했다. 2001년 전임 회장인 휴 멕콜(Hugh McColl)을 승계하여 그동안 합병 등을 통한 전략으로 6,200억 불의 자산을 2조 3,000억 불의 미국 최대의 은행으로 성장시킨 인물이다. 2008년 9월 미국금융이 누란의 위기에 처했을 때 미국 최대은행의 하나로써 위기에 빠진 메릴린치 인수에 선선히 동의했다. 그러나 12월 3일 BOA의 주주총회 이틀 전 메릴린치의 4/4분기 손실이 엄청나게 증가하게 됨을 파악하게 되었다. 12월 중순 주주총회 후 메릴린치의 4/4분기 손실이 125억 불에 이르는 것이 확실하게 되었다. 루이스는 메릴린치 인수계약의 중대한 불리한 조건, 즉 MAC(material adverse condition)에 따라서 메릴린치 인수를 취소하겠다는 의사 표현을 한다. 그러나 이것이 정부의 눈 밖에 나는 계기가 되었다.

12월 20일 감독 당국인 리치몬드(Richmond) 연방은행으로부터 경고성의 협박을 받은 그는 2001년에 자기가 축출한 제임스 한스(James Hance)를 이사회가 재기용한 것을 지켜봐야 했다. 2월에 더욱 족쇄를 죄기 시작한 정부는 뉴욕검찰의 엔드류 쿠오모 총장으로부터 주주총회 허위보고에 관한 것으로 기소위협을 받았다. 메릴린치가 뱅크오브아메리카에 인수당하기 직전에 지불한 36억 불에 이르는 경영진의 보너스를 주주총회 자료에 포함하지 않았다는 것이다. 3월 들어서 메릴린치 인수 전 33불이었던 주가는 3.14불까지 떨어졌다.

평생 금융인으로 살아온 그가 정치계의 게임에 환멸을 느꼈다. 3월 백악관에서 오바마 대통령도 함께한 자리에서 루이스는 공공연하게 그는 정부관료들에게 알랑거리는 아첨 같은 것은 하지 않는다(didn't plan to suck up to officials)고 발언한다. 재무부와 감독기관 등 공공세력으로부터 노골적인 핍박이 시작되었다. 4월 29일 이사회는 최고경영자와 회장을 분리하고 월터 마시(Walter Massey)를 회장으로 임명했다. 마시는 루이스를 무시하고 연방은행을 포함한 감독기구들과 은행의 위험관리와 자금운용에 대한 양해각서를 직접 맺었다.

4월 이후 루이스와 함께 일해왔던 9명의 이사가 추가로 사임했다. 루이스는 신뢰할 사람 하나 없는 고립무원의 처지가 되었다. 7월 휴가 이전에 구제금융(TARP자금) 상환의사를 밝히며 정부의 손아귀에서 벗어나길 시도하였지만 연방은행에서 상환받길 거부했다. 계속 이사회 허위보고 문제에 시달리던 뱅크오브아메리카가 3300만 불의 벌금을 증권위원회와 합의한다. 8월 휴가 중에는 휴가 중인 별장에 곰이 침입하는 등 이래저래 시달리던 그가 휴가 후 황폐해진 모습으로 돌아와 사임의사를 밝힌다. 그러나 법은 집요하게 그를 옥죄었다. 뉴욕연방법원에서 주주총회 허위보고 혐의를 인정한 것이다. 이어서 9월 14일에는 민사책임까지 거론하고 나왔다. 9월 28일 사임에 대한 협의를 하고 10월 2일 발표 예정이었으나 9월 30일 은행에서 루이스의 사임 사실을 미리 발표했다.

루이스를 파멸에 이르게 한 보너스는 메릴린치 사람들이 챙긴 것이다. 루이스는 미국금융에 닥친 쓰나미로부터 미국을 보호하기 위하여 메릴린치를 인수하는 방법으로 기여를 하기로 하였다. 그가 메릴린치 사람들이 챙긴 36억 불의 돈잔치를 미리 알고 있었는지는 모르겠다. 분명한 것은 40년을 상업금융계에서 잔뼈가 굵은 루이스에게 투자은행들의 도덕성 못지않게 정치계와 행정계의 게임이 환멸을 가져다준 것이다. 그래서 그는 관료들의 기쁨조가 되지는 않겠다고 하였고 정부의 올가미로 부터 벗어나기 위해서 몸부림쳤지만 공공의 힘은 개인이 벗어나기에는 너무나 무서운 사슬이다.

그러나 뱅크오브아메리카 측에서는 루이스가 명백하게 메릴린치 인수가격을 너무도 높게 지불하였으며 메릴린치의 보너스 지급에 대해서 주주총회에 보고하지 않은 것은 그의 잘못이라고 하고 있다.

CEO의 경영능력

최고경영자, CEO는 누구보다도 강한 도덕심과 사심 없는 판단력, 그리고 위기에 처했을 때 무엇이 가장 중요한지를 판단하는 결단력이 필요하다. CEO의 미래에 대한 비전 제시와 더불어서 판단력과 결단력은 조직의 흥망성쇠에 가장 큰 영향을 미친다. 그래서 CEO는 위기에서 남다른 통찰력으로 사태를 분석하고 다양한 의견을 듣고 머뭇거리지 말고 소신대로 과감한 결단을 내려야 한다. 그것도 때를 놓치지 않는 선제적인 결단을 내려야 위기의 뒤에서 힘겹게 쫓아가지 않고 위기에서 기회를 찾을 수 있는 것이다.

최고경영자의 역할이 중요한 것은 이렇게 반복되는 위기에서 노련한 경험을 바탕으로 미리 대처하는 것이다. 시장의 소용돌이에서 같이 돌아가는 것이 아닌 때로는 바깥에 나와서 시장을 들여다보며 위험을 감지하는 능력을 가져야 한다. 2008~2009년 미국금융에 있어서 최고의 CEO는 역시 제이피모간체이스의 제이미 다이먼이다. 그는 모두가 서브프라임의 소용돌이에 빠져 정신을 차리지 못하고 있을 때 위기를 감지하고 거품붕괴를 대비하여 위험한 파생상품인 CDO자산을 과감하게 줄였다. 그리고 위기 뒤에 오는 기회를 대비했고 위기에 빠진 알짜배기 금융기관을 인수하여 2009년 최고의 실적을 올렸다.

그러나 다이먼은 세간의 흥미를 끌고 다니는 카리스마적인 선동형의 리더는 아니다. 그는 최고경영자의 역할이 조직의 위험관리의 최후 보루로써, 고독한 결단을 내려야 하는 중요한 순간에 행동을 미루지 않고 미리 대처하는 능력을 보여주었다. 베어스턴즈의 흥망사를 장식한 3명의 CEO들의 너무나도 극명하게 대조적인 리더십은 위기관리의 최후 보루로서의 CEO 리더십에서 무엇이 필요한지를 잘 보여주고 있다.

앨런 그린버그가 있었으면 베어스턴즈가 흥청망청 대다 위기를 맞아서 우왕좌왕하다 몰락하진 않았을 것이다.

자신의 경영능력보다는 때맞추어 발생한 시장의 거품으로 인한 실적으로 으스대며 흥청망청 조직의 도덕적인 기준을 무너뜨린 지미 케인 같은 CEO야말로 조직이 경계해야 할 대상이다. CEO는 누구보다도 강한 도덕적인 기준을 가지고 있어야 한다.

와코비아의 켄 톰슨에게 있어서 골든웨스트는 단 한 잔의 독약이었다. 합병으로 성장을 해온 와코비아에 있어서 서부 캘리포니아에 600개의 골든웨스트 지점과 소규모 주택대출 위주의 엄청난 고객숫자, 1,250억 불에 이르는 대출자산은 와코비아가 서부에서 엄청난 규모의 고객망을 확장할 수 있는 유혹이었다. 또한 서부의 교두보를 확보하여 와코비아의 영업영토를 전 미국으로 확산할 수 있는 기회였다. 그리고 당시 최고의 실적을 구가하던 자본시장 채권영업 팀의 강력한 압력이 있었으나 당시에 이미 금융계 최고급 정보통에서는 서브프라임의 붕괴가 공공연히 논의되고 있었다. 그러한 위기의 허리케인이 다가오는 시장을 판단하지 못한 것은 너무나 뼈저린 실수였다. 이 하나의 실수가 와코비아를 무너지게 하였다.

와코비아의 소방수로 영입된 밥 스틸에게 있어서는 시간이 너무나 없었다. 채 3개월도 안 돼 금융쓰나미가 덥쳐와서 손 쓸 틈도 없이 와코비아가 침몰하였다. 미처 사무실에 짐도 풀기 전에 상황이 끝나버린 것이다. 결국 그 상황은 유동성의 문제가 핵심이었다. 시장에서 신용위기로 인하여 와코비아가 단기자금을 조달하기에 어려운 상황에 처하고 보유채권자산도 시장이 마비되어 현금화하기 어려운 상황이 초래되었다. 이런 살얼음판에 닥친 고객들의 예금인출사태는 연방예금보험공사에 의한 강제합병의 운명을 초래하게 된다. 정부는 바로 구제금융을 투입하여 대형 은행들을 구제한 것이다. 위기의 상황에서 갑판 가득한 대출자산을 버리지 못해 2주일을 버티지 못한 와코비아 호는 참으로 안타까웠다.

켄 루이스에 대한 평가는 다양하다. 금융위기 쓰나미를 극복해나가는 과정에 있어서 그는 공신이었다. 문제는 쓰나미가 물러가고 난 후에 뒷정리 과정에서 추락하기 시작한 것이다. 칼자루를 쥔 워싱턴 정가와 재무부, 검찰, 금융감독 당국과의 마찰, 그리고 메릴린치 인수과정에서의 실수가 그를 회복할 수 없는 나락으로 떨어뜨렸다. 켄 루이스가 나중에라도 메릴린치 인수가 잘못 되었다고 판단했다면 어떠한 압력에도 불구하고 단호하게 떨치고 나왔어야 했다. 그는 망설였고 추가적인 구제금융 투입으로 어물어물 재무부와 연방은행의 입장을 받아들이고 메릴린치 인수를 지지했던 것이다. 그러나 금융쓰나미의 사냥이 끝난 후 그는 메릴린치 임원들이 받은 보너스 문제로 발목이 잡혀서 토사구팽당했다. 메릴린치 인수를 거부하여 재무부로부터 해고당했다면 루이스가 훨씬 더 명예스런 이름을 남길 수 있었을 것이다.

2008년 미국금융 초토화의 쓰나미가 몰려오기 전에 스스로 조용히 퇴임하여 크게 부각되지 못한 한 명의 CEO 퇴장이 있었다. 씨티그룹의 척 프린스(Charles Prince) 회장이다. 2003년 샌디 웨일 회장의 뒤를 이어 CEO에 오른 그는 2006년에 회장 겸 CEO로 승진하였다. 그러나 2007년 11월 4일 홀연히 사임하고 비크람 판디트에게 CEO 자리를 넘겼다. 그가 재임한 기간 동안 늘린 CDO와 MBS관련 자산의 부실로 인하여 2007년 3/4분기 큰 적자가 예상되자 프린스가 그가 당시에 할 수 있는 유일한 일은 명예롭게 은퇴하는 것이라는 말을 남기고 떠났다.

그래서 그는 2008년 미국금융 초토화의 현장으로부터 피할 수 있었다. 책임감과 용기 있는 결단이었을까, 무책임한 치고 빠지기였을까. 당시에 그는 3,800만 불의 연봉을 받고 있었다.

용어설명

1 자기자본매매(Proprietary trading)
자기자본매매는 고객의 예금으로 조성된 자금이 아닌 은행의 자기자본(자본금과 적립금)으로 수익성이 높은 외환, 파생상품 등 위협자산에 투자하는 것이다. 문제가 되는 것은 고객의 예금으로 유지되고 있는 일반 상업은행 등 예금 금융기관이 고객예금으로 조성된 자금으로 고위험 상품에 투자하여 과다한 위험자산을 보유하고 있는 것이 적절하지 못하다는 것이다.

2 비실수거래(naked transaction)
실물거래의 바탕이 없는 투기성 거래를 말한다. 예를 들어 기업이 수출대금을 매 6개월마다 3년에 걸쳐서 받는 조건으로 수출하는 경우에는 해당 통화에 대한 미수금(receivable)이라는 실물거래가 발생된다. 따라서 기업은 매 6개월마다 향후 3년에 걸쳐 발생하는 미수 외환(예를 들어 미 달러)의 환율변동에 대한 위험을 방지하기 위하여 선물환 등의 파생상품 거래를 하게 된다. 선물로 달러를 내다 파는 것이다. 그러나 이러한 실물 거래의 바탕이 없이 단지 향후 달러의 환율에 대한 예측에 근거를 하여 선물환 거래를 하는 것은 실물거래 위험을 방어(외환 헤지)하기 위한 목적을 넘은 투기거래(speculation)이다.

헤지(hedge)는 기업의 어떤 구체적인 거래에서 발생되는 위험에 대한 연계거래이며 방어거래이다. 예를 들어서 USD 외환을 팔았으면 그 금액을 시장에서 사는 거래는 헤지거래이다. USD 통화 수출대금을 6개월 후에 받기로 하고 수출계약을 채결했을 때 6개월 후 선물환을 매도하는 것도 헤지거래이다.

차익거래(arbitrage)는 재정거래이다. 중개거래라고 할 수도 있는 차익거래는 두시장의 가격차를 이용하여 동시매매로 이익을 보는 거래이며 기본적으로 추가적인 현금이 필요하지 않은 무위험의 수익을 추구하는 거래이다. 국제금융시장 간에서 외환, 상품 등의 금융거래에서 일시적인 가격차이가 발생될 수 있다. 이런 일시적인 가격차이가 있을 때 이런 차익거래는 재빠르게 금융상품의 적절한 시장가격을 복구하게 된다.

투기거래는 위험에 대한 충분한 인식과 가정 하에 특정 상품에 대해서 투기하는 것이다. 외환이나 금, 기름 등 실물자산, 파생상품 등에 대한 일방적인 투기거래이다. 탐욕에 의하여 발생되는 이러한 투기거래가 시장의 질서를 많이 왜곡시키고 금융시장의 불안을 초래한다.

3 전국법승인은행(national bank)과 주정부승인은행(state chartered banks)
미국에는 현재 8,000개 이상의 은행이 영업하고 있다. 은행은 국가가 제정한 은행법에 의하여 승인받은 전국법승인은행과 주정부에 의하여 승인된 주정부승인은행으로 구분되어 있다. 전국법승인은행이 주정부승인은행에 비해 더 강한 통제를 받고 있는 고급은행들이다. 전국법승인은행의 승인과 감독기관은 OCC(Office of Comptroller of the Currency)이며 주정부승인은행은 해당지역 연방은행과 주금융감독국(state banking department)이다. OCC는 국가은행법(National Banking Act)에 따라서 재무부에 설치된 금융감독기관이다. 연방예금보험공사(FDIC)는 구분 없이 예금보호가 필요한 은행을 공통 관장하고 있다. 보통주에 대한 이익배당, 은행의 각종 수수료, 동일인 대출한도, 건당 대출한도 등에 있어서 주정부승인은행과 전국법승인은행이 조금씩 다른 제약과 감독을 받고 있다. 연방저축조합(Federal Savings Association)에 가입하고 있는 연방저축대부은행(federal savings and loans)과 연방예금은행(federal savings bank)은 저축은행감독국(Office of Thrift Supervision)에서 승인하고 감독한다.

Epilogue

　남에게 읽히는 글을 쓴다는 것은 두려운 일이다. 두 차례의 금융위기에서 사라진 두 개의 은행에 대한 이야기는 마치 대화재로 타버린 아름다운 성이나 빙산과 충돌하여 침몰한 타이타닉 호를 생각하게 한다. 이러한 이야기를 마치는 기분은 마치 화재의 현장을 다시 찾은 듯 한없이 허탈하다. 대화재로 모든 것이 다 타버리고 난 현장에서 그 웅장하고 아름다웠던 건물의 모습, 수십 년을 두고 지녀온 손때 묻은 고가구들, 그러한 고가구를 장식하고 있던 예쁜 장식이 달린 아기자기한 식탁보, 여기저기 모여서 담소하던 사람들, 여인네들의 웃음소리, 아이들의 까르르대는 즐거운 소리들, 이러한 평화롭고 사랑스러웠던 것들이 순간의 부주의로 인한 대화재로 사라진 잿더미 앞에서 극도의 혼란에 빠진다.

　상상할 수 없는 금융위기는 이렇게 행복한 순간에 다가왔다. 모두가 흥청대며 축제의 흥겨움에 빠져서 샴페인의 좋은 향기에 취해 있을 때 다가왔다. 밖에서 지켜보는 사람은 항상 아슬아슬하게 느끼지만 차마 흥을 깨지는 못한다. 그러나 모든 것이 너무 행복할 때 틈새는 없는지, 빈틈이 없는지 챙기는 틈새위험관리(mind the gap)의 자세가 필요하다.

　탐욕은 항상 되풀이 되고 있는 금융위기의 핵심에 있어왔다. 탐욕으로 양극화의 덫에 빠지고 있는 금융자본주의가 새로이 나아가야 할 길은 박애주의에 가치를 두는 사회공헌과 이해당사자 자본주의로의 전환이다. 자본주의의 능률과 생산성의 우월은 인류에 대한 박애주의의 가치에 기반을 둔 새로운 규범이 승화시켜야 한다. 그것이 지속가능한(sustainable) 자본주의이다.